Klinkenberg
Der folgsame Hund

Dr. Tillmann Klinkenberg

Der folgsame Hund

Seine artgerechte Erziehung ohne Zwang

Naturbuch Verlag

Die Deutsche Bibliothek – CIP-Einheitsaufnahme

Klinkenberg, Tillmann:
Der folgsame Hund : seine artgerechte Erziehung ohne
Zwang / Tillmann Klinkenberg. – 3., korr. Aufl.
– Augsburg : Naturbuch-Verl., 1994
   ISBN 3-89440-153-2

Naturbuch Verlag
© 1994 Weltbild Verlag GmbH, Augsburg
3., korrigierte Auflage
Alle Rechte vorbehalten
Zeichnungen: Wilhelm Hartung, Reinbek
Umschlaggestaltung: Peter Engel, Grünwald
Umschlagfoto: Andreas Fischer-Nagel, Spangenberg-Metzebach
Satz: Silber Druck, Niestetal-Heiligenrode
Gesamtherstellung: Wiener Verlag, Himberg
Printed in Austria

ISBN 3-89440-153-2

Vorwort

Der Entschluß ist gefaßt: *Ein Hund kommt ins Haus!* Leben kommt ins Haus. Ist es der erste? Oder hatte er schon einen Vorgänger? War es ein erfreuliches Zusammenleben? Oder war etwas schiefgegangen? Wie dem auch sei, mit dem neuen Hausgenossen kommt ein starkes Informationsbedürfnis ins Haus. Wie wird er stubenrein? Was, wann und wieviel geben Sie ihm zu fressen? Wie halten Sie ihn? Und vor allem: wie erziehen Sic ihn zur Folgsamkeit? Auch wenn Sie bei einem ,,Fachhändler'' zum ,,glücklichen Besitzer'' geworden sind, liegt eine mehrsprachige Gebrauchsanweisung in diesem Fall der ,,Packung'' mit Sicherheit nicht bei. Also werden Sie sich im Buchhandel umsehen, und dort werden Sie mit einer Flut von Hundebüchern konfrontiert.

Natürlich muß ich mir als Autor die Frage gefallen lassen, was mich veranlaßt, diesem Stapel ein weiteres Buch hinzuzufügen. Die Antwort ist einfach: Ich habe meinen verehrten Leserinnen und Lesern etwas Neues zu bieten, was es bisher nicht gibt. Fast alle Hundebücher folgen ohne nähere Begründung den Lehren der sogenannten Zwangsabrichtung. Die meisten Autoren halten diese Methode für naturgegeben und ziehen sie daher nicht in Zweifel, obwohl sie immer wieder zu Mißerfolgen führt; denn Zwang gebiert Frust. So werden noch heute Lehren weiter- und weitergegeben, die aus dem vorigen Jahrhundert stammen, aus einer Zeit also, als noch kein Biologe über das Verhalten der Tiere und ihre Lerntechnik nachgedacht hatte.

Mein Standpunkt ist ein von Grund auf anderer: Wenn jemand einen Hund zur Folgsamkeit erziehen will, muß er wissen, wie Folgsamkeit bei einem Hund zustande kommt. Denn solange er seine ihm von Natur aus mitgegebene Lerntechnik nicht kennt, ist er nicht in der Lage, ihm etwas beizubringen. Also muß jeder Abrichter von der einen und einzigen Frage ausgehen: *Wie* lernt der Hund? Wie ist sein natürlicher Lernapparat beschaffcn? Wie muß ich es also anstellen, wenn ich ihn etwas lehren will?

Auf der Grundlage meiner aus dieser Fragestellung gewonnenen Erkenntnisse habe ich eine neue Erziehungsmethode entwickelt, die ich die ,,Positive Erziehung des Hundes'' genannt habe. Sie gilt für alle Hunde, gleich welcher Rasse, gleich welchen Alters, gleich welcher Größe. Sie gilt auch für alle Aufgabengebiete, für den gesamten Lehrstoff also, den der Hund zu bewältigen hat. Sie gilt für alle Spezialisten unter den Hunden, für den Polizei-, Jagd-, Schutz-, Zoll-, Blinden-, Hüte- oder Rettungshund ebenso wie für den gewöhnlichen Haushund. Ich selbst habe mit ihr große Erfolge gehabt und viele begeisterte Leser gefunden, die sie mit gleichem Erfolg angewandt haben.

Dieses Buch möchte aber noch etwas mehr sein als eine Anleitung zum Erziehen des Hundes. Es möchte den interessierten Leser zum Nachdenken anregen über das Wesen des Hundes und ihn hierbei begleiten. Ich möchte gemeinsam mit ihm über das Geheimnisvolle philosophieren, das dem Hunde eigen ist und den Urzeiten seiner Entwicklungsgeschichte entstammt. Ich möchte berichten über seine ererbten und erlernten Verhaltensweisen, seine Gefühle und Emotionen, seine zum Teil außergewöhnlichen Begabungen und verzeihlichen Schwächen, über Fragen also, die das Zusammenleben mit einem Hund aufs engste berühren. Deshalb wünsche ich mir einen Leser, der sich nicht mit dem üblichen ,,Man-nehme-den-Hund" zufriedengibt, sondern etwas tiefer in die Grundlagen und Hintergründe der praktischen Hundeerziehung hineinleuchten möchte.

Um eine optimale Nutzung dieses Buches bei der Anschaffung eines Hundes zu gewährleisten, entsprechen Vorgehensweise und Gliederung dem stufenweise wachsenden und sich vertiefenden Informationsbedürfnis der jungen Hundebesitzer. Diese wollen und müssen zuerst das Allerwichtigste erfahren, um auf jeden Fall mögliche Fehler vermeiden zu können, die irreparabel sind. Sie finden deshalb ,,das Wichtigste" auf den ersten Seiten ,,in Kürze vorweg". Sie müssen dann, auch schon bei einem erst 8 Wochen alten Welpen, sofort mit den ersten Erziehungsaufgaben beginnen, dem Herankommen, dem Lautgeben, dem Ablegen, bald auch dem Nicht-auf-die-Polster, dem Benimm im Hause also, und dem ,,Bleib". *Bei* der Erziehungsanleitung für diese wichtigen, so früh wie möglich zu lehrenden Übungen entwickele ich gemeinsam mit Leserin und Leser die allgemeinen Regeln der Hundeerziehung. Schließlich, wenn die ersten Wochen und Monate der Prägezeit vorbei sind, bleibt die Muße, um im engen Zusammenleben mit dem heranwachsenden Hund über Grundlegendes nachzudenken, seine entwicklungsgeschichtliche Vergangenheit und deren Bedeutung für seine Erziehung, über den Lern- und Leistungsapparat des Hundes, sein Wahrnehmungsvermögen, seine Gefühlsstruktur, sein Gedächtnis und seine Intelligenz und über die aus all dem sich ergebende ihm eigene Lerntechnik. Zum Schluß fasse ich die Regeln der Hundeerziehung noch einmal in fünf Lehrsätze zusammen.

Zunächst aber möchte ich Ihnen noch das Dreiergespann vorstellen, das in farbigen Bildern und lustigen Zeichnungen die positive Erziehung des Hundes demonstrieren und verdeutlichen wird: das Pärchen Elke und Andreas und Jonny, ihr gelehriger Schüler. Sie werden Sie durch das ganze Buch begleiten.

Auf diesem Stück eines gemeinsamen Weges wünsche ich Ihnen, liebe

Leserin, lieber Leser, viel Anregung und Unterhaltung, viel Spaß daran und Nutzen davon und – zur gleichen Zeit – viel Freude mit Ihrem Hund!

Ihr Tillmann Klinkenberg

Inhalt

Das Wichtigste in Kürze vorweg

Wahl der Rasse

Bei der Wahl der Rasse ist die erste Frage, ob Sie den Hund für einen bestimmten Zweck anschaffen wollen und, wenn ja, für welchen. Soll er in erster Linie das Haus bewachen und die mehr oder weniger gern gesehene Ankunft von Fremden vermelden, muß der Hund wachsam und mißtrauisch sein. Hierfür eignen sich am besten Schnauzer, Dackel, Spitz, Dobermann, Pudel und Terrier; solche also, die man gerne als „Kläffer" bezeichnet. Die meisten anderen Hunderassen sind aber für diesen Zweck ebenso brauchbar.

Für den Umgang mit Kindern oder als Begleithunde und Gesellschafter für ältere Menschen eignen sich besonders die mehr häuslichen Hunderassen, die weniger an Laufen, Jagen und Hetzen und auch weniger an Randale und Raufen interessiert sind. Es gibt hierfür eine Regel, die sicherlich, wie alle Regeln, durch Ausnahmen bestätigt wird. Sie besagt, daß die Rassen mit den kurzen, gedrungenen, flachen oder rundlichen Schnauzen mehr familienbezogen sind als die Rassen mit den längeren und spitzen Schnauzen.

Betrachtet man diese Erscheinung näher, so zeigt sich folgender interessanter Sachverhalt: Alle Hundekinder kommen mit rundlichen Köpfchen zur Welt. Erst nach einigen Wochen wird die Kopfform schlanker und spitzer, je nach Rasse natürlich unterschiedlich. Die Rassen mit runden Köpfen bleiben dabei äußerlich dem Welpenstadium verhaftet; sie behalten die Welpenform des Kopfes bei. Doch auch in ihrem Verhalten bleiben sie nestbezogener. Sie sind keine Jäger, und der Beutetrieb ist unterentwickelt. Diese Rassen konnten daher auch nur unter den Bedingungen der Domestikation, also in Anpassung an den Menschen, entstehen.

Die Rassen mit dem langen und spitzen Fang haben sich dagegen sozusagen mehr vom Nest fortentwickelt; sie sind, wie die Windhunde, die Schäferhunde, die Vorstehhunde, die Terrier und vor allem die Dackel, Jäger und Läufer geworden und als Erdhunde schließlich typische Einzelkämpfer, die sich auch bei ihrer speziellen Form des Jagens von der Meute lösen. Laufen wollen alle Hunde, und Spazierengehen ist ihr größtes Vergnügen. Aber dieser Trieb ist bei den letztgenannten Rassen deutlich ausgeprägter. Man sollte ihnen also hierzu Gelegenheit geben, wenn man sie artgerecht halten will.

Auch die Größe des Hundes spielt natürlich eine Rolle. Zunächst ist sie davon abhängig, ob Herrchen oder

Frauchen der Haupthundebesitzer ist. Ein stattlicher Geschäftsmann wird sich keinen Pudel zulegen, sondern einen Wind- oder Schäferhund. Kommt er aber zu einem Pinscher wie die Jungfrau zum Kinde, ist es auch okay. Man wird schmunzeln und es nett finden. Es muß halt so sein.

Im übrigen gilt: je mehr Platz, desto mehr Hund; je größer die Stadt, desto kleiner der Hund.

Wahl des Welpen

Natürlich ist es das beste, wenn Sie einen ganz jungen Hund bekommen, und zwar aus erster Hand. Er kann sich von früher Hundekindheit an auf die besonderen Gegebenheiten Ihres Hauses einstellen, ohne sich anpassen zu müssen.

Diesen Welpen kaufen Sie wiederum am besten direkt beim Züchter. Das geht immer, wenn Sie sich etwas Zeit lassen. Ein überstürzter Hundekauf ist fast immer ein schlechter. Bedenken Sie, daß der Hund über viele Jahre ein enger Wegbegleiter Ihrer Familie werden soll.

Wenden Sie sich an den für die gewünschte Rasse zuständigen Zuchtverband. Dieser vermittelt Ihnen einen zuverlässigen Züchter und berät Sie gern. Verlangen Sie von dem Züchter zwei gar nicht außergewöhnliche Zugeständnisse, für die Sie dennoch 50 Mark mehr zu zahlen bereit sind:

Erstens: daß Sie sich Ihren Welpen selbst aussuchen können. Nehmen Sie denjenigen, der Ihnen am lebhaftesten erscheint, der Ihnen ungeniert entgegenkommt und nicht vor Ihnen wegläuft, der sich, wenn Sie vorsichtig aggressiv werden, unerschrocken zeigt und beim Füttern der habgierigste und erfolgreichste ist.

Zweitens: daß Sie mit Ihrem Welpen (oder den zwei bis drei in engerer Wahl stehenden) ab der 4. Lebenswoche so oft wie möglich, am besten jeden Tag, beisammen sein und spielen können. In diesen Wochen wird der junge Hund auf den Menschen geprägt. Er muß daher in dieser Zeit die Nähe und Wärme des Menschen spüren und Vertrauen gewinnen.

Mit 6 bis 8 Wochen ist es dann *endlich* soweit. Der große Tag ist da. Er wird in die Familiengeschichte eingehen: Struppi kommt ins Haus! Und mit ihm kommen Freude und Spaß, aber auch neue Aufgaben für das frisch gebackene Erzieherteam, die Familie.

Rüde oder Hündin? Beide haben Vor- und Nachteile. Der Rüde ist herrischer. Er neigt dazu, der Kopfhund, der Herr im Hause zu werden und bedarf daher einer etwas härteren Hand. Die Hündin ist anhänglicher. Aber sie kommt etwa halbjährlich in die Tage. Dann macht sie Probleme. Sie „färbt", und man muß aufpassen, und zwar ab dem 10. Tag nach dem Beginn des Färbens. Der Tierarzt kann das aber heutzutage verhindern. Der Rüde neigt dafür zum Streunen: oft genügt schon ein unachtsamer Moment und „schwupp" ist er um die Ecke verschwunden. Er ist mehr verkehrsgefährdet.

Müssen Sie die Rute kupieren?

Sie müssen nicht, und Sie sollten nicht. Das Kupieren ist und bleibt eine unnatürliche Verstümmelung, die menschlichen Vorstellungen von Formschönheit, um nicht zu sagen von ,,Design" entspricht, die Folgen für das Tier jedoch mißachtet. Auch das Argument, daß der Hund sich die Rute im dichten Gesträuch wundschlagen könnte, kann ich nicht nachvollziehen; ich habe noch keinen nicht kupierten Hund mit zerschundener Rute gesehen.

Der Verzicht auf die Unsitte des Kupierens sollte direkt von den Hundevereinen und -clubs ausgehen. Diese für das Hundewesen und Hunde*leben* so wichtigen Institutionen sollten so vernünftig sein, auf alle widernatürlichen Standards grundsätzlich zu verzichten.

Erziehung zur Stubenreinheit

Die erste Hauptaufgabe, die sich jedem frisch gebackenen Hundebesitzer stellt, ist die Erziehung des Hundes zur Sauberkeit. Die beste Methode, dieses Ziel ohne die in jeder Weise unerfreuliche Aufwischarbeit zu erreichen, ist die Verwendung der von mir entwickelten ,,Welpenkiste". In der Kiste, die oben mit einem Maschendrahtdeckel verschlossen ist, wird anfangs nur ein kleiner Liegeplatz vorgesehen, der nicht größer sein darf als der Welpe selbst. Daneben befindet sich das Welpenklo, eine Wanne mit einem kopfnagelbewehrten Lattenrost, gefüllt mit Sand oder Katzenstreu. Der Rest der Kiste wird durch eine Zwischenwand abgesperrt und bleibt vorerst unbenutzt.

Die Regel heißt: Der Hund beschmutzt nie sein Lager. Den kleinen Liegeplatz wird er folglich sauber halten; er ist gezwungen, von vornherein sein Klo zu benutzen. Genau das soll er lernen. Hat der kleine Kerl kapiert, daß er auf dem Lagerplatz liegen und auf dem Kloplatz ,,sich lösen" soll, wird der in der Kiste ihm gewährte Lagerplatz nach und nach immer größer. (,,Sich-Lösen" ist ein vornehmer Ausdruck der ,,Hundesprache", der mit ,,Losung" zusammenhängt.)

Lassen Sie den Kleinen, wenn er größer wird, zum Sich-Lösen in den Garten, nehmen Sie das Klo gleich mit und deponieren es an einer Stelle, an der er später regelmäßig seine Geschäfte verrichten soll. Dorthin führen Sie ihn die erste Zeit und loben ihn sehr, wenn er das Klo weiter benutzt und alles programmgemäß verläuft.

Es gibt außer der Welpenkiste noch eine andere Möglichkeit, die ersten Tage und Wochen mit einem jungen Hund erträglich zu machen. Sie müssen dafür allerdings eine kleine Ecke Ihrer Diele opfern und dem Kleinen als vorübergehende Welpenecke zur Verfügung stellen. Diese Methode heißt daher auch die ,,Welpenecke". Dazu lassen Sie sich einen ganz leichten Lattenzaun von vielleicht 2 Metern Länge vom Schreiner anfertigen, mit dem Sie einfach eine Ecke

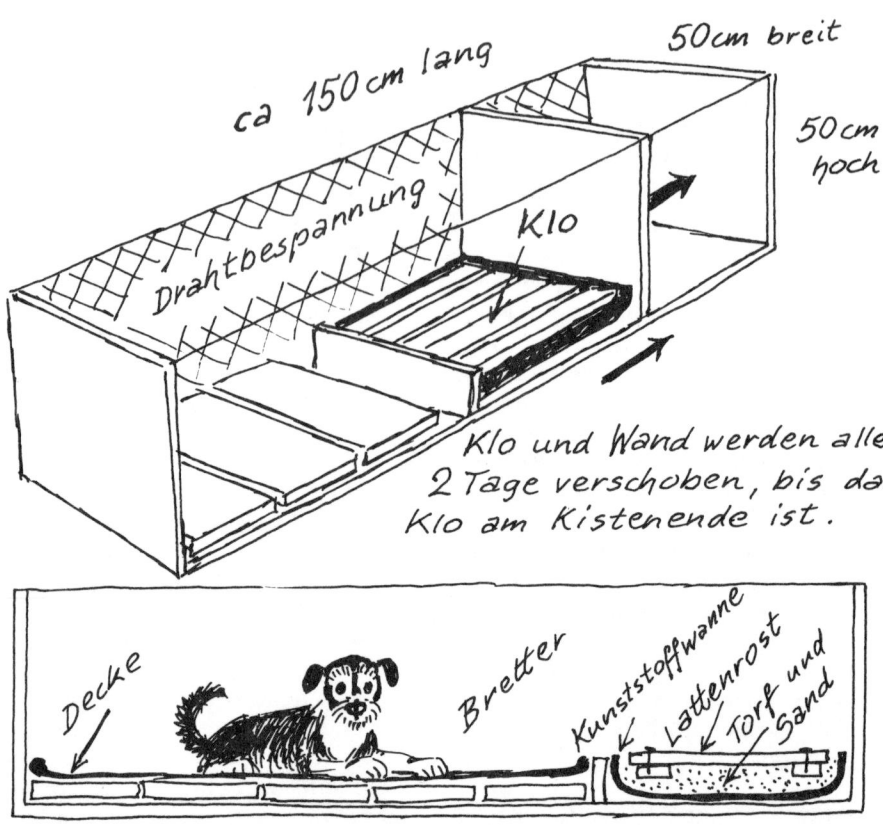

ca 150 cm lang

50cm breit

50 cm hoch

Drahtbespannung

Klo

Klo und Wand werden alle 2 Tage verschoben, bis das Klo am Kistenende ist.

Decke

Bretter

Kunststoffwanne

Lattenrost

Torf und Sand

abtrennen. Ausgelegt wird sie mit einer Folie, die hier und da mit doppelseitigem Klebeband fixiert wird. In der äußersten Ecke ist der Platz für das Welpenklo, das wiederum aus einer mit Torf oder Streu bedeckten Schale besteht. Der ganze übrige Teil dieses Mini-Zimmerzwingers wird mit einer dicken Mehrfachlage Zeitungspapier belegt. Beobachten Sie, daß der Hund gelernt hat, das Klo zu benutzen, darf er gleich anschließend ein viertel Stündchen in die gute Stube. Macht er sein Geschäft hingegen auf

das Zeitungspapier, so können Sie dieses leicht entfernen. Ein bißchen von dem beschmutzten Papier, das also mit der entsprechenden Witterung versehen ist, legen Sie auf das Klo; häufig nimmt er es daraufhin an. Wenn nicht, bleibt nichts anderes übrig, als den freien Raum in der Welpenecke drastisch zu verkleinern oder den Hund in unmittelbarer Nähe des Klos anzuleinen.

Mit dem gleichen Trick und etwas Aufpassen geht es auch ohne Welpenkiste oder Welpenecke. Sie leinen den Welpen an einer geeigneten

16

Stelle des Zimmers an; eine solche ist z.B. die Steinfläche vor dem Kamin. Nehmen Sie zum Anleinen ein feines Kettchen, auf keinen Fall eine Lederleine, damit er nicht lernt, diese durchzuschneiden. Legen Sie ihn auf eine mehrfach gefaltete Decke, die so weit zusammengelegt ist, daß die Längsseite nicht größer ist als der junge Hund selbst. Nicht viel länger soll auch das Kettchen sein, damit der Aktionsradius des Welpen von vornherein begrenzt ist. Er wird die Decke nicht beschmutzen, sondern, wenn Sie nicht aufpassen, hierzu deren Umgebung wählen. Bringen Sie ihn deshalb alle 2 Stunden ins Freie, vor allem nach jedem Schlaf, sofort nach dem Aufwachen. Sicherheitshalber bedecken Sie die Fläche um das Lager herum mit Zeitungen und wischen „im Falle, daß..." mit Sagrotan. Sind Sie sicher, daß der junge Hund, wie zu erwarten, sich nicht auf der Liegedecke löst, vergrößern Sie diese durch entsprechendes Falten langsam mehr und mehr; gleichzeitig verlängern Sie das Kettchen. Es vergrößert sich so der saubere Raum, den er nicht beschmutzt. Er findet andererseits kein Plätzchen mehr, wo er sich lösen könnte. Er wird sich melden. Natürlich sind Sie in der Nähe und bringen ihn flugs ins Freie, an den dafür vorgesehenen Ort. Verhindern Sie mit allen Mitteln, notfalls mit leichter Gewalt, daß er sich schon auf dem Wege dorthin erleichtert. Er muß in dieser Hinsicht von früher Jugend an Disziplin erlernen. Bleiben Sie andererseits bei diesen Erziehungsversuchen ruhig und gelassen. Schimpfen nützt nichts. Auch Strafmaßnahmen irgendwelcher Art bleiben absolut ohne Erfolg.

Den ausgewählten Ort weit hinten im Garten halten Sie stets mit Torf oder Sägemehl bestreut, damit er für Sie und für ihn kenntlich bleibt. In unmittelbarer Nähe graben Sie ein flaches Loch. Eine kleine Schaufel liegt bereit, so daß jedes Häufchen sofort verschwinden kann. Auch Ihren Garten halten Sie auf diese Weise sauber.

Wächst er heran, erweitern Sie die Erziehung zur Sauberkeit wie folgt: Sie nehmen ihn, wenn er sich lösen will, sofort an die Leine und führen ihn einige Minuten lang durch den Garten und zur Abwechselung auf die Straße. Dabei unterbinden Sie energisch jeden Versuch, sich zu lösen. Er muß lernen: Solange er an der Leine ist, darf er nicht! Er lernt das ohne weiteres, wie er ja inzwischen auch gelernt hat, daß er sich im Hause nicht lösen darf. Das ist ausschließlich eine Frage der Konsequenz des Erziehers. Aber das Ziel ist klar: Sie ersparen sich mit dieser einfachen Erziehung allen Ärger, den der stolze Großstadthundebesitzer heutzutage permanent mit seinem ansonsten so liebenswerten Begleiter hat. Kommen Sie mit ihm dann nach Hause zurück oder an eine Stelle, wo er ungeniert darf, „schnallen" Sie ihn, das heißt, Sie lösen ihn von der Leine. Befreit kann er sich verduften und seiner inzwischen sicherlich dringend gewordenen Notdurft in Ruhe nachgehen.

Impfungen und Wurmkuren

Wer da glaubt, es gäbe am Ende des 20sten Jahrhunderts keine Hundeseuchen mehr, der irrt. Im Gegenteil, selbst die Katzenseuchen machen uns Hundefreunden zu schaffen. Der erste Weg mit dem Welpen führt daher auf jeden Fall zum Tierarzt, der das Notwendige raten und veranlassen wird. Dazu sollte allerdings aus der Hand des Züchters schon ein Impfpaß vorliegen, in dem alle Impfungen eingetragen sind, die er bereits bei dem Wurf hat vornehmen lassen.

Der Tierarzt wird dann auch das weitere Leben Ihres kleinen Erdenbürgers begleiten und dafür Sorge tragen, daß es ihm gut geht. Wenn der Hund nicht frißt, sich auffällig und ungewöhnlich verhält, ein struppiges Fell oder andere Krankheitssymptome zeigt, ist es immer besser, sofort den Tierarzt zu konsultieren. Zu langes Warten kann verheerende Folgen haben.

Allerdings brauchen Sie nicht wegen jeder Kleinigkeit zum Arzt. Bei leichteren Verletzungen hilft der Hund sich selbst mit seinem Allheilmittel, der Zunge. Nur wenn die Wunde offensichtlich genäht werden muß, konsultieren Sie den Tierarzt.

Pflege

Die Pflege des Hundes ist relativ einfach. Wenn hierbei Fehler gemacht werden, dann mehr, weil zuviel als zuwenig getan wird.

So gibt es Leute, die ihrem Hund die Zähne putzen. Ich halte das zumindest im allgemeinen für überflüssig, würde mich aber im Einzelfall dem Rat des Tierarztes beugen, vor allem dann, wenn sich Mundgeruch einstellen sollte.

Die regelmäßige Reinigung der Ohren oder Behänge ist dagegen bei einigen Hunderassen angebracht. Man umwickelt ein flaches Holzstäbchen von ½ bis 1 Zentimeter Breite mit Mull, das, vielleicht in Öl oder Salbe getaucht, ein brauchbares Ohrpflegestäbchen ergibt.

In erster Linie aber richtet sich meine Skepsis gegen das Baden. Es besteht die Gefahr, daß durch zu häufiges Waschen der Behaarung und vor allem durch Verwendung von zu scharfen Shampoos die feine Fettschutzschicht auf der Haut des Tieres beschädigt wird. Die meisten Hundebesitzer wollen mit dem Waschen erreichen, daß der Hund weniger stark riecht. Dies ist jedoch ein Irrtum. Richtig gepflegtes Hundehaar riecht nicht, zumal der Hund ja auch nicht durch die Haut schwitzt. Wenn der Hund riecht, liegt es an der Zusammensetzung der Nahrung. Diese sollten Sie probeweise ändern, wobei in erster Linie das Verhältnis von Frischfleisch zu Fertigfutter zu variieren ist. Der Hund muß nicht riechen. Fragen Sie vielleicht einmal den Tierarzt.

Richtige Haarpflege heißt:
1. Mehr bürsten als waschen. Das Bürsten ist eine Frage der Art der Behaarung und der Art der Hundehaltung. Lang- und Rauhhaar müssen häufiger gebürstet werden

als Kurzhaar. Immer *mit* dem Strich bürsten! Fangen Sie nicht mit einer harten Bürste an; Sie könnten damit Ihrem Liebling die Prozedur des Bürstens für alle Zeit vergrämen. Nehmen Sie also zu Anfang eine weiche Bürste und erst dann eine härtere, wenn Sie festsstellen, daß er das Bürsten genießt. Lebt der Hund draußen im Zwinger, und vor allem, lebt er sommer- wie wintertags im Zwinger, ist der Haarwechsel deutlich stärker ausgeprägt als beim Wohnungshund, der in einem ausgeglicheneren Klima lebt. Den Zwingerhund müssen Sie daher in der Zeit des Haarwechsels häufiger und intensiver bürsten. Manchmal können Sie alte Haarbüschel auch mit der Hand herauszeihen.

2. Lassen Sie Ihren Hund so häufig wie möglich ins Wasser. Fast alle Hunde schwimmen gern, vor allem dann, wenn sie richtig hierzu erzogen sind (s. Seite 104). Dabei werden ganz von selbst Staub und Schmutz ausgespült und die empfindliche Fettschicht geschont. Natürlich schüttelt er sich anschließend, und dabei können Sie selbst eine kleine Dusche abbekommen. Das können Sie aber leicht verhindern, wenn Sie den Hund regelmäßig von sich wegjagen, wenn er aus dem Wasser kommt. Der Hund kann auch an eiskalten Wintertagen ins Wasser. Abgesehen von den typischen Schoßhundrassen ist er kälteunempfindlich. Sie sollten ihn aber gründlich abtrocknen, wenn er aus dem Wasser kommt und Sie ihn nicht sofort in die warme Stube nehmen können.

3. Müssen Sie ihn baden, nehmen Sie lauwarmes Wasser, nicht über 30 Grad, und ein leichtes Spezial-Haarwaschmittel aus der Tierhandlung.

4. Gegen Flöhe und anderes Ungeziefer hilft wirksam das Zeckenhalsband.

Bedenken Sie: Der beste Hundehaarpfleger ist der Hund selbst. Er wendet viel Zeit dafür auf. Aber es gibt auch bei Hunden die soziale Körperpflege. Wenn Sie mehrere Hunde in der Wohnung haben, können Sie beobachten, wie emsig sie sich gegenseitig die Behaarung belecken. Dazu bedarf es allerdings zwischen ihnen großer Vertrautheit. Auch deshalb schätzt es Ihr Hund, wenn Frauchen sein Haar mit der Bürste pflegt.

Beschäftigung mit dem Hund

Kümmern Sie sich in den ersten Wochen so viel wie irgend möglich um Ihren Hund. Geben Sie ihm einen festen Platz in der Stube, den er sein Leben lang behält, und bieten Sie ihm hier am besten ein Körbchen. Dieses legen Sie mit einer alten Decke aus, die Sie leicht waschen können. Nehmen Sie ihn häufig auf den Arm. Greifen Sie ihm zum Hochheben aber bitte nicht in das Nackenfell, auch nicht an die Vorderläufe. Fassen Sie ihn vielmehr von unten unter den Brustkorb, ohne die Schulter zu weit zu spreizen.

Lassen Sie ihm viel Schlaf. Und gehen Sie viel mit ihm spazieren. Bringen Sie ihn so oft wie möglich mit anderen Hunden zusammen. Es ist wichtig, daß er artgemäß spielen und raufen kann. Auch in der Wildhundmeute lernen die Welpen und Junghunde von den erwachsenen Meutegenossen. Die Veranlagung hierzu haben auch heute noch die meisten Hunde. Es ist putzig zu sehen, wie ein starker Rüde im Zweikampf mit einem winzigen Welpen unterliegt und sich geschlagen auf den Rücken legt, damit der Kleine sein Erfolgserlebnis hat und zur Fortsetzung der Balgerei ermuntert wird.

Fangen Sie auch frühzeitig, also schon beim 6 bis 7 Wochen alten Welpen, mit den ersten Übungen an. Auch das Lernen selbst wird zu einer Art Routine. Je eher sie sich einspielt, um so besser.

Gewöhnung an die Leine

Lange bevor der Hund Gelegenheit erhält, das Angeleintwerden als meistgehaßte Freiheitsberaubung zu empfinden, geben Sie ihm die Möglichkeit, es als größtes Hundevergnügen zu erleben, das es gibt. Hundekinder lieben, wie andere Kinder auch, vor allem zwei Dinge: Nach längerer Stubenhockerei wollen sie hinaus in den Garten oder in Wald und Feld; und sie freuen sich auf die nächste Mahlzeit. Diese beiden Vergnügungen nun verknüpfen Sie vom ersten Tage an mit dem Erlebnis „Leine". Jeder Weg ins Grüne beginnt an der Leine; draußen können Sie ihn dann nach 10 Minuten schnallen, um ihn jedoch bald wieder anzuleinen. Sie müssen den Hund aber zum Spaziergang anleinen, solange Sie sich noch mit ihm in der Wohnung befinden. Es dauert nicht lange, dann weiß er schon, daß es ins Freie geht, wenn Sie die Leine nur anschauen.

Auch sein Futter erhält der junge Hund vom ersten Tage an nur an der Leine. Die Handschlinge legen Sie dazu am besten über einen Wandhaken; keineswegs müssen Sie sie selbst in der Hand halten.

Mit diesen einfachen, aber rechtzeitig vorgenommenen Erziehungsmaßnahmen ersparen Sie sich den manchmal mörderischen Zweikampf mit dem Junghund bei den ersten Versuchen, ihn an die Leine zu gewöhnen. Das An-die-Leine-Gewöhnen darf nie ein Thema werden.

Beherrschung des Hundes

Geben Sie Ihrem Hund nicht zu viel Freiheit. Diesen Fehler habe ich früher immer wieder gemacht. Ich dachte: „Der Hund ist ein Lauftier; also laß ihn, solange er klein ist, laufen, viel laufen, damit er eine gute Lunge und starke Muskeln bekommt." Wenn er mir aus der Hand kam, dachte ich: „Na, laß ihn, es macht ihm Spaß, das Häschen oder den Radfahrer zu hetzen oder im Wald einer Fährte zu folgen. Du wirst den Burschen schon wieder in den Griff bekommen, wenn er größer geworden ist." Das schaffte ich auch, meistens — aber mit welchen Opfern?

Die ersten Wochen und Monate sind für den Junghund die Prägezeit. Verhaltensweisen, die er jetzt erlernt, vergißt er nicht mehr. Später kann man sie nur gewaltsam unterdrükken; völlig abgewöhnen kann man sie nur mit schärfsten Mitteln. Da diese jedoch abzulehnen sind, ist die Erziehung eines einmal ,,verkorksten'' Hundes oftmals nicht mehr möglich.

Zwar hatte er als Junghund viel Freiheit, aber er konnte nichts damit anfangen. Ist er aber erst einmal herangewachsen und möchte, ja *muß* seine Kraft austoben, bin ich gezwungen, ihn kurz zu halten — sehr kurz. Denn wenn er auch nur ein einziges Mal (!) wieder von hinnen ist, war alle Mühe umsonst.

Deshalb heißt die ganz klare Regel: Sie sollen so viel wie möglich mit ihm spazierengehen, aber der Welpe oder Junghund *darf* Ihnen dabei *nie* (ausnahmslos) aus der Hand kommen. Gehen Sie mit ihm nur in wildreines Gelände. Verlieren Sie nie den direkten Kontakt zu ihm. Sie müssen ihn *jederzeit* in wenigen Sekunden zurückrufen und bei sich an der Leine haben können. Zur Not hilft immer die in jedem Fachgeschäft erhältliche flexible Leine.

Sollte der Hund, der kleine wie der große, dennoch einmal bei einem Spaziergang im Wald entlaufen sein, dann hilft kein Rufen und kein Pfeifen. Ein Hund ist, vor allem auf einer Wildfährte, so schnell, daß er binnen einer Minute weit außerhalb Ihres Hörbereichs ist. Sie *müssen* warten. In den meisten Fällen ist er nach 10 Minuten wieder bei Ihnen. Aber es kann auch länger dauern. Dann ist Geduld gefragt. Ist er nach 1 bis 2 Stunden nicht zurück, dann hilft nur eins: Sie legen an die Stelle, an der er Ihnen aus den Augen kam, also möglichst auf seiner Fährte, ein zuvor getragenes Kleidungsstück, z. B. ein Unterhemd, und dazu, wenn Sie sie herbeischaffen können, seine Decke. Auch wenn er erst nach mehreren Stunden zurückkommt, wird er an dieser Stelle bleiben, bis Sie ihn abholen.

Es ist möglich, daß sich ein Hund im Wald am Halsband verfängt und daher nicht zurückkommen kann. Vorsichtshalber sollten Sie daher, wenn Sie den Hund im Wald frei laufen lassen, nicht nur die Leine lösen, sondern das ganze Halsband entfernen.

Sollte er nur etwas zu weit gelaufen sein, machen Sie sich klein, gehen Sie in die Hocke. Er meint dann, Sie seien ganz weit weg und kommt sofort, weil er Sie auf keinen Fall verlieren will. Er braucht die Geborgenheit bei Ihnen. Eine andere Möglichkeit wäre, sich hinter einem Baum zu verstecken. Er wird Sie ängstlich suchen. Das schadet nichts. Sie prägen ihn so auf sich, statt auf die Freiheit. Außerdem lernt er, seine Nase zu benutzen. Kommen Sie dennoch einmal in eine Gegend, in der es *vielleicht* Hasen oder Kaninchen geben könnte, dann leinen Sie ihn schnell an.

Er braucht allerdings sehr viel Bewegung. Es gibt eine wunderbare Möglichkeit, ihm im Garten oder sonstwo auf kleinstem Raum ein großes Laufpensum zu verschaffen, das außerdem Herrn und Hund viel Freude macht: das Spiel mit der Angel (s. Seite 85).

Wohnung oder Zwinger?

Jeder Hundefreund muß selbst entscheiden, wo er sein Tier unterbringen will. Die Regel lautet: Je mehr der Hund mit dem Menschen zusammen ist, um so tiefer wird die gegenseitige Verständigung, um so anhänglicher wird der Hund, um so mehr lernt er, weil er viel häufiger Gelegenheit hat, auf unsere Worte, Zeichen und Gebärden so zu reagieren, wie wir es erwarten. Das spricht zweifelsohne für die Wohnung. Aber es spricht auch einiges dagegen, vor allem dann, wenn der Hund viel in der Wohnung allein sein muß oder die Familie hier stark beschäftigt ist, wie dies in einem Geschäftshaushalt der Fall sein mag. Allein ist der Hund besser in seiner eigenen Wohnung aufgehoben, und das ist der Zwinger. Auch dürfte der Aufenthalt an der frischen Luft mit dem jahreszeitlichen Wechsel der Temperaturen seinem entwicklungsgeschichtlich vorgebildeten Naturell am meisten entsprechen. Letzteres aber wiegt weniger schwer. Meine Wohnungshunde sind sehr alt geworden, älter als alle Wurfgeschwister, die im Zwinger lebten.

Meine Empfehlung: wenn schon in den Zwinger, dann nur tagsüber, wenn die Familie außer Haus oder beschäftigt ist. Abends, wenn alle nach Hause kommen, und nachts gehört auch der Hund in die Familie, und das heißt in die Wohnung.

Fütterung

In den ersten 6 Monaten seines jungen Lebens muß der Welpe drei- bis viermal täglich gefüttert werden, danach zweimal, bis er 1 Jahr alt ist, dann einmal täglich. Nach einem weiteren Jahr sollten Sie pro Woche 1 Hungertag für ihn einplanen, an dem es nur Wasser gibt. Frisches Wasser muß er jederzeit in ausreichender Menge verfügbar haben. Gegen die werbewirksamen Super-Geschmack-Vollkost-Fertigfutter-Angebote mit Vitaminen und Spurenelementen habe ich nichts einzuwenden. Ohne Trockenfutter könnten wir die mittlerweile allein in Westeuropa und Nordamerika auf 100 Millionen Tiere angewachsene Hundebevölkerung wohl kaum ernähren. Auch muß man der deutschen Tierfutterindustrie bescheinigen, daß sie teilweise hervorragende Produkte auf den Markt bringt, die sich auch zum Belobigen gut eignen. Jedoch bekommt mein Hund nicht *nur* Fertigfutter. Mindestens die Hälfte seiner Nahrung ist Frischfleisch vom Metzger oder Schlachthof, einmal die Woche besorgt, kurz abgekocht, in 4-Zentimeter-Häppchen geschnitten, in 7 Portionstüten verpackt und im Kühlschrank aufbewahrt. Frischfleisch ist auch das beste, für die Erziehung unbedingt benötige Belobigungshäppchen. Knochen gibt es grundsätzlich nicht.

Ob Sie das Fleisch kochen oder roh belassen, ist Ansichtssache. Viele erfahrene Hundehalter füttern nur abgekochtes Fleisch, um eventuelle Krankheitserreger abzutöten. Ich glaube nicht, daß hierdurch Mangelerscheinungen auftreten. Andere schwören auf rohes Fleisch, weil dies die artgemäße Grundnahrung des domestizierten Wildhundes ist. Vielleicht vergewissern Sie sich bei Ihrem Metzger oder Schlachthof über die Qualität des Frischfleisches.

Gekocht oder roh ist natürlich auch eine Frage der Konservierung. Rohes Fleisch müssen Sie portionsgerecht einfrieren. Bei entsprechenden häuslichen Gegebenheiten und einem großen Vielfraß im Hause, oder gar bei mehreren Hunden, geht es aber auch so: Sie bewahren das Fleisch in einem Eimer 2 Tage in einem kühlen Keller auf. Am dritten Tag füllen Sie den ganzen Eimer mit Wasser. Darauf kommt ein Deckel. Davon entnehmen Sie den täglichen Bedarf und erneuern das Wasser bei jeder Fütterung. Etwas Hautgout schadet bekanntlich dem Hunde nicht: Die Gourmets unter den Hunden vergraben, was über ihren Hunger hinausgeht, und holen es sich, wenn sie wieder Appetit haben.

Probieren Sie einmal meine ,,Spezial-Delikateß-Hunde-Klopse": Sie nehmen ein Gemisch von verschiedenen Sorten Frischfleisch, Leber, Lunge, Pansen, Schweineöhrchen und was Sie sonst bekommen und zerkleinern das Ganze in einem Fleischwolf, zusammen mit einigen rohen Möhren oder anderen Gemüsen. Dazu geben Sie ab und zu ein geschlagenes Ei, ferner etwas feingeschnittene Petersilie oder Schnittlauch, würzen das Ganze mit Vitakalk, einem Multivitaminpräparat oder Lebertran (Hunde mögen Lebertran sehr gerne). Das alles verrühren Sie im Verhältnis von 4 : 1 mit Haferflocken oder von 5 : 1 mit Mehl. Daraus formen Sie je nach Größe des Hundes 3 bis 4 Zentimeter dicke Klopse, lassen diese etwas antrocknen und geben sie 2 Minuten in kochendes Wasser oder 10 bis 15 Minuten in den Backofen bei 250 Grad, und zwar auf den mittleren Rost. Bei diesen Zeiten wird die ,,Schale" hinreichend fest, aber der ,,Kern" bleibt roh. Sie können die gekochten oder gebratenen Bällchen dann unbesorgt 1 Woche im Kühlschrank aufbewahren. Diese Klinkenberg-Spezial-Hunde-Klopse sind die gesündesten und unübertroffenen Belobigungshappen für Hundeschüler jeder Rasse und Größe, jeden Alters und Geschlechts. Sie haben nur einen Nachteil: Ihr Hund nimmt nichts anderes mehr!

Die benötigte Futtermenge ist je nach der Art des Futters und vor allem je nach dem Wassergehalt sehr verschieden. Bei reinem Trockenfutter, aus mehreren handelsüblichen Sorten gemischt, braucht ein mittelgroßer Hund etwa ½ Kilogramm pro Tag, dazu natürlich reichlich Wasser. Aber das ist nur ein Anhaltspunkt.

Geben Sie ihm daher, soviel er mag

und mit Appetit verzehrt. Achten Sie nur auf eines: daß er nicht zu dick wird. Sie täten ihm keinen Gefallen, wenn Sie ihn mästeten. Der Hund ist ein Lauftier und muß beweglich bleiben. Mein Grundsatz ist: Man muß die Rippen sehen können. In einem sollten Sie sich vom ersten Tage an einig sein und einen bindenden Familienbeschluß herbeiführen: Er bekommt nichts von Ihrem Tisch und nichts (gar nichts!) bei Tisch. Während Sie essen, liegt Ihr Hund grundsätzlich, gegebenenfalls angeleint, auf seiner Decke. Jedes kleine Abweichen von dieser Regel gibt Probleme.

Fütterungszeit ist Lernzeit

Jede Fütterung — ohne Ausnahme! — wird für eine kleine Folgsamkeitsübung genutzt. Setzen Sie Ihrem Hund *niemals* den gefüllten Napf einfach hin, sondern locken Sie ihn mit dem Napf heran. *Während* er zu Ihnen kommt, rufen Sie: ,,Komm!" und dazu seinen Namen, und das möglichst *oft* hintereinander. Ist er bei Ihnen, lassen Sie ihn schnuppern, bringen aber die Schüssel einige Schritte weiter und rufen ihn wieder mehrmals hintereinander. Schließlich bekommt er sein Futter, nachdem er zuvor — und auch das ist Erziehung — angeleint wurde.

Der junge Hund oder Welpe soll sein Futter von Anfang an als Lohn für eigene Mühe, als Befriedigung seines Hungertriebes durch eigenes Handeln, ja als Belobigung für ein vom Erzieher gewünschtes Tun empfinden. Auch der kleinste Welpe muß sich schon um sein Futter selbst bemühen. Ebenso mußte es, entwicklungsgeschichtlich gesehen, der Junghund in der Wildhundmeute, wenn er nicht verhungern wollte. Nur auf diese Weise lernt der Hund von Jugend an, daß Futter etwas mit Leistung zu tun hat. Er wird hierdurch gelehriger und leichter erziehbar. Gleichzeitig aber erlebt er frühzeitig seinen Erzieher als ranghöher, als seinen Meuteführer. Von ihm bekommt er sein Futter, wenn er es verdient hat. Ihn respektiert er bedingungslos.

Gewohnheiten aus der Wildhundzeit

Der Hund zeigt eine Reihe von Eigenheiten in seinem Verhalten, die er aus früher Vorzeit bis in unsere Tage hinübergerettet hat.

Ganz zu vorderst gehört hierzu seine ausgezeichnete, allen anderen Tieren überlegene, vor allem auch frühe Lernfähigkeit. Diese zeigt sich darin, daß er Hunderte von Wahrnehmungen aus der Umwelt, darunter auch unsere Befehle, behalten, mit bestimmten Handlungen verknüpfen und sich nutzbar machen kann. Diese Fähigkeit ist ohne Zweifel auf das frühere Leben in der Hundemeute zurückzuführen (s. Seite 34 und Seite 139).

Aus dem Meutedasein erklären sich auch jene Verhaltensformen, die die Rangordnung betreffen. Heftige Kämpfe werden ausgefochten, um weiter nach oben zu kommen. Sie enden noch heute mit der Unterwerfung des Verlierers, der sich auf den Rücken wirft und dem Sieger die Kehle bietet. Im Zusammenleben mit dem Menschen ist dieser der Leithund. Auch er muß jedoch seine Überlegenheit ständig beweisen. Neben der Lenkung des Hundes durch Befehle ist dies die zweite wichtige Funktion der Erziehung, aus der zugleich die Rangordnung erwächst. Allerdings muß Überlegenheit in der Meute nicht notwendigerweise durch Kampf, sie kann auch durch ,,Angeben" demonstriert werden. Man bezeichnet dies als Imponiergehabe, eine Kunst, die der kluge Hund meisterlich beherrscht.

Das schönste Beispiel hierfür sind jene beiden Rüden, die Konrad Lorenz beschrieben hat. Sie drohten sich mit Zähnefletschen und wütendem Gebell zu zerfleischen und hätten dies sicher auch getan, wäre nicht zum Glück der Gartenzaun zwischen ihnen gewesen — bis die Katastrophe geschah und eines Tages das Tor weit offenstand. Unvermittelt standen die beiden Helden sich gegenüber. Und was geschah? Sie verstummten verdutzt, musterten sich, liefen, jeder auf seiner Seite, zum Zaun zurück — und begannen das Zähnefletschen von neuem.

Naturgegeben ist dem Hund auch die Wachsamkeit. Es gehört zum Wesen der Meute, daß die Mitglieder abwechselnd schlafen und wachen. Auch die Art zu jagen ist festgelegt. Abwechselnd übernimmt ein Meutetier die anstrengende Sucharbeit, die anderen folgen trottend

und erholen sich. Jeder Folge von Duftpartikeln, jeder Spur also, folgt der Hund automatisch. Nähert er sich der Beute, steht er wie angewurzelt still. Er ,,steht vor", um plötzlich einzuspringen und die Beute zu fassen.

Daß der Hund es auch heute noch meisterhaft versteht, Fleisch zu vergraben und zu konservieren, zeigt folgende Geschichte: Bei Jagdhundprüfungen muß der Hund ein Kaninchen suchen und bringen, das an einer Schnur etwa 500 Meter weit ,,geschleppt" wurde. Fairerweise legt man immer ein zweites, frisches dazu. Eins von beiden muß der Hund apportieren. Mein Weimaranerrüde Treff fand jedoch beide, aber es gelang ihm nicht, sie auch beide in den Fang zu nehmen. Plötzlich sahen wir, wie er mit einem Kaninchen etwa 50 Meter zur Seite lief, es dort ablegte, zu dem zweiten zurückkehrte und dieses brachte — eine gute Leistung! Doch das dicke Ende kam bald: Nur nach langem Suchen gelang es dem Richterkollegium, das zuerst abgelegte Kanin zu finden. Treff hatte es in Sekundenschnelle unsichtbar in einer Vertiefung mit Gras bedeckt.

Warum fressen Hunde Gras? Ich kann es mir nur so erklären, daß sie faseriges Material aufnehmen wollen, wie ja auch beim Belecken der Behaarung mit Sicherheit Haare in den Magen kommen.

Daß sie sich zweimal um die eigene Achse drehen, bis sie sich schließlich auf ihrem Lager niedergetan haben, erscheint mir erklärlich. Früher schlief die Meute draußen auf freiem Feld. Durch das Drehen im Stand formten sie sich aus hohem Gras ein weiches Lager. Dies wurde zu einer angeborenen Verhaltensform, die der Hund nicht zu erlernen brauchte. Sie ist bis heute in seinem Erbgut erhalten geblieben.

Die wichtigste aus alter Zeit stammende Eigenschaft des Hundes aber ist die folgende: Das Dasein in der Meute war hart und erbarmungslos und voller Streß. Die Meutegenossen bedrängten sich gegenseitig von oben und unten; auf Rosen gebettet war keiner. Auch in der Domestikation war der Hund gefordert und geschunden. Im Vergleich zu früher lebt er heute in der Menschenmeute, der Familie, wie ein Pascha. Und das weiß er zu schätzen. Er erwartet Härte, Druck und Mangel und findet Güte, Liebe und stets eine volle Schüssel. Daraus erklärt sich seine allgemein positive, frohe Grundstimmung, aber auch das schnelle Umspringen der Gefühle in tiefe Betroffenheit. Daraus erklärt sich auch seine echte Dankbarkeit und Unbestechlichkeit.

Gewohnheiten des Hundes als Riechtier

Sein außerordentlich hoch entwikkelter Geruchssinn eröffnet dem Hund ein weites Feld nur ihm eigener Kommunikationsmöglichkeiten. Viele Verhaltensformen des Hundes, die auf seiner enormen Riechfähigkeit beruhen, sind uns unverständlich; einige empfinden wir sogar als abstoßend. Für den jungen Hundefreund ist es wichtig, sie zu kennen; denn es wäre fatal, das Tier für ein Verhalten zu strafen, das in seiner Natur angelegt ist. Soweit uns solches Verhalten stört, können wir es dem Tier nur mit viel Verständnis nach und nach abgewöhnen.

Der Erzieher muß wissen, daß alles, was mit Duft und Geruch zu tun hat, für den Hund höchst wichtig und interessant ist. Das fängt an mit dem Urinzeremoniell (Trumler) der Rüden, das bekanntlich der Revierabgrenzung dient. Die Duftmarke am Bordstein sagt es klar und deutlich: ,,Ich war hier!" Mit zunehmendem Rang muß jedoch die Marke höher angesetzt sein, damit der Reviereigner seiner Konkurrenz größer erscheint. Deshalb geht jener nach eingetretener Pubertät nicht mehr wie die Hündinnen und die Kleinen verschämt in die Hocke, sondern hebt das Bein so hoch er kann. Dabei werden senkrechte Pfähle und Wände bevorzugt.

Dem gleichen Nebenzweck dient das Absetzen der Losung. Nur scheint der Kot weniger Individualgeruch zu bieten als der Urin; es überwiegen die mit der Nahrung wechselnden Bestandteile der Verdauung. Darum muß zusätzlich eine individuelle Duftnote hinzugefügt werden, die die Schweißdrüsen an den Hinterpfoten liefern. So erklärt sich wahrscheinlich das Scharren neben der Losung.

Als Riechspezialisten erkennen sich die Hunde an ihrem Geruch. Die stärksten Duftstoffe werden durch

26

Hautdrüsen erzeugt, die in der Umgebung des Afters liegen (Trumler). Deshalb begrüßen sich Hunde, wenn sie sich in friedlicher Absicht treffen, durch Beriechen der Analgegend. Auch wenn dies an der Leine geschieht, handelt es sich um eine ganz natürliche, aber eben „hundliche" Begrüßungszeremonie. Frauchen hat also keinen Grund zu erröten.

Unangenehm wird es allerdings für den Besitzer eines Riechtieres, wenn sich dieses mit einem sichtbaren Ausdruck der Lust in ganz übel riechendem Mist, Kot oder Kuhfladen wälzt oder seitlich mit den Vorderkeulen hineinrutscht. Offenbar bedarf es eines Extra-Parfums, um den Artgenossen zu imponieren. Für mich gibt's da nur eines: ins Wasser mit ihm! Oder es bleibt beim Abrubbeln und Naserümpfen.

Kommunikation und Körpersprache

Aus seiner Meutezeit hat der Hund ein starkes Mitteilungsbedürfnis; die Meute funktionierte nur bei ausreichender Kommunikation. *Eine* Mitteilungsform, die über den Geruchssinn, haben wir bereits besprochen. Der Hund ist jedoch dazu auch sehr „gesprächig". Er hat ein ausdrucksstarkes Minenspiel und eine reiche Körpersprache.

Seine Lautäußerungen beginnen mit dem Fiepen, das Ungeduld zeigt: „Wie ist das jetzt?" Oder: „He, ich bin auch noch da!" Dann kommt das leichte, leise Knurren mit schnell erhobenem Haupt. Es bedeutet:

„War da nicht was? Mir war doch?" Es soll nicht gleich die ganze Sippe geweckt werden, aber vielleicht der Schlafgenosse nebenan. Die Gewißheit wächst, wenn ein leises „Wa" dem Knurren folgt: „Da war was! Horch doch mal!" Dies schlägt bald um in lautes, glockiges Gebell, das heißen soll: „Es kommt jemand! Auf, ihr Leut'! Freund oder Feind?", eine Frage, die zunächst offenbleibt (Morris). Ist es ein Freund, ein Mitglied der Familie, ist das Bellen mit freudigem Anspringen verbunden. Ist es ein Feind, wird es zur Drohung, die mit Knurren und Zähnefletschen einhergehen kann. Gefährlich wird es, wenn sich die Rückenhaare sträuben. Vorsicht und Höflichkeit gebieten es, spätestens jetzt den Hund anzuleinen oder an seinen Platz zu verweisen.

Das Heulen oder Jaulen mit zurückgeworfenem Kopf ist Ausdruck der Einsamkeit. Der im Zwinger allein gelassene Hund kann stundenlang heulen und zwischendurch bellen, bis die Nachbarschaft protestiert. Es gibt aber auch ein einvernehmliches Mitheulen, wenn eine hohe Stimme singt, die Glocken läuten oder ein Bläserchor zur Jagd bläst. Diese Art des Heulens muß auf alte Rudelsignale zurückgehen.

Offenbar träumt der Hund. Man kann fast sehen, wie er sichtlaut hinter einem Hasen her ist. Die Läufe zucken, und das Bellen ist unverkennbar, auch wenn es nur ein halbes Bellen ist.

Hecheln dient ausschließlich der Reduzierung der Körpertemperatur.

Sie muß auf diese Weise normalisiert werden, weil der Hund — außer zwischen den Zehen — keine Schweißdrüsen hat.

Anspringen und Nasestupsen sind Ausdrucksformen der Vertrautheit. Sie sollten sie nicht abwehren oder gar verleiden, sondern kanalisieren, wenn sie Ihnen lästig sind. Er schiebt die Nase unter Ihre Hand und bugsiert sie durch geschicktes Drehen des Kopfes dorthin, wo er gestreichelt oder gekrault werden möchte.

Auch die Aufforderung zum Spiel, besser, zum Fangen-Spielen oder Raufen, hat ihr festes Ritual. Er schiebt die Vorderläufe weit nach vorn, drückt den Bauch auf den Boden, hält Kruppe und Schwanz möglichst hoch und bellt dreimal kurz: ,,Fang mich doch!"

Lausi stahl Treffs Knochen und ließ sich jagen, bis der Verfolger ermüdete. Dann warf sie ihm den Knochen hin mit der Bemerkung: ,,Da hast du ihn! Was soll ich damit?", blieb aber in der Nähe. Näherte sich jetzt der Rüde, war sie garantiert eine zehntel Sekunde vor ihm dort, und das Spiel ging weiter.

Schwanzwedeln heißt Freude, Schwanzeinklemmen Betroffenheit. Jede andere Erklärung ist abwegig. Allerdings stimmt die These nur indirekt: Beim Hund verwandelt sich Freude in Bewegung, Betroffen-Sein in Tatenlosigkeit. Der freudig erregte Hund rast wie ein Wilder oder bellt und springt in die Luft. Der betroffene verzieht sich mit eingeklemmter Rute unter das Sofa. Kann er aber nicht rasen, dann bewegt er das einzige, was ihm zum Bewegen bleibt, den Schwanz. Wurde dieser kupiert, dann bewegt er das andere Ende des Schwanzes, den Rücken.

Hundeliebe

Das größte Ereignis für die Besitzerfamilie einer Hündin ist natürlich die Ankunft eines Wurfes Welpen. Diese besondere Freude können Sie sich und Ihren Kindern leisten, wenn Ihre Hündin 2 bis 3 Jahre alt ist, wenn sie gesund ist und keine Vererbungsmängel aufweist, wie z. B. die Hüftgelenk-Dysplasie, und wenn Sie sicher sind, daß Sie die Welpen verkaufen oder verschenken können.

Über den Zuchtwart des zuständigen Hundevereins finden Sie den geeigneten Rüden, den Sie sich ansehen sollten. Dann warten Sie geduldig auf die nächste Hitze, die jedes halbe Jahr eintritt und sich durch unruhiges Benehmen der Hündin und durch das Anschwellen der Schnalle ankündigt. Den Tag, an dem die ersten roten Tröpfchen auf dem Fußboden erscheinen, müssen Sie notieren, denn erst am 9. Tag nach der ersten Rötung ist die Hündin für einige Tage paarungsbereit.

Der Rüde ist dagegen das ganze Jahr über paarungsbereit. Man sieht das daran, daß besonders die kleinen Frechlinge gern Begatten spielen. Dabei reiten sie bevorzugt auf behoste Männerbeine ahnungsloser Gäste auf. Man muß das verständnisvoll verhindern.

Trotzdem habe ich keinen Grund zu der Annahme, daß Rüden während ihres gesamten Erdendaseins sexuell frustriert sind. Selbst Zwinger an Zwinger mit einer hochläufigen Hündin zeigten meine Rüden kein Frustrationsverhalten; darüber war ich mich mit einem erfahrenen, auf Hunde spezialisierten Tierarzt einig. Auch in der Meute leben junge und alte Rüden in engster, freier Gemeinschaft mit weiblichen Tieren. Nur selten kommen sie jedoch zur Kopulation. Sie wissen, daß die ranghohen Tiere Vorrechte haben; der Geschlechtstrieb kommt gar nicht erst auf.

Hündin und Rüde bringen Sie auf einem größeren Hof oder Feld zusammen. Vielleicht zeigen die beiden zuerst, was „Läufigkeit" heißt. Dann beschnuppern sie sich ausgiebig. Schließlich wird die Hündin immer aktiver, bis sie in einladender Haltung verharrt und der Rüde sie besteigen kann.

Die Kopulation dauert normalerweise recht lange. Schon die Ejakulation selbst erfolgt in mehreren Ergüssen über 1 bis 2 Minuten. Dabei werden — man hat sie gezählt! — 1,2 Milliarden Spermien ausgestoßen. Da sowohl der Penis als auch die Vagina stark anschwellen, kann sich das Paar häufig nach dem Erguß nicht trennen, sie „hängen" zusammen, auch nachdem der Rüde abgestiegen ist. Sie stehen dann hilflos Po an Po. Es wäre wirklich das letzte, sie jetzt mit Gewalt oder gar Wasser zu trennen; dergleichen geschieht jedoch. Man sollte sie im Gegenteil beruhigen und verhindern, daß sie zerren. Nach dem Abschwellen der Organe löst sich die Blockierung von selbst.

Trächtigkeit

Wenn der Deckakt so abläuft, wie eben dargestellt, können Sie in 99 Prozent der Fälle davon ausgehen, daß es geklappt hat. Das gilt natürlich auch, wenn er nicht arrangiert war. Für diesen Fall gibt es heute die „Spritze danach". Glauben Sie bitte nicht, daß zwischen Zwergpudelrüde und Bobtailhündin nichts passieren könnte. Die Hündin muß nicht stehen; sie schafft es auch im Liegen.

Nach diesem dramatischen Geschehen heißt es nun noch einmal 63 Tage warten. Die Hündin bekommt ihr normales Futter. Erst nach 3 bis 4 Wochen sollten Sie langsam auf eine kalorienreichere Nahrung übergehen. Sie geben ihr weniger Fleisch, dafür mehr Fett, Eigelb, Zucker (auch Schokolade) und Getreideprodukte (Vollkornbrot). Nur wenn sie von Haus aus zu dicklich sein sollte, geben Sie ihr vermehrt fettarmes Fleisch und Magerquark. Auch Vitaminpräparate, Magnesium und frisches Knochenmehl (ein Eßlöffel täglich) werden empfohlen.

Sie merken auch in den ersten Wochen an der Hündin keine Veränderung, die verraten könnte, ob sie trächtig ist. Sie bleibt voll beweglich und aktiv. Damit sie in der Meute lange mithalten kann, hat die Natur die Zeit, in der sie durch das Dickwerden behindert ist, erstaunlich kurz gehalten. Deshalb sind auch die Welpen, wenn sie auf die Welt kommen, im Vergleich zu anderen Tieren nicht voll ausgetragen. Ein erstes Zeichen, daß die Hündin aufgenommen hat, ist ein glasiger, gelbbrauner Ausfluß, der sich nach etwa 30 Tagen einstellt.

Rechtzeitig bereiten Sie die Wurfkiste vor. Sie sollte aus rohen Brettern bestehen und 15 Zentimeter hohe Wände haben, damit die Welpen nicht ständig herausklettern können. Ich lege keine Decke in die Kiste — hierüber sind die Ansichten verschieden —, sondern nehme frisches Stroh, das ich zuvor so platt trete, daß es weich wird.

Die werfende Hündin braucht unbedingt Ruhe. Man kann sie unbedenklich alleine lassen, hat dann aber nicht die Möglichkeit, die Ankunft der Welpen zu beobachten. Nach Trumler zeigen aber gerade die ersten Lebensminuten eines Welpen, was ,,in ihm steckt": Den besten ,,Biotonus" (Lebenskraft) bringt der Welpe mit, der sofort nach dem Wurf versucht und alles daran setzt, eine mütterliche Zitze zu erreichen. Für die Auswahl eines Welpen, den Sie vielleicht selbst für die Zucht behalten wollen, wäre dies das entscheidende Kriterium.

Welpenzeit

Die Welpen wachsen sehr schnell und verdoppeln ihr Geburtsgewicht in wenigen Wochen. Von der 3. Woche an bekommen sie neben der Muttermilch drei- bis viermal täglich ein hochwertiges Aufzuchtfutter (Dosenfleisch plus Haferflocken), mit Milch gemischt, von der 4. Woche an trocken. Ab der 6. bis 8. Woche erhalten sie das übliche Trocken- oder Mischfutter viermal täglich, nach 3 Monaten dreimal, nach 6 Monaten zweimal und nach 1 Jahr einmal täglich.

Trumler unterteilt die ersten Monate der Wachstumszeit des Welpen in fünf Phasen, an denen sich die Jugendentwicklung vom neugeborenen Welpen zum Junghund gut verfolgen läßt. Sie beginnt mit der ,,*Vegetativen Phase*", die 2 Wochen dauert und ganz dem Trinken und Schlafen gewidmet ist. Ihr folgt eine etwa 2wöchige ,,*Übergangsphase*", in der sich die Augen öffnen und der kleine Hund sehen, hören und riechen lernt. Auch entfalten sich mit den ersten Laufversuchen das Bewegungsbedürfnis und die Neugier. Erste Lautäußerungen werden hörbar, und schließlich erkennt man die ersten Beiß- und Kauversuche.

Von der 4. bis einschließlich der 7. Woche dauert die für die Erziehung entscheidend wichtige ,,*Prägungsphase*". In diesen Wochen wird das Verhältnis des Hundes zum Menschen festgelegt; es ändert sich danach nicht mehr. Wie ist das möglich? Nun, die Natur ist auf der einen Seite unglaublich verschwenderisch, auf der anderen Seite aber sehr rationell: Da die Mutter zwangsläufig das erste Lebewesen ist, mit dem ein Neugeborenes Kontakt bekommt, kann die Natur auf eine angeborene Mutter-Kind-Beziehung (Erbkoordination) verzichten und die Prägung auf die Mutter einem Lernprozeß (Erwerbskoordination) überlassen. Dies ist die Erklärung dafür, daß ein neugeborenes Tier auch auf andere

Lebewesen, nämlich auf den Menschen, geprägt werden kann. Es kommt darauf an, mit wem das Neugeborene die ersten Berührungen hat. Bei Hunden sind diese Zusammenhänge zwar etwas komplizierter. Doch konnte Trumler zeigen, daß sich eine echte Gemeinschaft zwischen Mensch und Hund nicht mehr bildet, wenn es in der Prägungsphase nicht zu ausreichenden Kontakten eines Menschen mit dem Welpen kommt (s. Seite 21). Ist dies jedoch geschehen, ist der Hund in der Lage, sein so gewonnenes „Menschenbild" auch auf andere Menschen zu übertragen.

Der Prägungsphase folgt von der 9. bis einschließlich 12. Woche die „Sozialisierungsphase". In dieser Zeit wechselt der kleine Hund zu seinen neuen „Eltern" und lernt, sich in der menschlichen Gesellschaft zurechtzufinden. Jetzt muß auch seine Erziehung beginnen (s. Seite 45), denn es gilt in dieser Phase, die Lernfreude des Junghundes anzuregen. Wer ihm in dieser Zeit die ersten Übungen vermittelt (vom Pfötchen-Geben und Männchen-Machen bis zum Fährten und Bringen), hat später einen leichtführigen Hund. Dabei ist wichtig, daß sich, wie in der Meute, *alle* Familienmitglieder mit ihm beschäftigen und mit ihm spielen. Er muß aber auch lernen, was „Pfui" bedeutet (s. Seite 113) und erfahren, daß die Menschen ranghöher sind und respektiert werden müssen.

Damit geht die Jugendentwicklung des Hundes über in die letzte Phase,

in die „*Rangordnungsphase*". In der Wildhundmeute wird der Junghund jetzt ein echter Meutegenosse und bekommt hier seinen festen Platz, ein erstaunlicher Vorgang, wenn man bedenkt, daß er erst vor 3 Monaten nur unvollkommen ausgetragen auf die Welt gekommen ist.

Was kostet ein Hund?

Gemeint sind nicht die Anschaffungskosten, die je nach Rasse und Zwinger verschieden sind, sondern die laufenden Kosten. Ein mittelgroßer Hund frißt pro Tag etwa ½ Kilogramm Trockenfutter. Dies kostet, nimmt man eine Mischung aus mehreren Sorten, etwa 1,50 Mark, das sind im Jahr 535 Mark. Hinzu kommen Hundesteuer und Hundehalter-Haftpflichtversicherung. Die erste können Sie nicht sparen; die zweite sollten Sie nicht sparen. Für Untaten des Hundes haften Sie auch dann, wenn Sie schuldlos sind. Der Gesetzgeber hat die Haftung des Hundehalters so geregelt, daß der bloße Besitz eines Hundes, ähnlich wie beim Kraftfahrzeug, eine Gefährdung darstellt (sogenannte Gefährdungshaftung) und zum Schadenersatz verpflichtet. Das kann, vor allem bei Personenschäden, sehr teuer werden.

Die Kosten für den Tierarzt beziehen sich in unserer Rechnung auf den gesunden Hund und sind für Impfungen, Kuren und sonstige kleinere Konsultationen gedacht. Die meisten Hunde werden bei richtiger Haltung und Pflege überhaupt nicht krank, solange man sie fleißig bewegt.

Zusammenstellung der Kosten der normalen Hundehaltung

Futter	535,—	DM/Jahr
Hundesteuer	150,—	DM/Jahr
Hundehalter-Haftpflicht-versicherung	120,—	DM/Jahr
Tierarzt	60,—	DM/Jahr
	865,—	DM/Jahr

Das sind rund 2,50 Mark pro Tag. Bis auf das Futter sind die Kosten der Hundehaltung von der Größe des Hundes unabhängig, denn weder Tierarzt noch Versicherung, noch das Finanzamt machen hier einen Unterschied.

Leben mit dem Hund ist gesund!

Die Hundehaltung trägt aus mehreren Gründen zur Gesundheit des Menschen bei:

1. Der Hund als Lauftier braucht Bewegung und fordert Bewegung. Bewegung, vor allem Spazierengehen, ist aber auch für den Menschen ein Jungbrunnen. Der Körper wird besser durchblutet, die Muskulatur trainiert, der ganze Organismus wird leistungsfähiger. Selbst Infarktpatienten hilft ein Hund zur Genesung. Nach dem Essen einmal um den Block oder ins Grüne ist besser als jedes Abführmittel.
2. Der Hund ist ein fröhliches Tier. Seine Grundstimmung ist positiv. Der bloße Anblick seines Herrn und Meisters versetzt ihn in Freude. Der Hund verbreitet Freude. Und auch Freude ist ein Lebenselixier.
3. Der Hund vertreibt die Einsamkeit. Vielen Menschen, jungen wie alten, hilft er über die Schrecken des Alleinseins hinweg.
4. Der Hund ist ein ausdrucksstarkes Tier. Er zeigt Herrchen und Frauchen, wie sehr er sie liebt. Er unterwirft sich bereitwillig. Dem Menschen verhilft dies zu mehr Selbstvertrauen, zu einem gesteigerten Selbstwertgefühl. Auf diese Weise wird der Hund zur Seelenmedizin, die sich auf den Körper überträgt.
5. Das gilt auch für Kinder und Kleinkinder. Im täglichen Umgang mit einem Tier, das sich ihnen unterwirft, gewinnen auch sie Selbstsicherheit und Selbstvertrauen. Sie lernen Pflichten, Geduld, Toleranz und Verantwortung.

Viele Untersuchungen bestätigen diese Thesen. Erst kürzlich hat ein Forschungsteam der Cambridge University festgestellt, daß Menschen, die Haustiere halten, weniger krank sind; dies gelte vor allem für Hundebesitzer (Hessische Allgemeine vom 21.4.1990). Es zeigte sich sogar, daß sich der Gesundheitszustand verbesserte, nachdem ein Hund angeschafft worden war.

Mit oder ohne Hund
auf Reisen

Es gibt heute kaum noch einen Grund, wegen eines Hundes auf einen Südsee-Urlaub zu verzichten und zu Hause zu bleiben oder aus Reiselust von vornherein auf einen vierläufigen Hausgenossen ganz zu verzichten. Da ist die Reise mit einem Pferd entschieden schwieriger und wird doch praktiziert.

Die meisten Hunde vertragen das Autofahren gut und lieben es sogar, wenn sie frühzeitig auf Frauchens Schoß daran gewöhnt wurden. Von Ihrem Beifahrersitz aus ist auch der Übergang zum Fußraum, dem einzig richtigen Hundeplatz im Wagen, nicht weit. Die Hauptgefahr für den Hund ist nämlich das plötzliche Bremsen. Vor dem Beifahrersitz macht ihm dies nichts aus.

Denken Sie an eine gute Lüftung des Fußraums, aber auch daran, daß es nicht zieht. Wichtig ist, daß Sie mit dem Hund einmal mehr Rast machen, um ihm Auslauf zu geben.

Unproblematisch ist heutzutage auch die Bahnfahrt mit Hund. Das Billet kostet die Hälfte der zweiten Klasse, aber nicht mehr als 60 Mark. Noch günstiger ist es, wenn Sie den Bahn-Hundeservice in Anspruch nehmen. Der Hund reist dann in einer Hundehütte im Gepäckwaggon. Geben Sie ihm ein zuvor getragenes Kleidungsstück mit in die Hütte, dann fühlt er sich dort fast wie zu Hause.

Auch die Fluggesellschaften sind vierläufigen Fluggästen gegenüber durchaus zuvorkommend. Im Inland fliegen kleinere Hunde normalerweise kostenlos im Passagierraum mit. Größere Hunde müssen dagegen in den Frachtraum, werden dort aber vom Flugpersonal gut versorgt. Für Auslandsflüge braucht auch der Hund eine Flugkarte. Außerdem gibt es Impf- und Quarantänevorschriften, die je nach Zielort verschieden sind. Fragen Sie das Reisebüro.

Aber es gibt auch Fälle, da müssen Sie ihn zu Hause lassen. Dann genügt eine Anzeige oder, noch besser, ein Rundbrief im Hundeclub:

„Möchten vom ... bis ... verreisen. Jonny, Rauhhaartekkelrüde, 3 Jahre alt, sehr kinderlieb ... kann nicht mit. Nehmen Sie ihn in Pflege? Wir revanchieren uns gern. Augsburg, Kornstr. 3, Tel. ... Ihre Familie Müller

Geben Sie ihm sein gewohntes Futter in ausreichender Menge mit, dazu sein Körbchen, seine Decke, Leine usw. Er wird sich freuen, daß er 3 Wochen lang nach Herzenslust mit einer Freundin spielen kann.

Wie alt ist Ihr Hund?

Natürlich kennen Sie das Alter Ihres Hundes. Jedoch denke ich hier nicht an sein nominales Alter, sondern an den Reifegrad seines Wachstums, gemessen an dem eines Menschenlebens.

Die einfache Formel „Hundejahre

sind Menschenjahre geteilt durch sieben" stimmt ganz sicher nicht. Ein ljähriger Hund ist wesentlich weiter, somit älter, als ein 7jähriges Kind. Seit vielen Jahren führe ich eine kleine Statistik über die Leistungsfortschritte meiner Junghunde. Dabei staune ich immer wieder über das große Leistungsvermögen und die Lernfähigkeit dieser Tiere, die erst gerade auf der Welt sind. Es ist dies wie vieles ein Überbleibsel aus der Zeit der Wildhundmeute: Nur der Junghund, der mithalten konnte, der früh ein nützliches Mitglied der Meute war, konnte überleben und sich fortpflanzen. Ein Menschenkind dagegen steht heute wie

einst viel länger unter dem Schutz der Eltern und der Familie.

Meine Jagdhunde apportierten auf meiner Fährte das Bringholz über 300 bis 500 Meter schon in einem Alter von 3 Monaten. Das entspricht, gemessen an der Leistungsfähigkeit eines erwachsenen Hundes, mindestens der Reife eines 5-6jährigen Knaben. Sie verbellten gefundenes Wild als sogenannte Totverbeller bereits recht zuverlässig mit 6 Monaten, was bestimmt der Leistung eines 10jährigen entspricht. Mit 9 Monaten führen wir die jungen Jagdhunde auf der Jugendsuche, einer ersten Leistungsprüfung. Sie sind dann der Größe nach im allge-

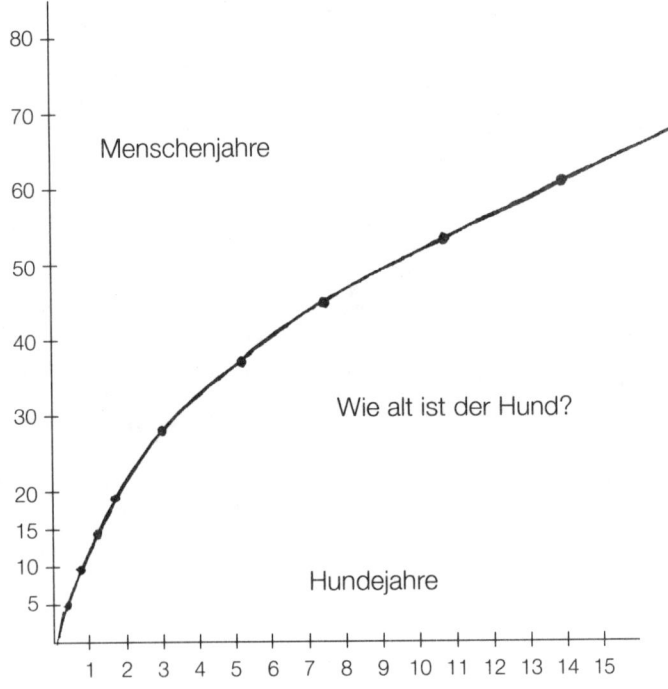

34

meinen ausgewachsen. Die junge Hündin kommt um diese Zeit zum ersten Mal in die Hitze. Auch der junge Rüde ist geschlechtsreif. Sie sind beide gute 15 Menschenjahre alt, zwar noch richtige „Halbstarke", aber schon zu erstaunlichen Leistungen fähig, vor allem in den angewölften Fächern.

Aus meinen Aufzeichnungen komme ich zu einer Reifeentwicklung, die mir durch die links untenstehende Kurve recht zuverlässig wiedergegeben zu sein scheint:

Danach ist der Hund

mit ¼ Jahr	5 Menschenjahre alt,
mit ½ Jahr	10 Menschenjahre alt,
mit ¾ Jahr	15 Menschenjahre alt,
mit 1 Jahr	20 Menschenjahre alt,
mit 2 Jahren	30 Menschenjahre alt,
mit 4 Jahren	40 Menschenjahre alt,
mit 6 Jahren	50 Menschenjahre alt,
mit 9 Jahren	60 Menschenjahre alt,
mit 12 Jahren	70 Menschenjahre alt,

und mit 15 Jahren 80 Menschenjahre alt.

Der alte Schäfer hatte recht: „Man hat 5 Jahre einen jungen, 5 Jahre einen guten und 5 Jahre einen alten Hund."

Leider kommt es vor, daß der Hund im Alter unheilbar krank oder senil wird und seine Körperfunktionen nicht mehr kontrollieren kann. Es heißt dann, auf faire Weise Abschied zu nehmen. Dieser letzte Weg zum Tierarzt ist ein schwerer, aber notwendiger letzter Dienst an einem alten Freund.

„Hundesprache"

Außer den speziellen Bezeichnungen der Gliedmaßen und Körperteile, die unser Zeichner hier wiedergibt, kennt die Hundesprache noch eine Reihe von Worten, die der aufgeklärte Hundebesitzer beherrschen sollte.

Man „nimmt" den Hund an die (kurze) „Leine" oder „leint" ihn an und „schnallt" ihn, wenn er vorauslaufen, „suchen" oder „stöbern", oder wenn er „revieren" soll. Er wird dann vielleicht „abgehalst", aber nur dann, wenn ihm nicht nur die Leine, sondern auch das Halsband, die „Halsung", abgenommen werden. Fährtenarbeit dagegen machen der Jäger bei einer Nachsuche oder der Schutzhundführer auf der Fährte des Täters am (langen) „Riemen". Setzt der Hund „Losung" ab, dann „löst" er sich. Er „gibt Laut", wenn er bellt, und er „verschweigt", wenn er nicht mehr „laut" ist. Auch guckt er nicht, sondern er „äugt". Er hat kein Fell, sondern „Haare", die zusammen die „Behaarung" bilden. Die Hündin wird jedes halbe Jahr „heiß", sie kommt in die „Hitze"; sie ist dann „läufig" und „färbt", wenn sie Bluttröpfchen absondert. Wird sie „belegt" und „nimmt" sie auf, dann wird sie „tragend" oder „trächtig".

Schließlich gibt es die internationalen Befehle, die der Hund befolgt, wenn er auf französisch „Appell" hat oder „apportiert", wenn ihm „Apport" befohlen wurde, wenn er also etwas zuvor Gesuchtes oder Ge-

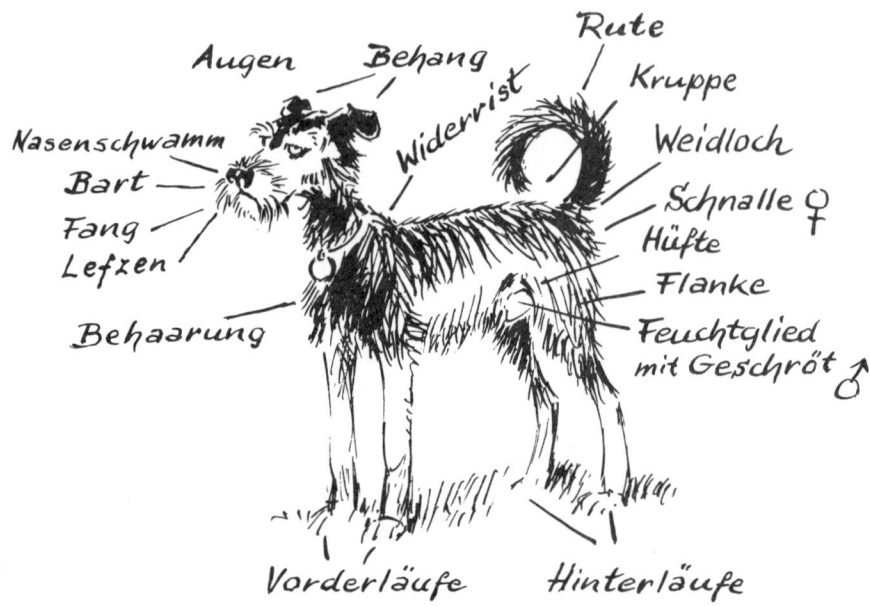

Augen   Behang   Rute   Kruppe
Nasenschwamm   Widerrist   Weidloch
Bart   Schnalle ♀
Fang   Hüfte
Lefzen   Flanke
Behaarung   Feuchtglied mit Geschröt ♂
Vorderläufe   Hinterläufe

faßtes ,,bringt". Beliebt sind auch das französische ,,Allons" für ,,Voran", das englische ,,Down" für ,,Halt", ,,Platz" oder ,,Herunter" und das chinesische ,,Pfui".

Je früher geübt, desto besser gekonnt

Beschäftigen Sie sich viel mit Ihrem Hund, und beschäftigen Sie ihn viel. Der junge Hund steckt voller Tatendrang und Lernenergie. Folgsamkeiten, die er später beherrschen soll, lernt er jetzt im Handumdrehen. Ich sage bewußt nicht: ,,...im Spiele", denn Befehle zu erlernen und zu befolgen ist für ihn ebensowenig Spiel wie für den Schulanfänger das Alphabet oder das kleine Einmaleins. Er braucht aber Beschäftigung,

er braucht konkreten Lehrstoff zur Selbstentfaltung, zur vollen Ausbildung seiner körperlichen Fähigkeiten. Nichts ist für ihn schädlicher als ständig träges Herumliegen und Beschäftigungslosigkeit.

Und denken Sie daran: Die wichtigste Übung ist das Herankommen. Einen im Herankommen unbedingt folgsamen Hund haben Sie in jeder Situation im Griff. Das schnelle Herankommen muß daher vom ersten Tage an im Zusammenhang mit jeder Mahlzeit geübt werden.

Nicht rufen, *damit*, sondern *während* er kommt!

Es ist vollkommen unsinnig, den jungen Hund herbeizurufen, *damit* er kommt. Woher soll er wissen, was

36

das Wort „Komm" oder was irgendein Pfiff bedeutet? Bevor man ihn mit einem Wort, mit einem Befehl also, rufen kann, muß er diesen Befehl erlernen.

Rufen oder pfeifen Sie ihn deshalb nur dann, wenn er *von sich aus* zu Ihnen kommt, ganz gleich aus welchem Grunde: zum Füttern, beim Spaziergang, bei jeder Gelegenheit. Dabei vernimmt er immer wieder gleichzeitig mit dem Heranlaufen Ihren Ruf. Auf diese Weise erlernt er ihn nach und nach. Er *verknüpft*, wie wir sagen, das Befehlswort „Komm" durch gleichzeitiges Erleben mit dem Verhalten „Herankommen". Das ist die ihm arteigene Lernmethode.

Legen Sie sich auch von Anfang an auf Ihrer Pfeife, eine solche müssen Sie gleichzeitig mit dem Hund kaufen, einen Spezialpfiff zu (z. B. ein kurzer, dann ein langgezogener Ton mit Schlußschleife). Damit können Sie Ihren Hund bald auch aus größerer Entfernung sicher heranrufen.

Verstärken und Verleiden

Es gibt für den Hund weder Gut noch Böse, weder Wohltat noch Untat. Er tut, was ihm Spaß macht, wozu seine Triebe ihn drängen, seine wechselnden Handlungseinfälle ihn führen. Ebenso unterläßt er, was er wiederholt als unerfreulich erlebte. Für den wechselnden Erfolg seines Verhaltens hat er ein sehr fein registrierendes Gedächtnis, nach dem er sein späteres Verhalten dann ausrichtet.

Wir Menschen allerdings bewerten sein Verhalten mit anderen — eben unseren — Maßstäben. *Wir* bestimmen, welche seiner Verhaltensgewohnheiten gut oder böse, artig oder unartig sind. Was *wir* von ihm wollen, ist aus *unserer* Sicht das erwünschte Verhalten (z. B. das Herankommen, wenn wir ihn rufen). Was wir nicht wollen, ist unerwünschtes Verhalten (z. B. das Zerbeißen von Teppichen). Wir nennen es „Unarten".

Lob und Strafe, die beiden entgegengesetzten Einwirkungsformen, die Gut- oder Bösesein, Schuld und Verantwortung voraussetzen, sind daher bei der Hundeerziehung im eigentlichen Wortsinne fehl am Platze. Richtig muß es heißen: Wir verstärken erwünschtes Verhalten; wir verleiden unerwünschtes Verhalten. Verwöhnen, loben, liebeln Sie daher vom ersten Tage an Ihren Hund für alle Verhaltensweisen, die Sie für erwünscht halten; verleiden Sie ihm hingegen jedes Verhalten, das Sie nicht wünschen. Sobald er dieses

auch nur im Ansatz zeigt, erschrek-
ken Sie ihn, indem Sie energisch
schimpfen: ,,Pfui! Was soll das? Laß
das! Pfui!'' Ein solches Donnerwet-
ter kann in ernsten Fällen auch ab
und zu von einem Klaps oder von
einem leichten Hieb mit einer Fliegenklatsche, jeweils auf das Hinterteil, begleitet sein.
Wollen Sie, daß der Hund Sie warnt,
wenn Fremde in die Nähe Ihres
Hauses kommen, loben und liebeln
Sie ihn für jedes noch so leise
,,Wau'', das er bei solchen Gelegenheiten verlauten läßt. Sie *verstärken*
damit sein warnendes Bellen im doppelten Sinne. — Wollen Sie hingegen einen ruhigen Hund, der Ihre
Gäste stets freudig begrüßt, dann
unterdrücken Sie bei jeder Ankunft
von Dritten konsequent jeden Laut.
— An diesem Beispiel erkennt man
sehr gut, daß ein und dasselbe Verhalten des Hundes in unserem Sinne
erwünscht (= gut) oder unerwünscht
(= schlecht) sein kann.

Unarten nicht aufkommen lassen!

Der wichtigste Grundsatz für den
Umgang mit dem frisch ins Haus
gekommenen Welpen oder Junghund aber heißt, Unarten konsequent vom ersten Tage an gar nicht
erst aufkommen zu lassen. Wenn Sie
den kleinen, süßen Welpen nach
seiner Ankunft herzen und zu sich
aufs Sofa setzen, können Sie ihm
später nur sehr schwer begreiflich
machen, daß er das als groß gewordener Hund nicht mehr darf. Sie

haben ihm diese Unart selbst anerzogen, und zwar just in der Prägezeit.
Auch den kleinsten Welpen, ja sogar
gerade ihn, holen Sie daher unwirsch
vom Sofa herunter, wenn er anfängt,
darauf herumzuturnen. Auf diese
Weise machen Sie das Allervernünf-
tigste: Sie vermeiden die Unterlassungsdressur ganz.

Nur auf frischer Tat einwirken!

Bitte beachten Sie: Verstärken und
verleiden können Sie nur das *jetzt
gerade*, in diesem Augenblick in
Ausführung befindliche oder soeben
beendete Verhalten. Vorausgegan-
genes Verhalten erinnert der Hund
nicht mehr. Er hat kein Vorstel-
lungsvermögen. Er kann sich daher
zuvor Erlebtes nicht wieder vorstellen, weder bildhaft noch abstrakt.
Was geschehen ist, mag auf die Zukunft wirken, ist aber selbst nicht
mehr beeinflußbar. Vergangenes
Verhalten ist schon nach wenigen
Augenblicken vom Erzieher nicht
mehr nutzbar, weder für positive
noch für negative Verstärkung. War
die gerade eben vom Tisch entwen-
dete Wurst auch noch so köstlich; ist
sie erst einmal im Verdauungstrakt,
können Sie sie vergessen. Sie können sich darüber nach Kräften är-
gern, aber es wäre sinnlos, diesen
Ärger dem Hund anzulasten oder
ihn gar zu strafen.
Der kluge Erzieher wartet den nächsten Hunger ab. Er dehnt sogar in
solch ernsten Fällen die Hungerpe-
riode etwas länger aus, bis der richtige Appetit gesichert ist. Dann legt er

eine besonders knackige Wurst recht verführerisch nahe an die Tischkante — und bleibt mit irgendeinem Schreckinstrument oder der Fliegenklatsche ganz zufällig in unmittelbarer Nähe...

Nicht schlagen, sondern erschrecken!

Der Hund ist ungeheuer hart im Nehmen, was das Ertragen von Schmerzen angeht. Ich habe mehrmals erlebt, wie Hunde sich schwer verletzten, darauf aber kaum reagierten. Dagegen hat der Hund ein starkes Gefühlsleben; er ist emotional leicht beeinflußbar.

Bei der Erziehung des Hundes kommt es daher ganz und gar nicht darauf an, ihm irgendwie weh zu tun. Es kommt vielmehr alles darauf an, seine Gefühlssphäre zu erreichen. Es kommt darauf an, bei ihm möglichst starke Gefühle hervorzurufen und diese mit Verhaltensformen zu verbinden: positive Gefühle mit erwünschtem, negative Gefühle mit unerwünschtem Verhalten.

Negative Gefühle aber erreicht man am nachhaltigsten durch Erschrecken. Auch ein schmerzhafter Schlag mit einer Gerte oder Peitsche *wirkt* mehr durch den mit ihm verbundenen Schrecken als durch den durch ihn hervorgerufenen Schmerz. Schmerzeinwirkungen sind daher *sinnlos!* Viel besser ist es, geeignete Schreckmethoden zu suchen, auf die der Hund reagiert.

Das fängt mit dem Schrecklaut „Pfui" an, der seine Wirkung selten verfehlt und immer parat ist. Die Fliegenklatsche wirkt mit einem Knall neben dem Hund auf den Boden geschlagen besser, als wenn sie ihn trifft. Das gleiche gilt für eine aufgerollte Zeitung. Für die Erziehung im Zimmer verwende ich mit Vorliebe zwei Topfdeckel. Für draußen habe ich eine mit Schrauben und Nägeln gefüllte „Schreckbüchse" gebastelt, mit der ich, ohne zu treffen, nach ihm werfe. Die alten, in der Hundeerziehung sehr erfahrenen Schäfer verwenden für den gleichen Zweck die Wurfkette. Bei allen Schreckeinwirkungen dieser Art ist nur eines wichtig: daß sie genau im richtigen Augenblick einwirken, in dem der Hund sich gerade anschickt, das unerwünschte Verhalten auszuführen, in dem Augenblick also, in dem der *Handlungseinfall* ihm gewärtig ist.

Wer ist Herr im Hause?

Zeigen Sie Ihrem jungen Hund von Anfang an, wer Herr im Hause ist. Der Hund ist ein Meutetier, das heißt, er hat die ererbten Anlagen, die ihn dazu befähigen, sich in eine Gemeinschaft einzuordnen. Er ist auch bestrebt, ein nützliches Mitglied seiner Meute zu werden. Mit seiner ganzen Existenz ist er von der Meute abhängig. Deshalb ist er sehr lernfähig und ordnet sich gerne in eine menschliche Familie, die er als seine Meute betrachtet, ein.

Verbunden damit ist aber auch — und das ist die andere Seite der Medaille — die Neigung einiger, ihrer Veranlagung nach dazu befähigter Hunde, der *Meuteführer* zu werden. Dies ist, entwicklungsgeschichtlich betrachtet, ein sehr sinnvoller Vorgang, denn in der Wildhundmeute muß ja einer die Spitzenstellung übernehmen. Und selbstverständlich sind es nicht die schlechtesten Hunde, die, wenn sie herangewachsen sind, auch in der menschlichen Gesellschaft mit diesem Anspruch auftreten.

Schon aus Sicherheitsgründen muß der Hund jedoch vom ersten Tage an lernen, daß er zwar dazugehört, daß er aber innerhalb der Familie der Rangletzte ist. Auch diese Rolle akzeptiert er als geborenes Meutetier. Vor allem größere Hunde müssen, solange sie aufwachsen, immer wieder erleben, daß der Erzieher und neben ihm alle anderen Menschen die stärkeren sind. Jedes auch noch so harmlose Anknurren muß sofort energisch unterbunden werden, und zwar in einer Art und Weise, die auch die körperliche Überlegenheit des Menschen dem Hunde spürbar macht. Einem Menschen gegenüber gibt es kein Knurren oder Zähnefletschen!

Erziehen Sie allerdings Ihren Hund nach den Regeln dieses Buches, wird es zu solchen Situationen überhaupt nicht kommen. Ein Hund, der systematisch zur Folgsamkeit erzogen wird, der von Hundekindheit an lernt, seine Übungen, das Herankommen, das Sich-Setzen, das Down, auf Befehl auszuführen, erlebt den Menschen von Anfang an als ihm haushoch überlegen, erlebt

ihn aber auch als denjenigen, von dem er Nahrung, Beschäftigung und Selbstbestätigung, kurz Geborgenheit und Lebensinhalt erhält. Ihm gegenüber wird er nie Herrschaftsrechte geltend machen. Er wächst stetig und harmonisch in die natürliche Rangordnung zwischen Mensch und Hund hinein.

Sollten Sie dennoch mit diesem Problem konfrontiert werden, indem Sie sich einen Zerberus herangezogen oder ihn übernommen haben, so müssen Sie sich in einer hochnotpeinlichen Prozedur ihm gegenüber durchsetzen, bei der es leider nicht nur durch Erschrecken geht. Denn jetzt steht Ihre Gesundheit und die Ihrer Familie auf dem Spiel. Auch ist es Fremden gegenüber unverantwortlich, sich einen Beißer zu halten. Diese Herr-im-Haus-Prozedur muß in aller Gelassenheit, aber nach strengen Regeln vor sich gehen. Ich habe diese in meinem Buch ,,Hundeerziehung ohne Zwang'' in der 3. Auflage auf den Seiten 183 ff. ausführlich dargestellt und muß darauf hier verweisen.

Der zweifellos häufigste Erziehungsfehler

Verstärken des erwünschten Verhaltens durch Füttern, Loben und Liebeln, Verleiden des unerwünschten Verhaltens durch Erschrecken — das sind die beiden einander entgegengesetzten Maßnahmen jeglicher Hundeerziehung. Sie werden deshalb auch im Rahmen zweier einander entgegengesetzter Erziehungsformen eingesetzt: das Verstärken im Rahmen der Tätigkeitsdressur, das Verleiden im Rahmen der Unterlassungsdressur. Diese beiden polaren Dressurformen bilden auch die Hauptthemen des vorliegenden Buches.

Bei der Tätigkeitsdressur geht es darum, dem Hund ein bestimmtes Tun beizubringen, das er auf unseren Befehl und in unserem Interesse ausführen soll: das Herankommen, Sich-Setzen, Ablegen, Männchen-Machen, Bringen, Fährten, Schnüffeln und vieles andere. Bei der Unterlassungsabrichtung geht es hingegen darum zu erreichen, daß der Hund ein bestimmtes Tun, das er gerne von sich aus und in seinem Interesse ausführen möchte, in unserem Interesse nicht ausführen soll: Auf-die-Polster-Steigen, Hasen-Hetzen, Buddeln usw. Da wir bei der einen Dressurart Liebe und Lob, bei der anderen aber Schrecken und Schmerz einsetzen, weil wir im einen Fall ein Tun hervorrufen, im anderen Fall aber ein Tun unterdrücken wollen, wäre es verhängnisvoll, würde der Erzieher die beiden Erziehungsformen verwechseln, das erwünschte Tun also „bestrafen", das unerwünschte aber belohnen.

Sie werden sagen, eine derart verfehlte Einwirkung wäre widersinnig, und sie ist es in der Tat. Dennoch handelt es sich hier um einen Erziehungsfehler, der nicht die Ausnahme, sondern sehr häufig ist. Das liegt daran, daß der Mensch immer geneigt ist, den Hund und sein Verhalten nach menschlichen Vorstellungen zu beurteilen, nicht aber zu berücksichtigen, wie der Hund die Erziehungsvorgänge wahrnimmt und auswertet. Der Erzieher ruft z. B. den weit hinten im Garten herumschnüffelnden Hund. Der wirft auch einen langen Blick herüber und bekundet damit, daß er den Ruf wohl wahrgenommen hat. Aber er „denkt" nicht daran zu kommen, sondern schnüffelt engagiert weiter. Schließlich, nach erneutem Rufen, überlegt er es sich und naht mit versöhnlich-gutmütiger Miene. Angeleint ist er der Macht seines Herrn nunmehr ausgeliefert. Und was geschieht jetzt? Lobt dieser den Hund für sein Kommen? Im Gegenteil, die meisten Erzieher schimpfen mit ihm, und manche gehen noch weiter: „Du bist ein Flegel! Dreimal habe ich dich gerufen, und du hast es genau gehört. Du bist ungehorsam!" Schande! Und es setzt Strafe.

Hier, wie so oft, wird das Vorgefallene mit menschlichen Maßstäben gemessen, nicht aber mit tierischen. Tatsächlich ist das Verhalten des Hundes jedoch nicht ein unerwünschtes Tun, eine Unart also, die bestraft werden müßte, sondern ein unerwünschtes Nicht-Tun, besser: ein nicht korrekt ausgeführtes Tun. Und das hat seinen Grund darin, daß die Herandressur noch nicht abgeschlossen, sondern, wenn überhaupt, noch im Gange ist. Der Erzieher handelt also, ohne es zu wissen, im Rahmen einer Tätigkeitsdressur, bei der das erwünschte Verhalten, auch wenn der Hund es nur in Ansätzen zeigt, auf jeden Fall durch

Loben verstärkt und damit nach und nach verbessert werden muß. Der Erzieher tut jedoch das genaue Gegenteil von dem, was er tun müßte. Die Strafe aber verknüpft der Hund nie und nimmer mit seiner vorherigen engagierten Schnüffelei — die hat er längst vergessen — oder gar mit Unfolgsamkeit — er weiß überhaupt nicht, was das ist. Er verknüpft sie vielmehr mit dem Herankommen, seinem zuletzt ausgeführten Verhalten. Dieses wird ihm hierdurch verleidet.

Reagierten Herrchen und Frauchen jedoch, wie die Regel besagt, auf das, wenn auch bei weitem nicht perfekte, sondern stark verzögerte, schließlich aber doch ausgeführte Herankommen positiv, mit Freude und Lob, so würden sie beim Hund die Tendenz verstärken, das nächste Mal schneller zu kommen. Das Kommen würde für ihn zu einem größeren Vergnügen als das Schnüffeln.

Vielen Erziehern ist in solchen oder ähnlichen Fällen nicht klar, ob sie gerade eine Tätigkeits- oder eine Unterlassungsdressur durchführen. Sie können daher nicht richtig auf den Hund einwirken. Wenn sie aber auf diese Weise ein Verhalten, das sie hervorrufen wollen, bestrafen oder umgekehrt ein Verhalten, das sie unterdrücken wollen, belobigen, muß der Erziehungserfolg ein Fiasko sein.

Es kommt hinzu, daß es auch gemischte Leistungen gibt, die sich aus mehreren Leistungselementen, und zwar aus Tätigkeits- und Unterlassungsleistungen, zusammensetzen. Hier müssen die Elemente einzeln geübt und noch sorgfältiger danach unterschieden werden, ob sie ein Tun oder ein Nicht-Tun betreffen. Diese in der Tat schwierigen Fragen der Hundeerziehung, deren Unkenntnis zu schweren Erziehungsfehlern führen muß, können in diesem Kapitel nur angerissen werden. Sie werden uns fortan ausschließlich beschäftigen.

Die offizielle Unterrichtsstunde

Viele Übungen kann der junge Hund im alltäglichen Zusammenleben wie von selbst erlernen. Und jeder kluge Hundebesitzer wird auch das tägliche Beisammensein nutzen, um den jungen vierläufigen Freund in seinem Sinne zu formen. Das ach so wahre Wort von Wilhelm Busch gilt hier in besonderem Maße: ,,Mit dem Vater zu spazieren, wird gar leicht zum Exerzieren!"

Aber nur der sehr erfahrene Hundefreund kann auf diese Weise, das heißt so nebenbei, einen wirklich folgsamen Hund heranziehen. Normalerweise bleibt die auf den Zufall beschränkte Erziehung Stückwerk. Hier gilt der Grundsatz, daß mit dem rohen Hund täglich vor und bei der Fütterung eine offizielle Dressurstunde stattfinden hat, in der die Fächer Herankommen, Sich-Setzen, Ablegen, Lautgeben, Bei-Fuß-Gehen usw. systematisch und in bestimmter Folge nach einem feststehenden Dressurkonzept geübt werden müssen. Kenner der kynologischen Literatur wissen, daß der Altmeister Oberländer sich für die tägliche Dressurstunde sogar einen besonderen Rock anzulegen pflegte. Wer einen jungen Hund erwirbt und zur Folgsamkeit erziehen will, sollte dies berücksichtigen und an wenigstens 3 Tagen der Woche eine halbe bis eine dreiviertel Stunde vorsehen, in der nach Plan und wohlüberlegt ein Fach nach dem anderen geübt wird. Das gilt für die Zeit von der 8. Lebenswoche des Welpen abnehmend bis etwa zum 15. Lebensmonat. Die gleichzeitige Abrufung der verschiedenen Übungen im Alltag ist dann neben der systematischen Schulung mehr ein ergänzendes, parallellaufendes Praktikum zur Vertiefung des Erlernten, das dem Hund meistens auch Freude macht.

Positive Erziehung zum Tun
(Tätigkeitsdressur)

Tätigkeits- und Unterlassungsdressur

Wer einen Hund zur Folgsamkeit erziehen will, muß sein *ganzes* Verhalten beeinflussen, soweit es formbar und für den Umgang mit ihm bedeutsam ist. Wie wir schon gesehen haben, zeigt der Hund eine Vielzahl von Verhaltensformen, die man in zwei große Gruppen von Handlungen unterteilen kann:
1. solche, die er tun soll, und
2. solche, die er nicht tun, die er unterlassen soll.

Das Herankommen, das Apportieren und vieles andere soll er auf unser Kommando hin tun. Dies müssen wir ihm beibringen, *lehren*. Dabei handelt es sich um Erziehung zum *Tun* (Tätigkeitsdressur). Das Auf-die-Sessel-Springen, Teppiche-Zerbeißen, Kläffen, Buddeln usw. müssen wir ihm abgewöhnen. Das ist Erziehung zum *Unterlassen* (Unterlassungsdressur).

Herankommen

Die wichtigste Übung ist das Kommen

Die wichtigste Tätigkeitsdressur, die der folgsame Hund absolvieren muß, ist das Herankommen. Für die Haltung und Führung eines Hundes ist das Herankommen deshalb so wichtig, weil der Hundehalter mit diesem Kommando seinen Hund immer im Griff hat. Ob er rauft oder flirtet, ob er hetzen will oder stehlen, ja sogar dann, wenn er sich am ungeeigneten Ort lösen will: Der im Herankommen zur Folgsamkeit erzogene Hund läßt von seinem unerwünschten Verhalten sofort ab und kommt in schneller Gangart zu seinem Herrn. Die Lage ist gerettet! Im Straßenverkehr kann die Folgsamkeit des Hundes sein Leben retten und Unfälle verhüten helfen. In Wald und Feld schützt sie, vor allem beim jungen Hund, vor dem möglichen Verlust des Tieres. Schon aus diesen Gründen ist das Herankommen diejenige Übung, die vom ersten Tage an, möglichst schon im Alter von 6 bis 8 Wochen, als erste geübt werden muß. Für den Haushund gibt es keine andere Übung, für die auch nur annähernd gleich viel Zeit aufzubringen wäre.

Das gilt jedoch genauso für die Erziehung und Ausbildung des jungen Gebrauchshundes. Auch dieser ist unberechenbar, wenn er nicht im Herankommen absolut folgsam ist. Da bei ihm jedoch die Gebrauchsfunktion hinzukommt, muß man sich mit ihm natürlich entsprechend mehr beschäftigen. Das bedeutet: Der junge Gebrauchshund muß zwar von früher Jugend an diejenige Übung intensiv trainieren, die er später meisterhaft beherrschen soll, das Fährten z. B. beim Jagd- oder Polizeihund oder das Schnüffeln beim Zollhund; daneben jedoch muß mit gleicher Sorgfalt vom ersten Tage an als erste Disziplinarübung das Herankommen erlernt werden.

Das Heran ist außerdem eine recht vielschichtige Übung. Sie muß aus jeder Lage heraus klappen, auf weitere Entfernung ebenso wie in der Nähe. Es gibt die vielfältigsten Möglichkeiten, das Herankommen zu üben. Das Herankommen ist deshalb wie keine andere Übung geeignet, an ihr und mit ihr die allgemeinen Grundlagen der Erziehung des Hundes zum Tun am praktischen Beispiel darzulegen. Das Heran ist eine Grundübung. Mit ihr beginnt die Erziehung jedes Hundes.

Die Aufgabenstellung

Die Aufgabenstellung für die Herandressur lautet: Der Hund soll, sobald er das Herankommando wahrgenommen hat, von seinem augenblicklichen Verhalten ablassen und in schneller Gangart zu seinem Herrn laufen. Das Herankommen ist also ein ganz bestimmtes, in seinem Ablauf eindeutiges Verhalten, ein Tun. Wir wollen erreichen, daß dieses Tun vom Hund mit großer Zuverlässigkeit ausgeführt wird. Wir müssen uns deshalb dieser Aufgabe mit besonderer Konsequenz und Ausdauer zuwenden. Nur dann wird die gemeinsame Anstrengung erfolgreich sein!

Erste Stufe: Initiieren

Gesucht wird eine Brücke der Verständigung

Wenn Sie Ihrem Hund beibringen wollen, daß er auf das Kommando „Komm" zu Ihnen kommt, müssen Sie als ersten Schritt einen Weg finden, sich ihm verständlich zu machen. Sie müssen ihm ja in irgendeiner Form sagen, *was* Sie von ihm wollen. *Erklären* können Sie es ihm nicht. Er würde es nicht verstehen. Sie könnten ihn vielleicht, da es anders nicht geht, an eine lange Leine binden und einfach zu sich heranziehen. Sie könnten versuchen, ihm auf diese Weise deutlich zu machen, was Sie von ihm wollen. Tatsächlich hat man es immer wieder so versucht. Wir werden sehen, warum dieser Weg nicht der einzige und ganz sicher nicht der beste ist.

Die Erziehung zum Herankommen ist für Sie ein Lehr-, für den Hund ein Lernvorgang. Der Hund muß lernen, wie er auf Ihren Befehl reagieren soll. Dazu muß er lernen, was das Wort „Komm" bedeutet.

Lernen kann jedes Tier bis hinab zu den stammesgeschichtlich ältesten Vielzellern ganz für sich alleine. Beim Lehren hingegen vollzieht sich immer ein Dialog zwischen Lehrer und Schüler. In der Schule ist ein solcher Dialog leicht herzustellen, denn die Schüler verstehen die Sprache ihres Lehrers. Wie aber soll ein Dialog hergestellt werden zwischen Mensch und Hund, zwischen zwei einander völlig fremden Wesen? Wie will ich einem 8 Wochen alten Welpen, der hinten im Garten auf Entdeckungsreise ist, klarmachen, daß ein bestimmter Laut, nämlich das Wort „Komm", „Heran" oder „Hier", für ihn „Sofort-zum-Herrn-Laufen" bedeutet? Man könnte sich (was viele tun) den Hals heiser schreien — er verstünde es nicht.

Es gibt nur eine einzige Situation, in der sich ein Ansatzpunkt für einen Dialog über das Lernfach „Herankommen" zwischen Mensch und Hund tatsächlich ergibt: Das ist der Augenblick, in dem der Hund *von sich aus*, sei es aus Hunger, sei es aus Anhänglichkeit, zu seinem Herrn läuft. In diesen Sekunden des tatsächlichen, akuten Herankommens vollführt der Hund genau das, was im Dialog geübt werden soll. Es besteht für kurze Zeit Übereinstimmung zwischen Herr und Hund: Der Hund tut, was sein Lehrer will, wenn auch aus eigenem Antrieb.

Diesen Augenblick muß der Lehrherr nutzen. Er kann es vor allem dann, wenn er eine Möglichkeit findet, wie er das erwünschte, zu lehrende Verhalten, obwohl der Hund das Kommando noch nicht kennt, *wiederholbar*, immer wieder von neuem, so herbeiführen kann, daß der Hund es von sich aus vollführt. Das aber geht nur, wenn dieser selbst *das Bedürfnis* hat zu kommen. Und das bedeutet: der Lehrherr muß beim Hund ein *Bedürfnis wecken* zu kommen. Er muß die natürlichen Triebe des Tieres sich nutzbar machen. Er muß z. B. durch Nutzen des Hungertriebes den hungrigen Hund mit einer Hundefrikadelle oder gar mit der ganzen Futterschüssel heranlocken. Gelingt es ihm auf diese Weise, ohne Kommando, durch bloßes Locken, das Herankommen auszulösen, ist die Brücke der Verständigung geschlagen: Sie sind in der Lage, Ihrem Schüler verständlich zu machen, was Sie von ihm wollen. Ein Lehrdialog wird möglich. Der Lernprozeß kann beginnen.

Das erwünschte Verhalten muß oft herbeigeführt werden können
Wenn Sie also mit Ihrem jungen Hund ein bestimmtes Verhalten trainieren wollen, genügt es nicht, daß der Schüler es ab und zu von sich aus zeigt. Eine systematische Dressur setzt vielmehr voraus, daß das zu erlernende Verhalten innerhalb einer Übungsstunde zwanzig- oder dreißigmal hintereinander intensiv und plangemäß geübt werden kann. Sonst dauert die Dressur Monate. Es muß folglich ein Weg gefunden werden, wie das Herankommen häufig genug *wiederholbar* herbeigeführt werden kann, aber nicht durch Zwang, sondern durch bloßes Anstoßen, durch „Initiieren".

Wie bringen Sie den Hund dazu, das erwünschte Verhalten von sich aus zu zeigen?
Damit der Hund das erwünschte Verhalten wiederholbar und ohne Kommando von sich aus zeigt, müssen Sie ihn in eine Lage bringen, in der er durch mehrere Umstände bedingt kaum etwas anderes machen wird oder kann als eben das erwünschte Verhalten, hier also das

Herankommen. Oder anders ausgedrückt, der Erzieher muß alle Maßnahmen so treffen und die Umgebung und Einrichtungen des Dressurplatzes so gestalten, daß er es dem Hund so einfach wie möglich macht, von sich aus auf das erwartete Verhalten zu kommen und es ohne weitere Einwirkung des Erziehers zu zeigen. Die Gesamtheit dieser so gestalteten Umstände für eine bestimmte Übung nenne ich die *Lernsituation*.

Die optimale Lernsituation
Für die Gestaltung der Lernsituation gibt es immer viele Möglichkeiten. Der Phantasie des Ausbilders sind hier keine Grenzen gesetzt. Man kann sogar sagen, daß sich der gute Hundeerzieher gerade dadurch auszeichnet, daß er einfallsreich genug ist, um sich für jede Übung eine *Lernsituation* auszudenken, die dem

Hund das Lernen leicht macht. Die richtige Lernsituation ist das A und O der Hundeerziehung. Können Sie sich über die Lernsituation dem Tier verständlich machen, ist die ganze weitere Ausbildung der Übung mehr oder weniger Routine. Es kann eigentlich nichts mehr schiefgehen. Die von Ihnen erdachte Lernsituation kann einfach sein oder kompliziert, Hilfsmittel verwenden oder nicht, sie kann umfangreiche Vorarbeiten erfordern oder ad hoc funktionieren. Entscheidend ist, daß es Ihnen wiederholbar gelingt, den Hund dazu zu bringen, das zu lehrende Verhalten aufgrund eigener Bedürfnisse und Triebe auszuführen.

Die einfache Methode
Sie sorgen dafür, daß der Hund einen anständigen Hunger hat. Sie erreichen dies, indem Sie die vorher-

48

gehende Mahlzeit etwas knapper halten als sonst und die mit der Übungsstunde verbundene Mahlzeit (Sie erinnern sich: Fütterungszeit ist Lernzeit!) etwas hinauszögern. Das aus saftigen Fleischbröckchen bestehende Futter packen Sie in einen Plastikbeutel, leinen den Hund an und gehen auf eine Wiese oder einen ähnlichen Platz. Ihre Aufgabe besteht nun darin, den Hund zwischen zwei Bedürfnissen hin und her schwanken zu lassen, dem Entdeckungs- oder Lauftrieb einerseits und dem Hungertrieb andererseits. Im Anfang wird der Hund gern davonstieben, denn er weiß noch nicht, daß es Futter gibt. Ist er also 10 oder 20 Meter von Ihnen entfernt, dann rufen Sie seinen Namen und zeigen ihm ein Bröckchen. Er wird schnell kommen, um es zu verschlingen. Danach wird er geneigt sein, in der Hoffnung auf weitere Bröckchen bei Ihnen zu bleiben. Das müssen Sie mit Geduld verhindern, indem Sie durch Ihr Verhalten das erste Bröckchen als einmalige Gabe erscheinen lassen. Der Entdeckungstrieb wird dann bald wieder die Oberhand gewinnen, und Sie können das zweite Bröckchen anbringen.

Sofern der Hund die Neigung zeigt, aus der Hand zu gehen und das Weite zu suchen, vollzieht sich diese Übung ausnahmslos an der langen flexiblen Dressurleine (s. Seite 50). Sie müssen jedoch strikt der Versuchung widerstehen, den Hund mit der Leine heranzuziehen; der Hund muß aus freien Stücken herankommen.

Für das Üben des Herankommens ist es bei dieser einfachen Methode wichtig, daß der Hund das Spiel mitmacht, das heißt, er soll die Erfahrung machen, daß es keinen Zweck hat, stur beim ,,Bröckchengeber" zu bleiben, sondern daß er erfolgreicher ist, wenn er nach einem Bröckchengenuß wegläuft und das nächste Bröckchen abwartet. Den Zeitpunkt bestimmen natürlich Sie — und Sie lassen sich Zeit. Sie erreichen auf diese Weise, daß der Hund, auch wenn er sich frei im Gelände bewegt, Blickkontakt zu Ihnen behält. Das ist an sich schon ein guter Dressur-Nebenerfolg. Wenn Sie dann mit dem Bröckchen winken, ist er flugs bei Ihnen. Die wichtigste Voraussetzung für die Herandressur ist damit erfüllt: Sie können den Hund wiederholbar dazu bringen, zu Ihnen heranzukommen; Sie können sich ihm verständlich machen. Jetzt können Sie folglich mit dem zweiten Schritt, dem Konditionieren, beginnen.

Diese Methode ist zwar einfach und erfordert keinerlei Investitionen. Sie ist aber in ihrem Erfolg voll und ganz von der Geschicklichkeit des Erziehers abhängig. Sicherer ist die zweite Methode, das heißt der Einsatz einer Leinenlösungsanlage.

Eine kleine Leinenlösungsanlage

Wenn Sie das Verhalten ,,Herankommen" mit Ihrem Hund beliebig oft hintereinander üben wollen, sollten Sie sich eine kleine Leinenlösungsanlage bauen. Dies ist mit wenigen Handgriffen ganz einfach zu bewerkstelligen. Sie benötigen dazu einen Holzpfahl. Diesen schlagen Sie 6 bis 10 Meter von Ihrem Dressurplatz entfernt in die Erde, und zwar möglichst so, daß Sie die Entfernung vergrößern können. Sie brauchen außerdem eine entsprechend lange Zugleine und sechs Schraubösen. Die Leine binden Sie mit einer Öse direkt am Dressurplatz an. Sie führt zu dem Holzpfahl und ermöglicht es Ihnen, dort einen Bolzen aus zwei dicht beieinander angebrachten Ösen nach oben herauszuziehen. Der Hund ist an einer 2 Meter langen einfachen Schnur angeleint. Das eine Ende dieser Schnur ist an dem Pfahl fest angebunden, das andere nur um den Bolzen geschlungen. Ziehen Sie vom Dressurplatz aus diesen Bolzen hoch, wird das zweite Ende der Schnur freigegeben. Der

Hund ist damit frei, denn das nunmehr freie Ende der Schnur gleitet ungehindert durch das Halsband. Er kann jetzt also ohne Schwierigkeit zu Ihnen herankommen. Dabei ist entscheidend, daß Sie den Zeitpunkt des Herankommens selbst genau bestimmen können.

Achten Sie aber bitte darauf, daß der Bolzen stark gefettet ist. Das Herausziehen und Freigeben der Leine muß geräuschlos funktionieren. Es besteht sonst die Gefahr, daß der Hund dieses Geräusch für den Heranbefehl hält und nicht Ihren Pfiff.

Bedenken Sie, wie wichtig gerade diese ersten Dressuren sind, denn die hier geübte Disziplin im Lernen und Lehren überträgt sich auf die folgenden Übungen, und bedenken Sie ferner, um wieviel wertvoller ein wirklich folgsamer Hund für seinen Besitzer ist, so sollte sich diese kleine Bastelei eigentlich bezahlt machen. Hinzu kommt, daß Sie diese Leinenlösungsanlage später für viele weitere Übungen benötigen.

Sie können aber auch eine komplette Leinenlösungsanlage, die Sie nur noch an einem Pfosten oder einer Wand befestigen müssen, über unseren Dressur-Service-Versand beziehen. Dessen Anschrift erfahren Sie beim Verlag. Verlangen Sie bitte einen Prospekt.

Auf die oben beschriebene Weise angeleint, sitzt der Hund nun 5 Meter oder mehr von Ihnen entfernt und beobachtet gespannt und gebannt, wie Sie sich mit dem Futter beschäftigen. Und damit lassen Sie

50

sich Zeit. Denn besser können Sie den Hund nicht auf die bevorstehende Dressurübung vorbereiten.

Immer die gleiche Lernsituation
Für die nun beginnende Herandressur muß die so gestaltete Lernsituation stets genau die gleiche sein. Der Hund findet sich zum Beginn jeder Übungsstunde immer in der gleichen Lage, mit der Folge, daß er sich am folgenden Übungstag an das Vorangegangene erinnert. Das beschleunigt ungemein den Lernerfolg. Denn der so Erfahrung sammelnde, sprich *lernende* Hund kann immer wieder auf bereits Vertrautes zurückgreifen und Neues hinzulernen. Das ist die Voraussetzung für schnelles Lernen. Vor allem aber ist die gesamte Lernsituation, in der sich der Hund jeweils befindet, so aufgebaut — sein wohlprogrammierter Hunger, der Anblick der Futterschüssel, die Art, wie und wo er angeleint ist, die Art, wie sich sein Herr benimmt usw. —, daß er mit größter Wahrscheinlichkeit das gewünschte Verhalten ohne jeden Zwang ausführen und herankommen wird, sobald er herankommen kann.

Herankommen ohne Kommando — und ohne Zwang
Sie nehmen ein Bröckchen Fleisch aus der Futterschüssel, zeigen es dem Hund und lösen im selben Augenblick die den Hund haltende Leine. Der Hund wird sofort zu Ihnen kommen und das Bröckchen in Empfang nehmen. Genau das wollen Sie zunächst und nicht mehr.

Hat er das Bröckchen verschlungen, loben Sie ihn und bringen ihn an seinen Platz zurück, wo Sie ihn wieder anleinen. Das Ganze wiederholt sich so lange, bis die Futterschüssel vollständig geleert ist. Sobald der Hund den Zusammenhang dieser Prozedur durchschaut hat — es dauert nicht lange —, läuft er von selbst auf seinen Platz zurück. Das ist die Grundübung der Herandressur, auf die Sie in keinem Fall verzichten dürfen, auch wenn Sie andere Gelegenheiten nutzen, das Herankommen zu üben.

Der Hund handelt aus eigenem Antrieb und im eigenen Interesse
Fassen wir das Wesentliche noch einmal zusammen: Es kommt beim Beginn einer Tätigkeitsdressur, wie hier beim Üben des Herankommens, darauf an, zwischen Erzieher und Hund eine Brücke der Verständigung zu schlagen. Das ist Sache des dem Tier geistig überlegenen Menschen. Der Lehrherr dreht dazu die Interessenlage beim Hund gleichsam um: Indem er den Hund so führt, daß dieser im *eigenen* Interesse handelt, erreicht er, daß der Hund, angetrieben z. B. durch seinen Hunger, bereitwillig das von ihm gewünschte Tun, hier das Herankommen, beliebig oft wiederholbar ausführt.
Es geht also in dieser ersten Stufe auf keinen Fall schon um Folgsamkeit. Brechen Sie daher die Übung ab, sobald Appetit und Eifer nachlassen. Der Hund muß stets seine helle Freude an diesem Spielchen

haben, und *Sie* müssen alles tun, um seine Begeisterung durch Ermuntern und Belobigen noch zu steigern.

Zweite Stufe: Konditionieren

Was ist Konditionieren?

Jetzt erst, wenn der Hund gelernt hat, nach dem Lösen der Leine sofort zu Ihnen zu laufen, um hier das Bröckchen zu empfangen — jetzt erst kommt das Kommando ins Spiel. Sie halten ihm wieder das Bröckchen entgegen und lösen die Leine durch Fernbedienung. Sobald der Hund *sich anschickt*, zu Ihnen zu kommen, und auch noch *während* er kommt, bei Ihnen ist und frißt, rufen Sie mehrmals, so oft wie möglich hintereinander: ,,Komm, Asta, komm, komm, komm, komm!" Auf diese Weise wird durch häufig erlebte Gleichzeitigkeit der Befehlslaut für das Herankommen, das Wort ,,Komm", mit dem Verhalten ,,Herankommen" (= Zum-Herrn-Laufen) im Gedächtnis des Tieres fest verknüpft.

Den Aufbau einer solchen Verknüpfung nennt man Konditionieren. Das Konditionieren ist für die Erziehung eines Tieres von entscheidender Bedeutung: Sind nämlich bestimmte Wahrnehmungen, also von außen auf das Tier zukommende Reize oder Signale (Laute, Geräusche, Gerüche, Gegenstände oder Zeichen), und bestimmte Verhaltensformen (Herankommen, Sich-Setzen, Lautgeben) miteinander verknüpft, hat dies zur Folge, daß beide immer

gemeinsam aus dem Gedächtnis aufsteigen und damit ,,bewußt" werden, das heißt, zugleich mit der Wahrnehmung des Außenreizes (Befehls) wird ein entsprechender, mit dem Reiz verknüpfter Handlungseinfall im Zentralnervensystem des Tieres wirksam, der das so konditionierte Verhalten in Gang setzt und steuert.

Das Wort ,,bewußt" setze ich hier in Anführungszeichen, weil wir nicht sagen können, *wie* das Bewußtsein bei einem Tier tatsächlich aussieht. Ich verwende daher auch lieber das Wort ,,gewärtig".

Der Befehl wird zum Auslöser

Das Ergebnis der Konditionierung ist, daß der Hund nach und nach lernt heranzukommen, wenn und *weil* er gerufen wurde. Wenn er den Befehl wahrnimmt, wird ihm nicht nur der gehörte Kommandolaut selbst gewärtig, sondern auch das mit diesem verknüpfte Verhalten. Wenn ein bestimmtes Verhalten aber dem Hund, vermittelt durch das Kommando des Menschen, als Handlungseinfall bewußt (oder gewärtig) geworden ist, dann ist die Wahrscheinlichkeit groß, daß der Hund es auch ausführt.

Das Prinzip des Impulswechsels

Wenn Sie ein Befehlswort konditionieren wollen, müssen Sie — wie nunmehr klar — eine Möglichkeit haben, das erwünschte Verhalten unabhängig von diesem Befehl, den der Hund ja noch nicht kennt, wiederholbar herbeizuführen. Es ist gleichgültig, *wie* Sie das erwartete Verhalten herbeiführen, solange der Hund aus freien Stücken, also nicht unter Zwang, zu Ihnen kommt. Das bedeutet: Hat der Hund erst einmal gelernt, auf den Befehlslaut „Komm" zuverlässig zu Ihnen zu kommen, können Sie die Befehlsfunktion auf jedes beliebige andere Wort oder Zeichen, nämlich auf den Pfiff, die Autohupe oder den erhobenen Arm, übertragen. Sie rufen den Hund mit dem ihm bekannten Befehl „Komm" heran; *während* er kommt, lassen Sie wiederholt, so oft Sie können, den Pfiff oder die Hupe ertönen, oder beides nacheinander, und heben gleichzeitig den Arm. Durch die auf diese Weise herbeigeführte Gleichzeitigkeit werden so auch die neuen Zeichen mit dem Herankommen verknüpft und können nach vollzogener Konditionierung die Befehlsfunktion übernehmen.

Gerade dieses Prinzip zeigt, wie einfach die ganze Tätigkeitsdressur wird, wenn die Brücke der Verständigung erst einmal geschlagen ist. Der schwierigste Teil der Dressur, die Initiierungsstufe, kann dann entfallen. Der Hund kann nach dem Prinzip des Impulswechsels beliebig viele Befehlslaute oder -zeichen schnell erlernen.

Sie haben damit auch die zweite Stufe der Herandressur mit Ihrem Hund absolviert und sind wiederum ein ganzes Stück weiter. Denn Sie können sich jetzt Ihrem Hund verständlich machen. Sie können ihm sagen, was Sie von ihm wollen. Sie

können ihm einen Befehl erteilen und erwarten, daß er ihm folgt, wenn auch vorerst noch nicht mit der erforderlichen Zuverlässigkeit.

Aber damit sind Sie mit der Herandressur noch nicht am Ende. Der folgsame Hund soll nicht nur herankommen, wenn und weil er ein Bröckchen bekommt, sondern immer und unter allen Umständen. Es ist daher erforderlich, ihn in einer dritten Lernstufe für das erwünschte und ihm befohlene Verhalten so zu motivieren, daß er es auf jeden Fall folgsam und schnell ausführt.

Dritte Stufe: Motivieren

Die Motivation des erwünschten Verhaltens

Der Hund muß lernen, das ihm befohlene Verhalten unter allen Umständen schnell und folgsam auszuführen. Genau das ist Inhalt und Aufgabe der dritten Lernstufe der Erziehung zum Tun. Inzwischen kennt der Hund den Befehl; der Handlungseinfall „Zum-Herrn-Laufen" wird ihm bewußt, sobald er den Laut „Heran" oder „Komm" vernimmt. Alles kommt jetzt darauf an, daß er diesen Handlungseinfall auch tatsächlich ausführt.

Auch hierbei geht es letztlich um einen Verknüpfungsvorgang. Erlebt nämlich der Hund mit dem Herankommen zugleich das Lustgefühl, das bei entsprechendem Appetit mit dem Herunterschlingen eines schmackhaften Häppchens verbunden ist, so verknüpft er auch dieses Lustgefühl mit dem Herankommen und mit dem hiermit verknüpften Befehlslaut „Komm". Auf diese Weise werden um das erwünschte Verhalten „Herankommen" eine Vielzahl positiver Gefühle aufgebaut; das Herankommen erhält ein starkes Gefühlspotential. Entsprechend starke Lustgefühle werden folglich bei der Wahrnehmung des Befehlslautes wirksam. Sie lassen sein Herz höher schlagen. Er wird den Befehl zuverlässig ausführen.

Jetzt ist Konsequenz gefragt

Die erste Lernstufe, das Initiieren, erfordert Phantasie. Die zweite Lernstufe, das Konditionieren, erfordert Ausdauer und Geduld. Die dritte Lernstufe, das Motivieren, erfordert Konsequenz. Es laufen so viele halberzogene Hunde herum, die einmal gehorchen, ein anderes Mal nicht. Man sieht genau, daß sie den Befehl, den Ruf oder Pfiff, kennen und auch wahrgenommen haben, denn sie reagieren. Aber sie folgen nicht. Die Indikation ist klar, in der dritten Lernstufe hat es an Konsequenz gefehlt. Der Hund ist für die folgsame und korrekte Ausführung des ihm erteilten Befehls nicht ausreichend motiviert.

Es geht dabei nicht darum, daß der Erzieher sich unter allen Umständen dem Hund gegenüber durchsetzen muß, wie häufig in der Literatur gefordert wird. Konsequenz einem Tier gegenüber bedeutet nicht, daß der Erzieher auf die strikte Befolgung eines *jeden* Befehls unbedingt bestehen muß. Konsequenz bedeutet vielmehr, daß der Erzieher das

dem Hund befohlene Verhalten nur dann belobigt und verstärkt, wenn es genau so ausgeführt wird, wie es zuvor festgelegt wurde.

Beim Herankommen soll der Hund nach dem Ruf oder Pfiff sofort „alles stehen und liegen lassen" und in schneller Gangart bis unmittelbar zu seinem Herrn laufen. Er soll sich hier (nach erfolgter Sitzdressur) brav zum Angeleintwerden hinsetzen. Ein Lob oder Bröckchen gibt es nur, wenn der Hund sich genau so verhalten hat. Es soll nicht irgendein, es soll ein ganz bestimmtes Verhalten gelehrt und geübt werden.

Das Ziel: Der Hund kommt aus Freude am Kommen

Der Hund handelt nicht zielgerichtet. Er läuft nicht zum Erzieher, „um" dort ein Bröckchen zu bekommen. Er läuft vielmehr zu ihm (genauer: er führt einen entsprechenden Handlungseinfall aus), weil er das Zum-Herrn-Laufen wiederholt als lustvoll erlebt hat. Welche Art von Lust ihn dabei erwartet, weiß er nicht und registriert er auch nicht. Er unterscheidet Lust nicht nach Lustarten.

Die Befriedigung der Freßlust des Tieres dient uns als einfacher, leicht praktizierbarer Verstärker. Verstärkt wird dabei das mit dem Herankommen verknüpfte Lustpotential, das zunächst zwar durch die Befriedigung des Hungers gebildet wird, mit ihr schließlich jedoch nichts mehr zu tun hat. *Das Herankommen selbst wird zur Lust.* In der dritten Lernstufe muß folglich für das erwünschte Verhalten ein Gefühlspotential aufgebaut werden, das die Befriedigung des Hungertriebes als ursprüngliches Handlungsmotiv überflüssig macht.

Die Lernsituation jetzt ändern
Auch die dritte Lernstufe beginnt wie bisher am Dressurplatz. Auch wird die bisherige Lernsituation zunächst nicht geändert. Dennoch verändert sich die Übung in verschiedener Weise:
Erstens zeigen Sie das Bröckchen nicht mehr dem Hund, sondern belassen es in der Schüssel. Ab und zu, und später immer häufiger, gibt es auch trotz erbrachter Leistung kein Bröckchen, sondern eine einfache Belobigung. Selbst diese soll manchmal unterbleiben (sogenannte Intervallverstärkung).
Zweitens bekommt der Hund nur dann sein Bröckchen oder eine Belobigung, wenn er *auf Befehl* herangekommen ist. Er bekommt kein Bröckchen und auch keine andere Belobigung, wenn er ohne Befehl von sich aus kommt. Mit der Leinenlösungsanlage haben wir diesen Vorgang wunderbar im Griff. Solange der Hund sich gierig in die Leine hängt, weil er in dieser Lernsituation gewohnt ist, zum Futterplatz zu laufen, tut sich von jetzt an nichts mehr. Wir beruhigen ihn nur. Erst wenn er sich geduldig hingesetzt hat, heißt es auf einmal: ,,Komm!'', und dann löst sich im selben Augenblick die Leine.
Drittens verändern Sie jetzt, wenn die ersten zwei bis drei Gänge wie

üblich erfolgreich waren, die Lernsituation, aber nicht überstürzt, sondern langsam, Schritt für Schritt. Der Hund bleibt zunächst an derselben Stelle angeleint; der Erzieher aber begibt sich mit dem Bröckchen an einen anderen Platz und ruft den Hund von hier aus. Ebenso soll jetzt die Entfernung für das Herankommen langsam vergrößert werden. Dazu benötigen Sie eine längere Zugleine oder einen Helfer, der sofort beim Ertönen des Befehls die Leine löst. Jede Veränderung der Lernsituation muß, sobald sie gelingt, besonders freudig gefeiert und mit einem besonders guten Häppchen belohnt werden.

Zufälliges Verhalten nutzen
Bei den wichtigen Disziplinarübungen, vor allem beim Herankommen, muß systematisch und gründlich vorgegangen werden. Das jedoch ist nur möglich, wenn eine klar konzipierte Lernsituation aufgebaut wird. Die von mir vorgeschlagene Leinenlösungsanlage mag kompliziert erscheinen (was sie tatsächlich nicht ist). Sie verdeutlicht aber auf jeden Fall das Prinzip, auf das es hier ankommt.
Unabhängig davon nutzen Sie jedoch als kluge Hundefrau oder kluger Hundemann jede zum Üben des Heranbefehls sich bietende Gelegenheit, denn auch im Alltag entsteht die gewünschte Lernsituation, wenn auch zufällig, immer wieder. Wenn der Hund, ganz gleich aus welchem Grunde, sich auf Sie zubewegt, rufen Sie ihn mit ,,Komm'', ,,Heran'' oder

„Hier", je nachdem, welches Wort Sie als Befehlslaut ausgewählt haben; und dazu rufen Sie ihn mit seinem Namen. Sie unterstützen auf diese Weise im alltäglichen Umgang mit dem Hund den Lehrstoff der offiziellen Unterrichtsstunde.

Das Prinzip der kleinen Schritte

Die Technik, den Schwierigkeitsgrad einer Übung nur langsam zu steigern und sofort auf ein einfacheres, früheres Leistungsniveau zurückzugreifen, wenn es nicht klappt wie gewünscht, ist das Leitprinzip der dritten Lernstufe. Ich nenne es „das Prinzip der kleinen Schritte".

Verleitungen einbauen

Den Schwierigkeitsgrad zu erhöhen heißt nicht nur, die Entfernung zu vergrößern, aus der der Hund herangerufen wird, sondern bedeutet vor allem, daß bewußt versucht werden muß, den Hund von der Ausführung des Befehls abzulenken. Das heißt, es müssen Verleitungen eingebaut werden. Entweder stört ein Helfer den folgsam herankommenden Hund. Oder Sie legen auf dem Weg zu Ihnen vor Beginn der Übung Futter aus. Oder Sie lassen den herankommenden Hund wie zufällig einen Vogelkäfig oder sogar eine Katze in einem entsprechenden Käfig passieren. Schließlich gehen Sie mit ihm auf eine Wiese mit erkennbar vielen Wühlmäusen oder Maulwurfshügeln. Nicht fehlen darf im Verlaufe der Dressur auch das plötzliche Auftauchen eines Artgenossen, ein

Exempel, das zahlreiche Variationen und Steigerungen zuläßt. Kommt der durch Ruf oder Pfiff herangerufene Hund trotz dieser Verleitungen brav zu Ihnen, ist die Herandressur gelungen; Sie haben einen in diesem Punkte folgsamen Hund.

Mir ist bei einer Hundeprüfung einmal folgendes passiert: Mein Hund kam aus größerer Entfernung – weit über 1000 Meter – mit hohem Tempo auf mich zu. Plötzlich, etwa 200 Meter vor mir und der Prüfungskommission, bremste er aus vollem Lauf, warf sich herum, lief 3 Meter zurück, schnupperte dort an irgend etwas – und kam schnell heran. Der Prüfungsleiter forderte einen Helfer auf, sich die Stelle anzusehen. Der brachte das Corpus delicti: eine kleine, wollige Feder von einer Taube.

Häufig wiederholen

Doch ein sehr wichtiges Kapitel ist noch offen: Alles, was der Hund gelernt hat, beruht auf Verknüpfungen im Gedächtnis des Tieres. Verknüpfungen aber sind nichts Endgültiges. Sie werden sehr leicht und schnell überlagert von anderen Eindrücken und neuen Erfahrungen. Deshalb haben sie die Eigenschaft, sich nach und nach zu lösen, wenn sie nicht immer wieder neu „festgezurrt" werden.

Sie müssen daher, wenn Sie zum nächsten Dressurfach übergehen, jede Übungsstunde mit den Fächern beginnen, die der Hund bereits gelernt hat und beherrscht. Damit bleibt das Gelernte erhalten. Außerdem bringen Sie den Hund in eine gute Lernstimmung. Mit den Wiederholungen hat er nämlich die ersten Häppchen schon sicher. So ist er hellwach und begierig, Neues zu lernen. Und auch für ihn gilt: Nur wer freudig lernt, lernt gut! Deshalb ist Hundeerziehung auch nicht ein Vorgang, der im Alter von 6 Wochen beginnt und mit 15 oder 20 Monaten endet. Das ganze Zusammenleben mit dem Hund ist Hundeerziehung. Jeder auch im alltäglichen Umgang miteinander erteilte Befehl ist in diesem Sinne „Dressur", Wiederholung, Wiederauffrischung des früher Gelernten. Wenn Sie Ihren jungen Hund folglich für einige Zeit zu einem Berufserzieher geben, kann es sich hierbei nur um eine Grunderziehung handeln, die sich gewöhnlich schon aus Zeitgründen nur auf die beiden ersten Lernstufen beschränken kann. Die eigentliche Motivation und vor allem die notwendige Wiederholung müssen Sie auf jeden Fall selbst in die Hand nehmen.

Das elektronische Dressurgerät
Wenn Sie häufiger oder gar beruflich Hunde erziehen und die Investition nicht scheuen, können Sie das von mir entwickelte und für mich geschützte elektronische Dressurgerät einsetzen. Dieses arbeitet, wie das automatische Garagentor, mit Sender und Empfänger. Wenn Sie das Handgerät betätigen, wird der auch in größerer Entfernung (bis zu 200 Metern) angeleinte Hund über Wellenimpuls freigegeben. Im Gegensatz zu der selbst gebastelten Leinen-

konstruktion ist das elektronische Gerät leicht transportierbar; es wiegt ca. 1500 Gramm. Das bedeutet: Es kann ohne Schwierigkeit überall im Dressurbereich oder draußen im Gelände durch einfaches Hinhängen oder mit Hilfe eines Riemens etwa an einem Baum angebracht sofort eingesetzt werden.

Außer der kurzen, etwa 2 Meter langen Lösungsleine ist in dem Dressurgerät eine flexible Sicherungsleine integriert, die über eine zweite Sendetaste gesperrt und wieder geöffnet werden kann. Sie läßt sich 25 Meter weit ausziehen. Solange die Übungen diesen Entfernungsbereich nicht überschreiten, bleibt der Hund grundsätzlich an der Sicherungsleine angeleint. Er bleibt somit in jedem Fall sicher in der Hand seines Herrn. Das elektronische Dressurgerät ist nicht nur beim Herankommen, sondern, wie Sie sehen werden, bei mehreren Übungen einsetzbar, vor allem bei den besonders wichtigen Disziplinarfächern wie Ablegen, „Bleib" und Down. Es ist damit vielseitiger zu verwenden als das mit Stromimpuls arbeitende Teletaktgerät. Es ist zugleich tierfreundlicher und weniger problematisch.

Der Vorteil dieses Dressurgerätes liegt darin, daß der Hund auf der einen Seite zum richtigen Zeitpunkt für die Ausführung eines Befehls frei ist, sich auf der anderen Seite aber dem Einfluß des Erziehers nicht entziehen kann. Er lernt so seinen Herrn als absolute Autorität kennen und macht die Erfahrung, daß er immer dann erfolgreich ist, wenn er auf die von diesem gesetzten Reize (= Befehle) sofort reagiert.

Die Herandressur auf einen Blick
Der gesamte Aufbau der Herandressur aus drei Lernstufen sei nun noch einmal der besseren Übersicht halber im Zusammenhang dargestellt:

Erste Stufe: Initiieren
1. Der Erzieher lockt ohne jeglichen Zuruf innerhalb einer wohldurchdachten Lernsituation den wenigstens 6 Meter entfernten Hund mit Fleischbröckchen heran.
2. Der Hund sieht das Futter. Er verspürt Lust auf Futter.
3. Zur Befriedigung seines Hungertriebes, also im eigenen Interesse, läuft er zu dem Erzieher.

Ergebnis der ersten Lernstufe: Das Herankommen ist beliebig oft wiederholbar.

Zweite Stufe: Konditionieren
4. Während der Hund zum Erzieher läuft, ruft dieser wiederholt den Befehl „Komm".
5. Durch häufig wiederholte Gleichzeitigkeit werden Befehlslaut und Verhalten im Gedächtnis des Hundes fest miteinander verknüpft.

Ergebnis der zweiten Lernstufe: Vernimmt der Hund den Befehl „Komm", wird das mit diesem jetzt verknüpfte Verhalten „Zum-Herrn-Laufen" als Handlungseinfall gewärtig und wirksam.

Dritte Stufe: Motivieren
6. Mit dem Verhalten „Zum-Herrn-Laufen" wird durch anhaltende Verstärkung (Belobigung) ein starkes positives Gefühlspotential verknüpft.

Ergebnis der ersten bis dritten Lernstufe: Der Hund ist für das Herankommen stark motiviert und führt das durch den Befehl des Erziehers als Handlungseinfall gewärtig gewordene Verhalten „Herankommen" zuverlässig aus.

Das folgsame Herankommen auf einen Blick
Ist die Erziehung zum Herankommen durch alle drei Lernstufen hindurch vollkommen abgeschlossen, vollzieht sich die folgsame Ausführung des Heranbefehls in drei Schritten:
1. Der Herr ruft oder pfeift den frei im Gelände sich bewegenden Hund. Dieser vernimmt den Befehlslaut.
2. Mit der Wahrnehmung des Befehls wird zugleich die mit diesem verknüpfte Verhaltensform „Zum-Herrn-Laufen" dem Hund als Handlungseinfall und damit als Handlungsmöglichkeit gewärtig.
3. Da mit dem Verhalten „Zum-Herrn-Laufen" ein starkes positives Gefühlspotential verknüpft ist, führt der Hund den Handlungseinfall bereitwillig aus. Er folgt dem ihm erteilten Befehl.

Lautgeben

Die positive Erziehung zum Tun gilt für *alle* Erziehungen zum Tun
Am Beispiel der Herandressur, der zweifellos wichtigsten Übung überhaupt, haben Sie gesehen, wie der Hund ein Tun erlernt und wie Sie als Erzieher es ihn folglich lehren müssen.
Nun gilt: Das Prinzip der Tätigkeitsdressur ist bei allen Tätigkeiten genau das gleiche. *Alle* Erziehungen zum Tun folgen dem gleichen Aufbau von drei hintereinander folgenden Lernstufen:
Erste Stufe: Initiieren =
Das erwünschte Verhalten wird zum Zwecke des Konditionierens wiederholbar herbeigeführt.
Zweite Stufe: Konditionieren =
Das erwünschte Verhalten wird mit einem Befehl verknüpft.
Dritte Stufe: Motivieren =
Das erwünschte Verhalten wird mit einem hohen Gefühlspotential verknüpft.
Die Reihenfolge dieser Lernstufen ist zwingend: Sie können die Wände eines Hauses nur auf das Fundament, das Dach nur auf die Wände setzen. Sie können (was manche bei der Hundeerziehung jedoch zu können glauben) nicht mit dem Dach beginnen. Nur ein wiederholt herbeiführbares Verhalten können Sie nach dem Grundsatz der Gleichzeitigkeit mit einem Befehlslaut verknüpfen (konditionieren). Nur den so erzogenen Hund können Sie zu absoluter Folgsamkeit motivieren.
Die meisten Tätigkeitsdressuren unterscheiden sich aber im taktischen Vorgehen innerhalb der Lernstufen voneinander. Es ist etwas anderes, ob ich einen Hund dazu bringen will, von sich aus zu mir zu kommen, wenn ich ihn rufe, oder ob ich erreichen will, daß er bellt, Laut gibt, wenn ich zu ihm sage: ,,Gib Laut"!
Dies gilt jedoch hauptsächlich für die erste, weniger für die zweite und dritte Lernstufe. Beim Konditionieren und Motivieren eines beliebig oft herbeiführbaren Verhaltens folgt der Erzieher psychobiologischen Naturgesetzen, die für alle Übungen gelten und seit Pawlow, Skinner und anderen immer wieder in der Verhaltensforschung dargestellt und analysiert wurden.
Daß die erste Lernstufe dagegen alles andere ist als Routine, kann nicht verwundern. Denn bei ihr gilt es, die größte Schwierigkeit der Hundeerziehung zu überwinden, nämlich das a priori fehlende Grundverstehen zwischen Mensch und Tier. Durch eine Brücke der Verständigung muß der Abgrund überspannt werden, der sich aus den völlig verschiedenen Kommunikationssystemen bei Mensch und Tier ergibt. Dies zu vollziehen, ist allein Sache des Menschen, da nur er kraft seines Verstandes diese Kluft überhaupt zu erkennen vermag.
Dem geschickten, um die Lerntechnik des Hundes wissenden Lehrherrn gelingt das durch den Aufbau einer geeigneten Lernsituation, in der der Hund leicht dazu gebracht werden kann, das zu erlernende Verhalten von sich aus, also zur Befrie-

digung eigener Bedürfnisse und somit im eigenen Interesse auszuführen. Denn nur in der kurzen Zeit, während der Hund das erwünschte Verhalten von sich aus zeigt, kann es durch Konditionierung mit einem Befehl verknüpft werden. Die so zu gestaltende Lernsituation ist aber bei jeder Übung dem unterschiedlichen Handlungsablauf entsprechend verschieden.

Der schwierigste Teil der Erziehung zum Tun, die wiederholbare Herbeiführung des erwünschten Verhaltens in der ersten Lernstufe, soll daher noch an weiteren Beispielen, hier zunächst dem Lautgeben, dargestellt und erläutert werden. Bei dieser kleinen und im Grunde einfachen Übung lassen sich dennoch einige Schwierigkeiten aufzeigen und aufarbeiten, die im Anfang der Dressur leicht entstehen, wenn es darum geht, die Brücke der Verständigung zwischen Herr und Hund zu schlagen. Auch können bei dieser Übung einige weitere Grundkenntnisse über die natürliche Lerntechnik des Hundes vermittelt werden.

Auch das Lautgeben ist wichtig

Auch das Lautgeben ist eine sehr wichtige Übung. Das Bellen ist nun einmal die Lautäußerung des Hundes, mit der er versucht, sich verständlich zu machen. Es ist damit durchaus der Sprache vergleichbar, wenn auch auf einem niedrigeren entwicklungsgeschichtlichen Niveau. Es steht heute außer Zweifel, daß die Lautäußerungen der Tiere der gegenseitigen Information und Kommunikation dienen. Das gilt ganz besonders für die Tierarten, die in Gruppen leben, so wie der Hund in der Meute.

Zur Kommunikation mit dem Menschen kann das Lautgeben des Hundes auf verschiedene Weise genutzt werden. Es fängt damit an, daß der Hund uns sagt, ob er hinaus oder herein will, ob er sich lösen will (oder muß), ob er Futter oder sonst irgend etwas will. Der Schutzhund warnt uns vor Fremden, die sich dem Haus oder dem Eigentum nähern, der Such- oder Rettungshund zeigt an, ob er gefunden hat, der Totverbeller zeigt dem Jäger, wo das erlegte oder verletzte Wild zu finden ist. Alle diese hohen Leistungen setzen eine gute Ausbildung in der Grundübung ,,Lautgeben" voraus.

Für jede Übung eine andere Lernsituation

Das Tun, das wir in diesem Falle trainieren wollen, ist also das Lautgeben, das Bellen. Sie können diese Ausbildung an Ihrem Dressurplatz vornehmen, sollten jedoch darauf achten, daß die Lernsituation sich von den bisherigen Übungen deutlich unterscheidet: Der Hund sollte nicht an der gleichen Stelle angeleint sein, an der das Herankommen oder eine andere vorangegangene Leistung geübt wurde. Sie könnten also neben Ihrem Dressurtisch einen Pflock in den Boden schlagen und den Hund hieran anleinen. Sie können aber auch die Schlaufe über einen Wasserhahn, einen Türgriff oder Zaunpfahl hängen, immer jedoch über denselben. Sie vermeiden durch diesen Wechsel der Lernsituation, daß der Hund die einzelnen Kapitel des Lehrplanes durcheinanderwirft. Würden Sie ihn an der Öse anleinen, die Sie für das Herankommen verwendet haben, könnte der Hund so sehr auf das Herankommen programmiert sein, daß er nicht darauf kommt, etwas anderes zu probieren. Verändern Sie hingegen die Lernsituation, bleibt die Phantasie des Tieres frei für andere Verhaltensversuche. Diese aber gilt es wachzurufen.

Erste Stufe: Initiieren

Beim Lautgeben gibt es keine Zwangsmanipulation und daher auch keine Zwangsabrichtung, es sei denn, man verstiege sich dazu, dem Hund auf die Pfoten zu treten, damit er „laut" wird. Das aber macht nicht einmal ein Zwangsabrichter. Das ist aber zugleich auch die Ursache da-

für, daß wir durch die Gestaltung der Lernsituation wenig tun können, um dem Hund zu helfen, das erwünschte Verhalten herauszufinden. Wenn wir ihm ein Bröckchen zeigen, wird er schnell geneigt sein, heranzukommen, um es sich zu holen. Wenn wir ihm ein Bröckchen halbhoch über die Nase halten, kommt er ebenso schnell auf die Hinterläufe, um es sich zu schnappen. Wenn wir ihm ein Bröckchen hinhalten, kommt er hingegen noch lange nicht darauf, es sich durch Lautgeben zu verdienen.

Die „Probiermethode"
Glücklicherweise besitzt aber der Hund für solche Problemsituationen eine eigene Lerntechnik, mit deren Hilfe er schnell zu Rande kommt. Es ist sein „Probierverhalten", in der Verhaltensforschung Versuch-und-Irrtum-Verhalten genannt. Vor eine neue Aufgabe gestellt, probiert er nacheinander alle nur denkbaren Verhaltensformen in bunter Reihe

durch. Er macht das völlig plan- und ziellos und tut immer das, was ihm gerade zufällig einfällt.

Auch hier wird er erst einmal an der Leine hochgehen und immer wieder nach dem Bröckchen schnappen, das Sie ihm vor die Nase halten. Dann wird er mit den Vorderpfoten schlagen und versuchen, es so zu erreichen. Er wird sich hinwerfen und das Bröckchen böse anstarren. Er wird sich schließlich am Boden wälzen, scharren, sich in die Pfote beißen – kurz, er wird in der Hoffnung auf einen Erfolg die unmöglichsten Bewegungen oder Tätigkeiten durchprobieren.

Sie selbst machen derweil gar nichts. Sie halten ihm unbewegt und ungerührt das Bröckchen hin und warten. Sollte er in seinen Bemühungen nachlassen, ermuntern Sie ihn und lassen ihn näher am Bröckchen schnuppern. Aber Sie sind ganz Ohr: Sollte er auch nur den leisesten Laut vernehmen lassen, und sei es nur ein resignierendes Stöhnen – sofort hat er das Häppchen.

Der Hund behält das als Erfolg erlebte Verhalten

Der Hund ist aus mehreren Gründen ein sehr gelehriger Schüler:

1. Er resigniert nicht. Hat er ein Ziel vor Augen, und sei es ein Bröckchen, läßt er nicht locker, bis er es hat.
2. Er hat Phantasie. Er versucht nicht stur immer das gleiche. Klappt es so herum nicht, versucht er es anders herum.
3. Er hat ein hervorragendes Ge-

dächtnis verbunden mit einer gleich guten Beobachtungsgabe. Seine zahlreichen Fehlversuche interessieren ihn nicht. Er vergißt sie sofort. Aber das eine, als Erfolg erlebte Verhalten, das behält er.

Hierdurch ist der Hund ein Meister der ,,Probiertechnik", also des Versuch-und-Irrtum-Lernens, das von allen höheren Tieren praktiziert wird. Wenn es einen Weg zum Ziele gibt, findet er ihn. Aber das nützte ihm wenig, wenn er ihn gleich wieder vergäße. Erst durch den Einsatz des Gedächtnisses wird aus dem ,,Probierverhalten" ein echtes Lernverhalten.

Der Hund behält das als Erfolg erlebte Verhalten, weil er im Augenblick des Erfolges ein ausgeprägtes Gefühl von Lust und Freude empfindet. Letztendlich ist es also seine feine Sensibilität, seine leichte Erregbarkeit, die ihn zu einem Meister der ,,Probiertechnik" und damit zu einem leicht erziehbaren Tier werden lassen.

Das richtige Verhalten schon im kleinsten Ansatz verstärken

Nach dem ersten, wenn auch winzigen Erfolg geht es im gleichen Sinne weiter. Wieder machen Sie dasselbe: Sie halten dem am Dressurplatz angeleinten Hund, egal, ob er sitzt oder liegt, das zweite Bröckchen vor die Nase. Wieder bekommt er es beim ersten leisen Wimmern, selbstverständlich ebenso, wenn ein erstes verstohlenes ,,Wa" ertönen sollte.

Sie wiederholen diesen Versuch

gleich am ersten Übungstag etwa zehn- bis zwanzigmal, je nachdem, wie der Hund in seinem Eifer durch erfolgreiche Versuche angespornt oder durch Fehlversuche entmutigt wird. Es geht sehr bald schneller und schneller. Nach einigen Tagen, beim einen etwas langsamer, beim anderen schneller, ist die Routine da. Sie halten in der stets gleichbleibenden Lernsituation dem Hund das Bröckchen vor. Er sieht es an, gibt Laut und bekommt seinen Lohn. Bald ist das Ziel der ersten Lernstufe erreicht: Sie können das erwünschte Verhalten, hier also das Lautgeben, beliebig oft wiederholbar herbeiführen. Die Brücke der Verständigung ist geschlagen.

Zweite Stufe: Konditionieren

Jetzt können Sie, im dreistufigen Lehrplan (s. Seite 58) fortschreitend, den Befehlslaut einbringen. Sobald sich der Hund bei vorgehaltenem Bröckchen *anschickt* zu bellen, sagen Sie: ,,Gib Laut! Gib Laut! So recht, gib Laut!" Und dann bekommt er sein Bröckchen. Sie können bei dieser Übung die Konditionierung nach und nach zeitlich immer mehr ausdehnen, indem Sie die Herausgabe des Bröckchens verzögern, solange der Hund kräftig Laut gibt. Immer wiederholen Sie dabei die Befehlsworte, damit sich Verhalten (Bellen) und Befehl (,,Gib Laut") schnell verknüpfen.

Beachten Sie auch hierbei bitte peinlich genau die bereits erläuterte Art des Vorgehens: Es ist völlig sinnlos, den Befehl ,,Gib Laut" auszusprechen, *bevor* das Lautgeben durch Vorhalten eines Bröckchens herbeigeführt werden kann. Denn die Worte ,,Gib Laut" sagen dem Hund zunächst überhaupt nichts. Er hat nicht die mindeste Möglichkeit, sie als Aufforderung zum Bellen zu verstehen. Im Gegenteil: das zu frühe Kommandieren ist schädlich. Denn der Hund verknüpft sein *gegenwärtiges* Verhalten mit den Lauten oder anderen Wahrnehmungen, die *er* zeitgleich mit seinem jeweiligen Verhalten erlebt. Vernimmt er die Worte ,,Gib Laut" folglich wiederholt dann, wenn er an der Leine hängend mit den Vorderläufen hochgeht, verknüpft er möglicherweise – und dergleichen ist leicht möglich – *dieses* Verhalten mit den Befehlsworten ,,Gib Laut", eine Verknüpfung also, die sicherlich nicht vom Erzieher erwartet wurde.

Deshalb heißt die Regel: Erst wenn die erste Lernstufe wirklich abgeschlossen ist, wenn der Hund also regelmäßig Laut gibt, sobald Sie ihm das Bröckchen vorhalten, wenn er mit anderen Worten zuverlässig erfaßt hat, daß er nur für das Lautgeben das Bröckchen bekommt, dürfen Sie mit der zweiten Stufe, dem Üben der Befehlslaute, beginnen. Hierfür gilt dann analog alles beim Herankommen Ausgeführte (s. Seite 52).

Dritte Stufe: Motivieren

Warum soll ein Hund anfangen zu bellen, in seiner ,,Sprache" also etwas zu sagen, wenn ein Mensch „Gib Laut" zu ihm sagt? Er selbst hat – in diesem Moment jedenfalls – nichts mitzuteilen.

Die Antwort heißt: weil er für das Bellen auf Befehl programmiert ist und weil es für ihn ein lustvolles Verhalten ist, dem Befehl „Gib Laut" zu folgen. Auch für das Bellen auf Befehl muß daher im Gedächtnis des Hundes durch systematische Verstärkung ein starkes Gefühlspotential aufgebaut werden.

Nur befohlenes Verhalten verstärken

Doch gibt es auch hier kleine Unterschiede zur Herandressur. Damit der Hund auf Befehl herankommt, muß ein möglicherweise starkes Eigeninteresse des Tieres beiseitegedrängt werden. Es kann schon ein Problem sein, ihn von Nachbars Bessi wegzurufen. Das Lautgeben ist hingegen für viele Hunde ein an sich lusterfülltes Verhalten. Schon ein kleiner Anstoß mag daher genügen, um es auszulösen.

In so gelagerten Übungen ist streng darauf zu achten, daß das erwünschte Verhalten *nur dann* belobigt wird, wenn es auf ausdrücklichen Befehl hin ausgeführt wird. Von einem bestimmten Stadium der Gib-Laut-Dressur ab muß sogar jedes Bellen *ohne* Befehl durch negative Einwirkung („Ruhig! Pfui! Was soll das?") verleidet werden.

Struppi will raus! (muß?)

Sobald der Hund gelernt hat, auf Befehl (und *nur* auf Befehl) Laut zu geben, können Sie beginnen, die Befehlsfunktion auf andere Auslöser zu übertragen. Das gelingt Ihnen problemlos nach dem Ihnen bereits bekannten Prinzip des Impulswechsels.

Der Hund soll lernen, sich zu melden, wenn er hinaus will oder muß. Sie warten die Zeit ab, zu der er normalerweise in den Garten gelassen wird, um sich dort zu lösen. Nun gehen Sie wie üblich mit ihm zur Garten- oder Hoftür. Aber Sie öffnen sie nicht. Sie bleiben neben Ihrem Hund vor der geschlossenen Tür stehen und warten, bis er unruhig wird; er ist in dieser Situation gewohnt, daß die Tür sich öffnet und er ins Freie kann. In diesem Augenblick sagen Sie: „Gib Laut!" Folgt er diesem Befehl, öffnen Sie sofort die Tür.

Das halten Sie immer so, Tage und Wochen hindurch. Sie übertragen auf diese Weise durch einfache Konditionierung die Befehlsfunktion für das Bellen auf andere Auslöser, nämlich auf den Anblick der Hoftür (vom Hund wahrgenommene Gegenstände können ein Verhalten ebenso auslösen wie Laute oder Zeichen), hier in Verbindung mit dem Gefühl des ungeduldigen Wartens vor der Tür, vielleicht auch mit dem Gefühl des Wunsches, sich zu lösen. Ich bin sicher, daß der im Umgang mit Menschen erfahrene Hund im Laufe der Jahre auch dieses Gefühl als Auslöser für seine Lautäußerung erlernt.

Sie aber haben mit dieser Übung, die eigentlich immer gelingt, wiederum einen entscheidenden Fortschritt erzielt. Sie haben erreicht, daß das Bellen für den Hund zu dem wird, was es sein sollte, nämlich zu einem auch *seinem* Interesse dienenden Mittel der Kommunikation mit dem Menschen. Er hat gelernt, sich Ihnen verständlich zu machen. Es besteht kein Zweifel, daß solche Lernerfolge für das Verhältnis zwischen Mensch und Hund sehr wertvoll sind. Sie sind damit auch für das seelische und körperliche Wohlbefinden Ihres Schützlings von Wert.

Hier wache ich!

Der heimtückisch ermordete Hessische Wirtschaftsminister Herbert Karry, ein großartiger Mensch, den ich persönlich kannte und sehr schätzte, wäre noch am Leben, wenn er zu Hause einen kleinen Hund gehabt hätte. Niemals hätten die Täter es fertiggebracht, unbemerkt eine Leiter an das Haus zu stellen.

Sich einen solchen wachsamen Hund heranzuziehen, ist eine verhältnismäßig leichte Dressuraufgabe. Voraussetzung ist, daß der Hund die oben beschriebene Gib-Laut-Dressur mit Erfolg absolviert hat. Zur Übungsstunde bitten Sie einen Bekannten, mehrmals langsam um das Haus herumzugehen und sich ab und zu dem Haus zu nähern. Sie verfolgen gemeinsam mit Ihrem Hund den „Täter" im Innern des Hauses von Raum zu Raum, wo immer er sichtbar wird. Sie können den Hund dazu auch anleinen. Sobald Sie den „Verbrecher" draußen sehen oder hören, sagen Sie: „Gib Laut! Gib Laut! So brav, gib Laut!" und geben dem Hund ein Bröckchen, wenn er sich ordentlich ins Zeug gelegt hat. Nähert sich der „Dieb" dem Haus oder fängt er gar an, sich an der Tür zu schaffen zu machen, versuchen Sie, das Konzert auf Fortissimo zu steigern. Sie müssen den Hund dazu immer stärker anfeuern und reizen. Nun öffnen Sie die Tür etwa 10 Zentimeter weit, begrenzt am besten durch eine dazu gebräuchliche Kette. Im gleichen Augenblick schiebt der „Täter" von außen einen kräftigen Sack oder einen alten Mantel zur Hälfte herein – das andere Ende hält er gut fest – und bewegt diesen auf und ab, raus und rein. In diesen Lappen soll sich der Hund regelrecht verbeißen und ihn nach Kräften zerren. Es soll schließlich ein handfestes Tauziehen losgehen, das dem Hund mächtig Freude macht. In jedem Fall muß der Hund der große Sieger sein, sei es, daß er den Sack ganz hereinzieht, sei es, daß der „Täter" die Flucht ergreift. Nichts verstärkt das Verhalten eines Hundes mehr als ein stolzer Sieg im Zweikampf.

Wichtig ist, daß Sie den Helfer nicht jetzt schon entlassen. Er muß, nachdem er seine Rolle als Einbrecher ausgespielt hat, Ihr Anwesen kurz verlassen, nach wenigen Minuten aber wiederkommen und sich jetzt wie ein normaler Besucher benehmen. Er muß also ordnungsgemäß klingeln. Es wird ihm geöffnet, und er tritt ein.

Jetzt soll sich der Hund ihm gegenüber ruhig und anständig verhalten wie gegenüber jedem Dritten. Sollte der Hund laut oder aggressiv werden, müssen Sie dies energisch unterbinden. Es gibt für den Haushund keine Aggressivität Besuchern gegenüber (s. Seite 40).

Das Telefon klingelt

Noch ein kleines Beispiel zur Gib-Laut-Dressur, gedacht für Schwerhörige: Diese können vielleicht in der Küche nicht hören, wenn im Wohnzimmer das Telefon klingelt. Auch hier kann Struppi helfen, wenn er auf ,,Gib Laut" dressiert ist. Sie besorgen sich eine dem Telefon ähnliche Klingel. Zur Fütterungszeit üben Sie zehn- bis zwanzigmal täglich den Impulswechsel: Sie klingeln und sagen: ,,Gib Laut!" – Klingel – ,,Gib Laut!" – Klingel – ,,Gib Laut!" Dazwischen gibt es immer wieder ein Bröckchen, bis die Mahlzeit verzehrt ist. Dann lassen Sie ab und zu zur Fütterungszeit einen Bekannten anrufen und lassen klingeln. Reagiert der Hund auch hierauf richtig mit lautem Gebell, gehen Sie dazu über, ihm das Belobigungsbröckchen nicht beim Telefon, sondern nur an der Küchentür zu geben, natürlich auch hier nur nach entsprechendem Geläut. Es dauert nicht lange, und es wird nicht mehr vorkommen, daß Sie das Telefonklingeln nicht gehört haben.

Ablegen

Dem Lautgeben folgt als nächste Grundübung das Ablegen. Damit ist das gemächliche Sich-Hinlegen auf Befehl gemeint, nicht das plötzliche, wie vom Blitz getroffene Sich-Hinwerfen, das Down, das vor allem der Gebrauchshund beherrschen muß. Statt herumzustehen und vielleicht zu betteln oder statt unruhig hin- und herzulaufen, statt die Gäste zu beschnuppern und mit der Rute haarscharf an den Rotweingläsern entlangzuwedeln, soll der Hund sich hinlegen, wo er gerade steht, sobald er den Befehl ,,Ablegen" oder ,,Leg dich hin" wahrnimmt. Der Erzieher eines Gebrauchshundes kann später aus dem Ablegen leicht das Down entwickeln. Aus dem Ablegen entwickelt sich auch das ,,Geh an deinen Platz", bei dem der Hund zügig seine Ecke aufzusuchen und sich dort niederzulegen hat.

Erste Stufe: Initiieren

Auch beim Ablegen stehen wir vor dem gleichen Problem wie bei allen anderen Tätigkeitsübungen. Das Wort ,,Ablegen" als Kommando sagt dem Hund im Anfang der Dressur ebensoviel, wie wenn wir ihm die ,,kleine Nachtmusik" vorspielten; er kann mit beidem nichts anfangen. Also müssen wir auch hier wieder versuchen, eine Brücke der Verständigung zu schlagen.
Es ist sicherlich nicht leicht, sich gerade für das Ablegen eine geeignete Lernsituation auszudenken. Vielleicht mag sich der interessierte Leser an dieser Stelle einmal testen und selbst darüber nachdenken, wie man hier vorgehen könnte. Denn jede Art Zwang, jedes Hinunterdrücken oder -ziehen, ist selbstverständlich

verboten. Und zwar wohlverstanden nicht deshalb, weil es unzulässige Gewaltanwendung wäre, sondern deshalb, weil es nicht oder nur auf Umwegen zum Ziele führt.

Eine Möglichkeit wäre, den Hund eine Zeitlang „joggen" zu lassen, vielleicht bei einem Fahrradausflug. Hierbei, das sei angemerkt, läuft der Hund grundsätzlich rechts vom Rad. Müde geworden, hat er nach dem Lauf von sich aus das Bedürfnis, sich hinzulegen. Für den Aufbau einer Übung wäre diese Methode allerdings zu zeitraubend, obwohl das Traben neben dem Fahrrad für das Lauftier Hund durchaus eine gute Sache ist, sofern man es nicht übertreibt.

Ich empfehle folgenden Weg: Sie setzen den Hund auf einen Tisch und leinen ihn dabei so kurz an, daß er nicht herunterfallen kann. Die Tischplatte haben Sie zuvor mit einem Teppichrest bedeckt, den Sie mit ein paar Stiften befestigen. Das ist die optimale Lernsituation für das Ablegen: Das erwünschte Verhalten liegt bei der Höhe des Tisches denkbar nahe; der Hund müßte schnell darauf kommen. Außerdem findet er sich in dieser Lage, nämlich angeleint auf einem Tisch stehend, zum ersten Mal; er wird sich sehr schnell wieder erinnern, was in dieser für ihn höchst merkwürdigen Situation von ihm erwartet wird und welches Verhalten ihm Erfolg brachte.

Diese Übung wird ihm auch sehr viel Spaß machen. Sie können ihn daher schon bald dazu bringen, von selbst auf den Tisch zu springen, wenn er gemerkt hat, daß Sie das Ablegen auf seinen Stundenplan geschrieben haben. Je nach der Tischhöhe und Hundegröße werden Sie ihm dies durch eine geeignete Zwischenstufe, eine herumgedrehte Kiste oder ähnliches, erleichtern.

Haben Sie ihn oben auf seinem Tisch angeleint, nehmen Sie ein Bröckchen, halten es ihm vor die Nase und führen es nach unten bis unterhalb der Tischkante. Schon nach wenigen Versuchen wird Ihr Hund sich hinlegen, um das Bröckchen erreichen zu können. Wenn dies einige Male gelungen ist, werden Sie kritischer. Haben Sie im Anfang schon dann das Bröckchen gewährt, wenn er nur mit den Vorderläufen auf der Tischplatte lag, gibt es das Bröckchen jetzt nur noch, wenn er in seiner ganzen Länge ausgestreckt auf dem Tisch liegt. Dazu müssen Sie allerdings auch einmal etwas Geduld haben. Er wird sich mit Sicherheit hinlegen; im selben Augenblick muß er das Bröckchen bekommen. Sie können zum Spaß einmal die Zeit messen, die zwischen dem Vorhalten des Bröckchens und dem vollständigen Sich-Hinlegen vergeht. Es wird im Anfang vielleicht 30 Sekunden dauern, manchmal etwas mehr, manchmal etwas weniger. Nach einigen Tagen sind es dann nur noch wenige Sekunden.

Hat Ihr Hund endlich, nachdem er sich korrekt und vollständig hingelegt hat, das ersehnte Bröckchen bekommen, nehmen Sie ein weiteres Bröckchen zur Hand. Das halten Sie so hoch, daß er aufstehen muß, um es zu bekommen. Steht er korrekt auf allen Vieren, geben Sie es ihm wortlos.

Zwei Anforderungen an eine gute Lernsituation

Auch hier wird also klar: Der Hund muß, um eine Übung zu erlernen, das erwünschte Verhalten *selbst* herausgefunden haben. Sonst behält er es nicht. Das ist zunächst das Entscheidende. Aber um das erwünschte Verhalten im Gedächtnis speichern zu *können*, braucht er auch das Erfolgserlebnis. Das aber setzt ein Minimum an Fehlversuchen voraus. Die Lernmethode der Tiere heißt nicht ,,Versuch", sondern ,,Versuch und Irrtum". Insoweit ist es besser, wenn der Hund sich etwas Mühe geben muß, um das erwünschte Verhalten herauszufinden. Genau das ist natürlich auch der Grund, weshalb jegliches Erzwingen sinnlos ist.

Diesem Erfordernis tierischen Lernens steht natürlich die Ungeduld des Erziehers gegenüber, der möglichst schnell zum Ziel kommen will. Auch ist zügiges Vorankommen eine Bedingung für eine gute Lehrmethode. Hier gilt es, den rechten Mittelweg zu finden: Die optimale Lernsituation soll es einerseits dem Hund leicht machen, das erwünschte Verhalten herauszufinden. Andererseits soll sie hinreichend Spielraum lassen, der es dem Hund ermöglicht, probieren *und* irren zu können. Es müssen mehrere Verhaltensmöglichkeiten bestehen bleiben, von denen er die richtige herausfinden muß.

Die zweite Anforderung an eine gut gestaltete Lernsituation ergibt sich daraus, daß die einzelnen Übungen des Lehrstoffes kurz hintereinander oder teilweise mit den notwendigen Wiederholungen auch nebeneinander trainiert werden müssen. Der Erzieher muß daher verhindern, daß der Hund das jeweils von ihm Erwartete durcheinanderbringt. Deshalb muß sich jede neue Lernsituation auffällig von den vorangegangenen unterscheiden, durch den Wechsel des Dressurplatzes, durch die Art des Anleinens oder durch die Verschiedenartigkeit der Hilfsmittel. Dies ist auch ein Grund, weshalb ich das Ablegen auf einem Tisch übe.

Zweite Stufe: Konditionieren

Nun kommen wir zum systematischen Einüben des Kommandolautes ,,Ablegen". Sobald der Hund sich anschickt, sich hinzulegen, um so an das Belobigungshäppchen heranzukommen, sagen Sie klar und deutlich, aber nicht laut: ,,Ablegen!" Sie wiederholen das Kommando mehrmals, *während* er sich hinlegt. Je häufiger er das Verhalten ,,Sich-Hinlegen" mit dem Kommandolaut ,,Ablegen" zeitgleich erlebt, um so schneller verknüpft er in seinem Gedächtnis das eine mit dem anderen. Dann lassen Sie ihn ruhig schmatzen und schlucken, nehmen in aller Ruhe das zweite Bröckchen, halten es hoch über ihn und sagen, sobald er sich anschickt aufzustehen, und dann mehrmals, während er dabei ist, aufzustehen: ,,Auf! Asta, so recht, auf!

Auf!" Sie nutzen also diese Gelegenheit, um ihn mit seinem Namen vertraut zu machen und um ein weiteres Kommando zu trainieren.

Dritte Stufe: Motivieren

Sie sollten jetzt soweit sein, daß der Hund das tägliche Training als sein größtes Vergnügen betrachtet. Kommen Sie mit dem frei neben Ihnen laufenden Hund zum Dressurplatz, springt er von selbst mit einem Satz auf den Tisch. Er sollte sich dort aber nicht gleich hinlegen, sondern warten, was geschieht. Lassen Sie ihn einige Augenblicke stehen, nehmen Sie sich in aller Ruhe ein Bröckchen und sagen Sie dann unvermittelt: ,,Ablegen!" Dafür gibt es wie immer das Bröckchen. Aber er bleibt liegen, bis Sie ,,Auf" befohlen haben.

Dann kommt auch einmal nicht wie erwartet das ,,Ablegen", sondern vielleicht das ,,Gib Laut" oder das ,,Heran". Anschließend aber geht es wieder hinauf auf den Tisch, und es heißt wieder : ,,Ablegen!"

Die Lernsituation langsam verändern
An dieser Stelle möchte ich eine Pause machen, denn es ist ganz wichtig, daß das Ablegen wirklich gut sitzt, bevor Sie die Lernsituation ändern, bevor Sie den bewährten ,,Ablege"-Tisch also verlassen. Dehnen Sie während dieser Denkpause die Übung lieber über das unbedingt notwendige Maß hinaus aus.

Dann nehmen Sie den Hund einmal an die Leine und gehen mit ihm einige Schritte. Plötzlich kommandieren Sie: ,,Ablegen!" Das ist ein Test, der Aufschluß darüber geben soll, wie gut das Ablegen inzwischen mit dem Befehl verknüpft ist. Geht Ihr Hund schnell zu Boden, gibt es ein dickes Bröckchen; Sie können jetzt langsam weiterüben. Folgt er nicht, so daß Sie Zweifel haben müssen, ob das Kommando hinreichend verknüpft ist, müssen Sie zur Ausgangs-Lernsituation zurück. Sie können in diesem Fall nur *in kleinen Schritten* die Lernsituation verändern.

Das Prinzip der kleinen Schritte
Inzwischen besorgen Sie sich eine niedrige Holzpalette von etwa 15 bis 20 Zentimeter Höhe. Diese belegen Sie mit dem nämlichen Teppichstück, das Sie auf den ,,Ablege"-Tisch genagelt hatten. Sie entfernen den Tisch und stellen die Palette dorthin, wo der Tisch gestanden hatte. Statt auf den Tisch begibt sich der Hund jetzt auf die nun wesentlich niedrigere Palette. Er wird hier mit Sicherheit so reagieren wie zuvor.

Bleiben Sie einige Tage bei dieser Übung und trainieren Sie sie täglich und intensiv. Wenn der Hund zuverlässig heruntergeht, ändern Sie die Lernsituation erneut ein wenig: Sie verschieben die Palette, aber zuerst nur um 1 Meter, erst am nächsten Tag um 3 oder mehr Meter, bis sie schließlich aus dem Dressurplatz hinauswandert. Dann liegt sie wieder einmal am Dressurplatz. Aber am nächsten Tag findet der Hund dort nur noch den Teppichbelag.

Auf diesem wird er genauso zuverlässig den Befehl befolgen wie zuvor auf Tisch oder Palette, auf die Sie immer wieder zurückgreifen müssen, wenn Schwierigkeiten entstehen. Dann wandert der Teppich langsam aus dem Dressurplatz heraus. Wenn er dorthin zurückkehrt, dann nur deshalb, um hier, am gewohnten Platz, immer kleiner zu werden. Zum Schluß liegt nur noch ein Fetzen dort, der schließlich ganz verschwindet.

Dieses Beispiel, Sie können es beliebig variieren, soll zeigen, wie der Hund aus der ursprünglichen Lernsituation, die zum Initiieren und Konditionieren unverzichtbar ist, *schrittweise* herausgeführt werden muß. Denn das erwünschte Verhalten wird hier nicht nur mit dem Befehlslaut als solchem, sondern mit der gesamten Umgebung des Dressurplatzes verknüpft. Das ist im Anfang der Dressur durchaus erwünscht, um dem Hund das Herausfinden des erwünschten Verhaltens zu erleichtern. Jetzt aber muß der Hund sich hiervon befreien. Das erwünschte Verhalten soll *nur* mit dem Befehl verknüpft und motiviert werden.

Liegen *bleiben*

Bitte beachten Sie: Das Wort ,,Ablegen" ist nur das Kommando für das Sich-Hinlegen, nicht etwa auch für das Liegen-Bleiben. Das Kommando hierfür heißt ,,Bleib" und ist Gegenstand einer anderen Übung innerhalb der sogenannten Unterlassungsdressur (s. Seite 117). Wenn Sie wollen, daß der Hund sich hinlegt und liegen *bleibt*, kommandieren Sie: ,,Ablegen! Bleib!"

Wir haben es hierbei erstmals mit *gemischten* Leistungen zu tun. Dabei handelt es sich um mehrere ineinander übergehende Leistungen des Hundes, die sowohl aus mehreren Tätigkeitsleistungen bestehen können – dann spreche ich von ,,Leistungsabläufen" – als auch aus Tätigkeits- und Unterlassungsleistungen.

Pfötchen-Geben

Herankommen, Lautgeben, Ablegen, Sich-Setzen, ,,Bleib", Bei-Fuß-Gehen und Down, das sind die acht wichtigsten Grundübungen der Hundeerziehung, mit denen der Hund geführt wird. Auf sie muß in jedem Erziehungsplan besonderer Wert gelegt und sie müssen auch, soweit es sich um den Haushund handelt, intensiver geübt werden als alle anderen Übungen.

Aber sie bestimmen nicht die Reihenfolge der Übungen im Dressurplan. Denn der Hund soll ja nicht nur geführt werden. Wir wollen auch Spaß mit ihm haben, und er selbst soll Freude am Leben haben.

Neben den Grundübungen gibt es deshalb für den Haushund Übungen, die zwar zum Teil nur eine Spielerei sind, jedoch die Freude an und mit dem Hund erhöhen. Beim Gebrauchshund kommen noch die Dienstleistungen dazu, die Polizei, Zoll, Jäger, Schäfer, der Rettungsdienst und andere von ihm fordern und die deshalb vom ersten Tage an im Dressurplan eine besondere Rolle spielen. Denn hier gilt ganz besonders der pädagogische Grundsatz, daß früh sich übt, wer ein Meister werden will.

Das Pfötchen-Geben ist eine sehr schöne Übung für den Hund. Zugleich ist es, wie wir sehen werden, eine gute Vorübung für das Sich-Setzen.

Freude am Pfötchen-Geben

Das Pfötchen-Geben soll nach Trumler mit dem Zitzen-Treten des Welpen in den ersten Lebenstagen zusammenhängen und deshalb ein angeborenes Verhalten sein. Es sei deshalb auch leicht dressierbar. Ich kann diese These nur schwer nachvollziehen. Sicher ist, daß viele Hunde diese Übung mit erkennbarer Freude ausführen. Ich sehe darin jedoch eher das Ergebnis eines Lernprozesses: Es handelt sich um ein Verhalten des Hundes, das wir Menschen,vor allem die Kinder, besonders mögen. Es ist ja auch ein sehr ,,menschliches" Verhalten und wirkt, als ob dies wildfremde Wesen uns die Hand reichen wollte, um mit uns Gut-Freund zu sein. Deshalb ist unsere Reaktion immer ein freudiges Entzücken. Der Hund wiederum erfaßt dies sofort und registriert unser begeistertes Reagieren als besonderes Erfolgserlebnis, das er gerne wiederholt.

Erste Stufe: Initiieren

Entsprechend einfach ist das Pfötchen-Geben zu üben. Sie werden staunen, wie schnell, zuverlässig und unkompliziert die Dreistufendressur auch bei einer solchen Spielerei funktioniert:

Sie nehmen den Hund an einer bestimmten Stelle der Wohnung an die kurze Leine und befestigen die Schlaufe an einer Klinke oder einem Haken. Vielleicht setzen Sie den Hund dabei auf einen an der Wand stehenden Tisch. Diese ungewohnte Situation in luftiger Höhe wird ihn schnell dazu bringen, sich sicherheitshalber hinzusetzen. Sie warten auch so lange, bis dies geschieht. Dann nehmen Sie ein Bröckchen und halten es dem Hund eine Handbreit über dem Tisch vor.

Das ist die Lernsituation, in der der Hund seine Lerntechnik entfaltet. Er versucht, mit Hilfe der ihm angeborenen ,,Probiermethode" an das Häppchen heranzukommen. Vielleicht legt er sich erst einmal hin und versucht es mit dem Maul oder er bellt das Fleisch kräftig, aber mit Sicherheit erfolglos an. Dann aber, wenn Sie das Bröckchen tief genug halten, kommt auf einmal die Pfote vor. Sobald er versucht, mit einer Pfote nach dem Bröckchen zu greifen, nehmen Sie die Pfote in die Hand und geben ihm mit der anderen das Fleisch.

Im Anfang einer Übung muß das erwünschte Verhalten belobigt werden, wenn es sich nur im kleinsten Ansatz zeigt. Denn wir können nur schrittweise den erwünschten Bewegungsablauf in seiner Vollkommenheit erreichen. Der Hund bekommt das Bröckchen im Anfang also auch dann, wenn er aus dem Liegen oder

Stehen heraus die Pfote Richtung Bröckchen bewegt. Später gibt es das Bröckchen nur, wenn die Übung ganz korrekt ausgeführt wird.

Dazu gehört, daß der Hund beim Pfötchen-Geben ordnungsgemäß sitzt. Sie erreichen dies, indem Sie das Bröckchen etwas höher halten. Er weiß bereits, daß er mit der Pfote nach dem Bröckchen greifen muß. Das geht dann nicht mehr im Stehen. Er wird sich also setzen, und auch dieser Vorgang wird sofort belohnt.

Zweite Stufe: Konditionieren

Sehr bald hat der Hund erfaßt, daß er sich setzen, seine Pfote weit vorstrecken und in Ihre Hand legen muß, um das Bröckchen zu ergattern. Geben Sie ihm ruhig auf diese, wenn auch etwas umständliche Art und Weise einige Mahlzeiten, bis der ganze Vorgang für Sie und den Hund sichere Routine ist. Mit dieser einfachen Herbeiführungsmethode können nen Sie jetzt das Pfötchen-Geben und bald auch das Sich-Setzen, beides wichtige Grundübungen, problemlos und schnell konditionieren. Dazu warten Sie ab, bis der vor Ihnen auf dem Tisch sitzende Hund Ihnen seine Aufmerksamkeit zuwendet. Dann halten Sie ihm das Bröckchen vor und warten. *Sobald* er die Pfote hebt – und nicht vorher! –, um sie in Ihre Hand zu legen, sagen Sie: „Gib Pfötchen!", nehmen seine Pfote in die Hand und geben ihm mit der anderen das verdiente Bröckchen. Außerdem loben und liebeln Sie ihn. Beziehen Sie dann das Sich-Setzen in den erwarteten Bewegungsablauf ein; Sich-Setzen und

Pfötchen-Geben sollen ineinander übergehen.

Sie werden nun eine wichtige Erfahrung machen, die Sie auch bei anderen Übungen wiederholen können: Sie stellen fest, daß der Hund gar nicht wartet, bis Sie ihm das Bröckchen und Ihre offene Hand zeigen, geschweige, bis Sie „Gib-Pfötchen" sagen. Vielmehr kommt er ihnen mit seinem Pfötchen zuvor. Wie verhalten Sie sich? – Nun, im Anfang kommt alles darauf an, daß der Hund das erwünschte Verhalten immer wieder von sich aus zeigt und Ihnen damit Gelegenheit gibt, die Brücke der Verständigung zu schlagen, das heißt sein Verhalten mit Ihrem Befehl zu verknüpfen. Sie nutzen also sein voreiliges Entgegenkommen, denn beim Konditionieren ist es völlig egal, aus welchem Grunde der Hund das erwünschte Verhalten zeigt, solange er es freiwillig, von sich aus zeigt. Unbekümmert um seinen Eifer, wiederholen Sie immer wieder ihren Befehl und warten in diesem Fall mit dem Darreichen des Belobigungshappens sogar für kurze Zeit.

Das ändert sich allerdings, wenn der Hund „kapiert hat", was die Laute „Gib Pfötchen" bedeuten. Das ist der Fall, wenn Sie des öfteren bemerken, daß der Hund auf Ihren Befehl hin in der erwarteten Weise reagiert, ohne daß Sie dies durch das Vorhalten des Bröckchens oder durch Ausstrecken der Hand herbeigeführt hätten. Sie befinden sich dann schon an der Grenze zur dritten Stufe Ihrer Gib-Pfötchen-Dressur.

Dritte Stufe: Motivieren

In der dritten Stufe beachten und belohnen Sie nun das erwünschte Verhalten nur noch, wenn es ausschließlich auf Ihren Befehl hin ausgeführt wird und aus keinem anderen Grund. Sie sehen es gar nicht, wenn der Hund Ihnen von sich aus die Pfote reicht; so schön dies auch sein mag. Es geht hier nicht um Spiel, sondern um Dressur. Es geht darum, daß der Hund *Ihrem* Befehl folgt und Pfötchen gibt, wenn *Sie* es wollen. Und das muß nach einigem Üben natürlich nicht nur auf dem Dressurtisch, sondern überall klappen, selbstverständlich auch *ohne* Bröckchen. Das Bröckchen wird in dieser letzten Dressurstufe immer weniger zur Motivation seines Verhaltens, umso mehr der Hund selbst Freude daran findet, auf das quasi mit ihm „vereinbarte" Lautzeichen hin, Ihnen das Pfötchen zu geben, und dafür natürlich trotzdem gelobt und geliebelt wird.

Zeigen sich dennoch von Zeit zu Zeit Schwierigkeiten, geht es immer wie im Anfang zurück auf den Tisch. Und selbst dann, wenn es nie Probleme mit der Folgsamkeit gibt: das Pfötchen-Geben muß, wie jede andere durchdressierte Übung auch, häufig im Alltag wiederholt werden, damit die entstandenen Verknüpfungen sich immer mehr verfestigen.

„Sitz"

Eine der einfachsten Übungen ist das „Sitz". Das Sich-Setzen ist für den Hund eine alltägliche Bewegung des Ausruhens. Das ganze Gewicht des Körpers verlagert sich hierbei auf das Hinterteil; die sonst stark strapazierten Läufe werden nahezu vollständig entlastet.

Bei den Hundefachleuten gilt daher die Regel: Wenn der Hund sich an der Leine befindet *und* sich nicht fortbewegt, soll er sich von sich aus, also ohne ein besonderes Kommando, hinsetzen. Das gilt z. B. beim Spaziergang: Der Hund geht angeleint neben Ihnen; Sie treffen einen Bekannten und bleiben stehen. Sogleich setzt sich der wohlerzogene Hund. Oder Sie gehen in ein Geschäft; er muß draußen bleiben. Sie werfen die Schleife der Leine über den dafür vorgesehenen Haken. Der Hund setzt sich. Oder Sie rufen Ihn, weil er gefährlich mit Lausi flirtet, heran. In diesem Fall, wie auch sonst *immer*, wenn er auf Ihren Ruf zu Ihnen gekommen ist, setzt er sich, um angeleint zu werden. Ähnlich geht es zu beim Bringen. Der Hund hat das Apportl, ein Bringholz z. B., im Fang und bringt es Ihnen. Sie nehmen es aber erst dann und *nur* dann, wenn er es Ihnen *sitzend* zur Übergabe anbietet. Dann heben Sie den Zeigefinger, mahnen: ,,So brav!'' und nehmen es ihm mit dem Kommando ,,Aus'' ab.

Erste Stufe: Initiieren

Die Erziehung zum ,,Sitz'' entspricht ziemlich genau der zum Pfötchen-Geben. Dieses ist auch eine gute Vorübung, denn der Hund muß be-kanntlich sitzen, wenn er das Pfötchen gibt. Üben Sie das ,,Sitz'' im Anschluß hieran, müssen Sie strikt darauf achten, daß nur das Sich-Setzen belobigt wird; das Pfötchen ignorieren Sie.

Aus diesem Grunde ist es besser, den Dressurplatz zu wechseln. Der Hund wird an einem Wandhaken angeleint, und Sie warten, was geschieht. Sie dürfen den Hund auf keinen Fall in irgendeiner Form berühren oder anfassen. Es unterbleibt auch der berühmte Druck auf die Kruppe. Der Hund muß das erwünschte Verhalten *selbst* herausfinden. Und das geht sehr schnell. Denn zu bald wird ihm das Stehen langweilig, und er setzt sich hin. Schwups, schon hat er das erste Bröckchen. Es dauert 2 bis 3 Tage, und er sitzt schneller, als Sie gedacht haben.

Zweite Stufe: Konditionieren

Bevor wir die zweite Stufe der Sitzdressur in Angriff nehmen können, müssen wir weitere theoretische Grundlagen besprechen.

Parallelbefehle

Der Erzieher hat die Möglichkeit, ein und dasselbe Verhalten von verschiedenen Befehlen abhängig zu machen, die jeweils unabhängig voneinander das erwünschte Verhalten auslösen. Ein Beispiel hierfür haben wir bereits beim Herankommen kennengelernt: Sowohl das Befehlswort ,,Heran'' als auch der Heranpfiff sind für den Hund unabhängig voneinander das Kommando für das Zum-Herrn-Laufen. Parallelbefehle dieser Art sollen unterschiedliche Entfernungen überbrücken und verschiedene Wahrnehmungsorgane ansprechen und auf diese Weise die assoziative Wirkung verstärken.

Aus dem letztgenannten Grunde wendet man auch beim „Sitz" Parallelbefehle an: das Wort „Sitz" und der bei angewinkeltem Arm mahnend erhobene Zeigefinger.

Beim Konditionieren können Sie mit einem der beiden Parallelbefehle beginnen und die Befehlsfunktion dann auf dem Wege des Impulswechsels (s. Seite 52) auf den Parallelimpuls übertragen. Sie können aber auch von Anfang an beide Impulse üben. Je mehr der Zeigefinger für sich allein wirkt, um so leiser wird das „Sitz". Es soll zum Schluß nur noch ein fast unhörbares „Tz" sein.

Situationsimpulse

Schließlich aber soll der Hund sich *ohne Befehl* setzen, wenn Sie beim Spaziergang mit ihm an der Leine aus irgendeinem Grund stehenbleiben. Die Frage ist, welcher Impuls das Verhalten des Hundes in einem solchen Falle steuert und auslöst.

Die Antwort heißt: Der Hund folgt einem Situationsimpuls. Er kann nicht nur die Wahrnehmungen einzelner Sinnesorgane, der Ohren, der Augen, der Nase, mit bestimmten Handlungen verknüpfen, die er dann ausführt, er ist auch in der Lage, eine bestimmte Situation, in der er sich befindet, mit verschiedenen Sinnen wahrzunehmen und mit seinem Verhalten zu verknüpfen. Einen solchen Situationsimpuls habe ich schon im Zusammenhang mit der Gib-Laut-Dressur erwähnt. Hierbei lernt der Hund, sich vor der geschlossenen Tür zu melden, um in den Garten zu kommen (s. Seite 64). Auch das Sichsetzen beim unterbrochenen Spaziergang wird mehr durch die hier sich ergebende Gesamtsituation ausgelöst als durch die pure Wahrnehmung, daß der Hundeführer stehenbleibt. Allerdings verlangen solche Situationsimpulse besonders hohe Gedächtnisleistungen vom Hund und eine hohe Intelligenz.

Dritte Stufe: Motivieren

Auch für eine einfache Übung wie das Sich-Setzen muß der Hund gründlich motiviert werden. Zwar bieten sich im Alltag viele Gelegenheiten, das „Sitz" zu üben und zu wiederholen. Doch genügt das nicht. Das „Sitz" gehört zu den Grundübungen zur Beherrschung des Hundes und gehört als solche auch auf den täglichen Stundenplan der formalen Erziehungsübungen. Allerdings brauchen Sie dafür nur noch gelegentlich ein Bröckchen zu opfern; ein liebevolles Streicheln des Kopfes, der beim Sich-Setzen ja hoch erhoben bleibt, tut es durchaus auch.

Männchen-Machen

Wenn Sie die bisherigen Übungen, vor allem des Herankommen und Lautgeben und das Pfötchen-Geben zusammen mit dem Lesen dieses Buches und nach dessen Anleitung dressiert haben, brauche ich ihnen über das Männchen-Machen eigentlich nicht viel zu sagen. Denn es gelten hier die gleichen Regeln der Dreistufendressur wie bei allen anderen Tätigkeitsleistungen. Auch ist das Männchen-Machen nicht unbedingt wichtig. Es ist aber eine Freude für den Hund und auch für Sie, vor allem jedoch für Ihre Kinder, die den Hund mühelos zum Männchen-Machen bringen können. Vielleicht sollten Sie sogar diese kleine Übung den Kindern, möglicherweise in deren Eigenschaft als Hundebesitzer, ganz übertragen. Sie sollten dazu das Methodische natürlich eingehend mit ihnen besprechen und auf eine saubere und korrekte Einhaltung der Dreistufendressur achten. Das Kind wird auf diese Weise frühzeitig mit der natürlichen Lerntechnik des Hundes vertraut und wird die ihr entsprechende Dreistufendressur später intuitiv und unbewußt richtig anwenden. Denken Sie daran, daß zwischen Erzieher und Hund ein besonderes Respekt- und Vertrauensverhältnis entsteht (s. Seite 39) und daß es wichtig ist, daß alle Mitglieder der Familie in diese Rolle hineinwachsen.

Die Dressurmethode ist die gleiche wie beim Pfötchen-Geben. Nur bleiben Sie mit dem Hund auf dem Boden, setzen ihn also nicht auf einen Tisch. Auch dieser Aspekt ist „kinderfreundlich". Im Anfang muß der Hund möglichst kurz und hinreichend hoch an einer Wand angeleint werden, damit er beim Zurückweichen und dem damit verbundenen Versuch, an das Bröckchen heranzukommen, bald durch die Wand gebremst wird. Es liegt dann für ihn sehr nahe, sich bei erhobenen Vorderpfoten ganz auf die Hinterläufe, noch genauer, auf das Hinterteil zu setzen und so zu verharren. Er soll beim Männchen-Machen also nicht auf den Hinterpfoten *stehen*. Nach schrittweiser Annäherung gibt es schließlich nur für dieses ganz korrekte Verhalten das ersehnte Bröckchen.

„Tanz"

Das „Tanz" ist eine Variante des Männchen-Machens und ebenso leicht zu üben. Nur setzt der Hund sich bei dieser Übung nicht auf die Hinterläufe, sondern steht und geht auf den Hinterpfoten wie ein Tanz-bär. Auch diese Übung ist eine groß-artige Dressuraufgabe für Kinder. Sie können den Hund durch ge-schicktes Führen mit der Hand – im Anfang mit Bröckchen – durchaus dazu bringen, daß er sich im Kreise dreht, mit den Vorderpfoten rudert oder, aber das ist dann ,,Hohe Schu-le", kurzzeitig nur auf einer Pfote steht.

Bitte argwöhnen Sie nicht, dies (und anderes) sei aus der Sicht des Hun-des ein unnatürliches Verhalten, das man ihm nicht beibringen sollte. Dieser Standpunkt ist eine besonde-re Variante jenes Fehlers, den wir häufig den Tieren, vor allem aber dem Hund gegenüber begehen, nämlich daß wir sie vermenschli-chen, sozusagen wie Menschen se-hen. Ein Verhalten, das der Hund durch positive Erziehung, also ohne jeden Zwang erlernt und von sich aus im eigenen Interesse ausführt, kann niemals ,,unnatürlich" sein. Dabei ist zu bedenken, daß beim Hund als Haustier viele Verhaltens-weisen des Wildtieres, wie z. B. das Beutejagdverhalten, wegfallen. Der Haushund braucht sich ja nicht um sein Futter zu kümmern; dieses wird ihm vom Menschen serviert. Auch ein Tier ist aber nur dann mit seinem Dasein im Einklang, wenn es Be-schäftigung findet und dabei viele ,,Erfolgserlebnisse" hat. Je mehr Leistungen der Hund folglich be-herrscht, je mehr er sich bestätigt, um so positiver ist sein Lebensge-fühl. Und das umfaßt die *gesamte* Skala der Verhaltensformen, zu de-

nen er fähig ist. Ob sie bereits das Wildtier ausführte oder nicht, ist dabei ohne Belang. Es gibt sogar widernatürliche Leistungen, die der dressierte Hund brav und engagiert ausführt. Ein Beispiel für viele ist der hungrige Jagdhund, der einen fetten Hasen aus weiter Entfernung apportiert, ohne sich daran gütlich zu tun.

Das ,,Tanz" wird aus dem Männ-chen-Machen heraus entwickelt. Der Erzieher läßt den Hund unangeleint Männchen-Machen, hält dabei aber das Bröckchen so hoch, daß der Hund es nur auf den Hinterpfoten stehend erreichen kann. Wenn das wiederholt klappt und folglich auf diese Weise sicher herbeigeführt werden kann, beginnen Sie mit dem Kommandieren. Sie sagen immer wieder: ,,Komm hoch! Tanz! Komm hoch! Tanz!"

Zwischendurch müssen Sie aber wei-ter fleißig das Männchen-Machen üben, damit der Hund beide Verhal-tensweisen zu unterscheiden lernt und mit dem jeweils richtigen Kom-mandolaut verknüpft. Deshalb ist es in der ersten Zeit durchaus richtig, das ,,Tanz" immer aus dem ,,Mach-Männchen" heraus zu entwickeln.

,,Voran"/,,Lauf voran"/ ,,Such voran"

Zur Verständigung mit Ihrem Hund gehört es, daß Sie ihn sicher heran-rufen können. Sie benötigen aber ebenso einen Befehl für die umge-kehrte Situation, daß Sie ihn nämlich veranlassen wollen, loszulaufen und

sich vor Ihnen zu bewegen, das Gelände um Sie abzusuchen oder eine von Ihrem Standort ausgehende Spur aufzunehmen und ihr zu folgen. Das Kommando hierzu heißt „Voran", „Lauf voran" oder „Such voran", jeweils unterstützt durch einen ausgestreckten Arm, der die Richtung anzeigt, in die der Hund laufen soll. Sie können auch, wenn sich der Hund nicht von Ihnen trennen will, einige Schritte mit ihm laufen und dadurch seinen Lauftrieb anregen.

Oder Sie postieren Frauchen, mit Bröckchen winkend und rufend, 20 Meter weiter im Gelände.

Sofern der Hund das „Heran" inzwischen sicher befolgt, können Sie die freie Suche jederzeit abbrechen und verhindern, daß der Hund sich plötzlich Ihrem Machtbereich entzieht. Besteht aber diese Gefahr (und sie wächst, je stärker der Jagdtrieb Ihres Hundes ausgeprägt ist), gibt es nur ein Mittel: die flexible Leine. Dieses Gerät, das in jedem Tiergeschäft erhältlich ist, bietet die ideale Möglichkeit, auch dem passionierten Hetzer Gelegenheit zur Suche zu geben, ihn aber sicher in der Hand zu halten.

Die Skizze zeigt, wie Sie vorgehen müssen: Sie suchen sich eine breite Wiese aus, und arbeiten mit dem Hund gegen den Wind. Auf „Voran" zeigen Sie mit dem rechten Arm nach rechts und laufen nach rechts. Die linke Hand hält den Handgriff der Leine. Bevor die Leine abgelaufen ist, schwenken Sie in Geradeaus-Richtung, rufen den Hund mit „Hier", nehmen die Leine in die rechte Hand, damit Sie so den vollen Spielraum nutzen können und veranlassen den Hund zur Wende. Im selben Augenblick wenden Sie selbst

nach links, zeigen dem Hund mit dem linken Arm die neue Richtung und fordern ihn mit einem ermunternden „So brav! Lauf voran!" auf, den gleichen Bogen nach links zu schlagen. Auf diese Weise können Sie bei einer 10 Meter langen flexiblen Leine eine Schneise von mindestens 30 Meter Breite schnell absuchen.

Stoßen Sie bei dieser Suche auf Wild, sollte der Jagdhund dies durch sein Verhalten verraten. Er sollte dazu gebracht werden, vorzustehen. Sie pfeifen deshalb in jedem Fall sofort „Down", egal, ob Sie oder der Hund das Wild zuerst bemerkt haben. Dann verkürzen Sie Ihren Abstand vom Hund und die Länge der Leine auf wenige Meter, kom-

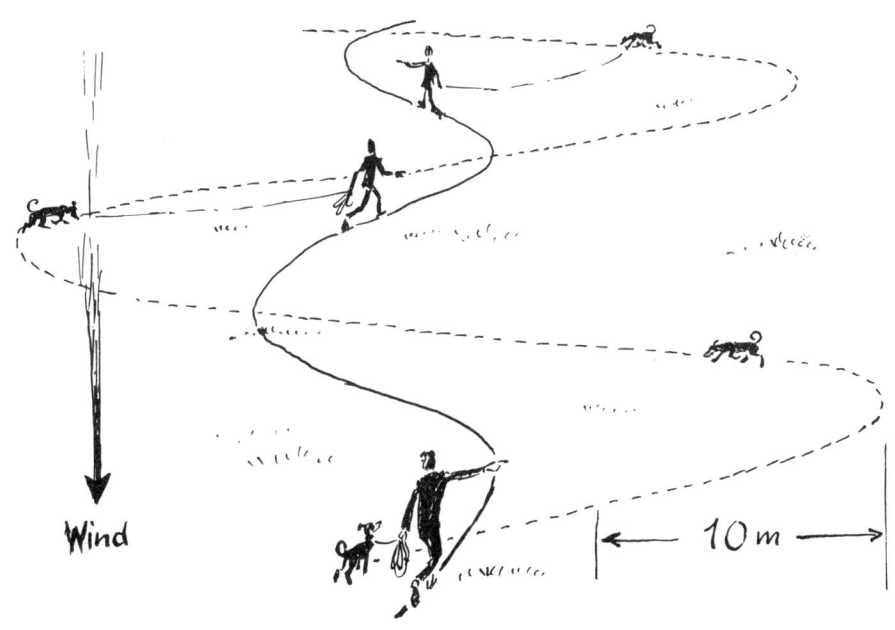

mandieren energisch, aber leise: „Bleib! Steh!" und warten. Verharren Sie mehrere Minuten, lasssen Sie den Hund ablegen und treten Sie dann selbst das Wild heraus. Während es abstreicht (Federwild) oder aus der Sasse fährt (Hasen), soll der Hund fest liegen.

Natürlich steht der Haushund nicht vor. Aber auch er wird vor ihm sich drückendes Wild durch sein Verhalten anzeigen. Sie sollten daher mit ihm ähnlich verfahren.

„Geh an deinen Platz"

Für den Wohnungshund besonders, aber auch für den Zwingerhund ist es wichtig, daß er im Hause einen festen Platz hat, an dem er sich normalerweise aufhält. Gewiß soll sich der mit dem Menschen zusammenlebende Hund im Hause frei bewegen können, wobei allerdings bestimmte Räume grundsätzlich tabu sind (s. Seite 128). Seine Bewegungsfreiheit muß aber darüber hinaus auch dadurch eingeschränkt sein, daß er in bestimmten Fällen an seinem Platz zu sein hat und sonst nirgends.

„Sein Platz" muß zentral sein, damit er von ihm aus das familiäre Geschehen beobachten kann. Er muß trotzdem außerhalb der innerhäuslichen „Verkehrswege" liegen, damit der Hund auch einmal ungestört bleiben und hier ruhen kann. Er muß schließlich leicht zu reinigen sein; denn der Hund soll sich an seinem Platz nach einem Spaziergang erst einmal niedertun, damit er sich putzen und aushecheln kann. Bekannt-

lich schwitzt er nicht durch die Haut wie wir, sondern gibt aufgestaute Wärme durch sein Hecheln über die Zunge und den Rachenraum ab.

An „seinem Platz" soll der Hund auch grundsätzlich sein, sitzend oder stehend, am besten liegend, wenn und solange Besucher im Hause sind. Es ist schrecklich, wenn der Hund permanent an den Gästen herumschnüffelt und leckt oder an ihnen oder ihren Sesseln hochsteigt oder gar bettelt. Manche machen sogar rittlings auf duldsamen Besucherbeinen unverkennbare Ehestandsübungen. Das alles macht wirklich nicht den besten Eindruck auf die Gäste. Und die Rotweingläser aus Bleikristall sind allemal in Gefahr – ohne Rücksicht auf den köstlichen Inhalt – heruntergewedelt zu werden.

Erste Stufe: Initiieren

Initiieren durch bereits bekannte Befehle

Die Erziehung zu dieser Übung ist einfach, wenn und weil der Hund das „Voran" und das „Ablegen" beherrscht. Die Lernsituation ist schnell umrissen: Sie haben sich für „seinen Platz" entschieden, haben eine waschbare Decke hingelegt, und Sie haben eine Möglichkeit geschaffen, wie Sie den Hund hier an einem Wandhaken oder einem Möbelbein anleinen können. Ein Helfer, Ihr Mann oder Ihre Frau, wartet in der Nähe dieses Platzes, wie immer mit reichlich Bröckchen versehen. Sie selbst gehen mit dem Hund auf einige Schritte heran und streicheln ihn liebevoll. Jetzt ruft der jeweilige Helfer: ,,Komm! Asta, komm, komm!'' und winkt mit einem Bröckchen. Sie selbst unterstützen das erwartete Verhalten, indem Sie, sobald er auf seinen Platz läuft, hinter ihm herrufen: ,,So recht! Lauf voran!'' Ist der Hund an seinem Platz angekommen, sagen Sie: ,,Brav ist der Hund! Ablegen!'' Und jetzt, wenn er korrekt auf seinem Platz liegt, gibt der Helfer ihm das verdiente Bröckchen.

Wir haben hier also ein weiteres Beispiel für das in der Hundeerziehung so wichtige Grundprinzip des Impulswechsels. Die Brücke der Verständigung ist in diesem Fall deshalb so leicht zu schlagen, weil Erzieher und Hund *bereits vorhandene Verständigungsmöglichkeiten* nutzen können, um eine neue Möglichkeit der Verständigung zu erschließen. Die dem Hund bekannten Kommandos ,,Komm'', ,,Voran'' und ,,Ablegen'' werden benutzt, um das neue Kommando ,,Geh an deinen Platz'' zu erlernen.

Zweite Stufe: Konditionieren

Entsprechend unproblematisch ist alles folgende: Sobald der geschilderte Ablauf nach einigen Proben – mehr ist in der ersten Stufe bei dieser Übung nicht vonnöten – zügig vonstatten geht, sagen Sie nur kurz: ,,Voran!'', dann aber mehrmals und nachdrücklicher: ,,Geh an deinen Platz!'' Auch der Helfer ruft nur noch anfänglich den Hund mit ,,Na

komm'' heran. Dann läßt er den Hund allein agieren und belobigt ihn mit einem Bröckchen, sobald er an seinem Platz ist, später nur dann, wenn er sich dort brav niedergetan hat. Schließlich zieht er sich ganz zurück, deponiert aber zuvor am Lagerplatz ein Bröckchen. Auf diese Weise werden die Schwierigkeiten nach und nach erhöht, bis der Hund von jedem Familienmitglied und von jeder Stelle des Hauses aus zuverlässig an ,,seinen Platz'' geschickt werden kann.

Soll er dort auch liegen *bleiben*, kommt, wie beim Ablegen (s. Seite 70), das Kommando ,,Bleib'' hinzu. In der ersten Zeit wird der Hund in diesem Fall nach dem Kommando grundsätzlich an seinem Platz mit einem dünnen Kettchen angeleint.

Leinenführigkeit / Bei-Fuß-Gehen

Es soll in diesem Kapitel nicht darum gehen, den jungen Hund an die Leine zu gewöhnen. Das Angebundensein an eine Leine gehört zu den unabdingbaren Lebenselementen eines Tieres, das in so enger Gemeinschaft mit dem Menschen lebt. Der Hund muß daher vom ersten Tage an, also bereits mit 6 bis 8 Wochen, an die Leine. Wie dies auf einfache Art und Weise vor sich geht, wurde zu Beginn dieses Buches bereits beschrieben (s. Seite 20).

Sollte dies aus irgendeinem Grunde versäumt worden sein, wäre es auch jetzt, vielleicht nach Monaten mißverstandener Freiheit, ein verhängnisvoller Fehler, den Hund mit Gewalt an die Leine zu zwingen. Ich habe hierbei schon die zermürbendsten Zweikämpfe erlebt. Vielmehr müssen Sie, wie vorne dargestellt, jetzt beginnen; es bleibt nichts anderes übrig. Der Hund muß also hungern, einen ganzen Tag, bis er nichts mehr kennt als sein Futter. Im für ihn nun schönsten Augenblick, wenn er sich gerade darauf stürzt, legen Sie ihm das Halsband an. Sie halten während des Fressens die Leine straff, so daß er sie spürt, sie ihn aber nicht behindert. Nach dem Fressen schnallen Sie ihn. Er soll die Lust des Fressens auf das Angeleintsein übertragen.

Ähnlich verfahren Sie beim Spazierengehen. Vor dem Spaziergang kommt er *im Haus* an die Leine. Draußen darf er freilaufen, bis die Abneigung gegen die Leine überwunden ist.

Leinenführigkeit bedeutet also nicht, daß der Hund an die Leine gewöhnt ist; das ist selbstverständlich. Leinenführigkeit heißt, daß der Hund *richtig* an Leine geht, daß er in Kniehöhe links neben seinem Herrn bleibt und nicht nach vorne prescht, daß er vor allem nicht an der Leine zieht, daß die Leine sich nicht verheddert, daß er auf das Kommando ,,Bei Fuß" und – als Parallelbefehl – auf einen leichten Ruck an der Leine sofort in die Ausgangsstellung links neben dem Führer zurückwechselt.

Erste Stufe: Initiieren

Sie benötigen eine Plastiktüte mit duftenden Bröckchen, duftend, damit der Hund sie gut riechen kann. Sie gehen mit ihm auf eine frische Wiese, auf der Sie nach allen Seiten geradeaus und im Kreis gehen können. Der weiche Boden sollte mit dem Grasbewuchs ein Polster bilden, denn es kann beim Üben der Leinenführigkeit passieren, daß Sie dem Hund auf die Pfoten treten. Auch Ihr Schuhwerk sollten Sie dieser Eventualität anpassen.

Der Hund kommt an die kurze Leine, die Sie mit der rechten Hand halten. Sie nehmen ein Bröckchen in die linke Hand, halten den Handrücken nach vorn und lassen den Arm locker herunterhängen. Jetzt gehen Sie los. Der Hund bleibt auf jeden Fall an Ihrer linken Seite, wird aber meist nach vorne oder nach der Seite ziehen. Sobald hierbei sein Kopf vor Ihren Knien sichtbar wird, wenden Sie nach links und schneiden so seinen Weg. Dabei kann das vorhin erwähnte Unglück passieren, aber nicht oft. Der Hund ist ein Meister im Erfassen von Bewegungen und Bewegungsabläufen. Er merkt sehr schnell, wenn Sie wieder zu einer Linkswendung ansetzen, und fährt blitzartig zurück. Hier findet er in Ihrer Hand das Bröckchen und schnuppert daran. Sie gehen einige Schritte weiter, bei denen er brav hinter Ihrer Hand bleiben muß, und geben ihm dann beim Gehen das Bröckchen in den Fang.

Zweite Stufe: Konditionieren

Sehr schnell merkt der Hund auf diese Weise, daß es an der Leine für ihn nur einen Platz gibt, an dem er sicher und ungefährdet gehen und außerdem sein Bröckchen genießen kann: Das ist der Bei-Fuß-Platz links neben dem Herrn, Augen des Hundes in Kniehöhe des Herrn. *Während* er hier brav neben Ihnen geht und auf die Belobigung wartet, sagen Sie: ,,Bei Fuß!'' Wiederholen Sie dieses Kommando zehn- bis zwanzigmal, bevor er schließlich das Bröckchen bekommt.

Wenn das sicher funktioniert, wagen Sie den nächsten Schritt: Sie nehmen den Hund an eine längere Leine, am besten an die flexible, gehen einige Schritte und kommandieren: ,,Voran!'' Sie lassen den Hund ein paar Sekunden vor Ihnen schnüffeln und sagen dann: ,,Heran! Bei Fuß!'' Dabei rucken Sie zweimal kurz an der Leine. Da der Hund den Heranbefehl beherrscht, wird er schnell zu Ihnen kommen. Sie lenken dabei Ihre eigenen Schritte so, daß der Hund wie von selbst an Ihre linke Seite kommt, wo das Bröckchen in Ihrer Hand bereits winkt. Die Auslösefunktion des Heranbefehls wird also auf den Wortbefehl ,,Bei Fuß'' und auf das zweimalige Rucken an der Leine als Parallelbefehl auf dem Wege des Impulswechsels übertragen. Sie dürfen aber auf keinen Fall den Hund an der Leine heranziehen.

Dritte Stufe: Motivieren

Motivieren heißt natürlich zugleich üben, üben, üben. Nur Übung macht den Meister – auch bei den Hunden. Motivieren heißt verstärken, heißt, mit dem erwünschten Verhalten so starke Gefühle zu verknüpfen, daß der Befehl auch zuverlässig ausgeführt wird. Motivieren heißt auch verleiten, den Schwierigkeits- und Zuverlässigkeitsgrad einer Leistung zu erhöhen. Der durch den Befehl gewärtig gewordene Handlungseinfall muß *trotz* der Verleitung zuverlässig ausgeführt werden.

Motivieren heißt schließlich variieren. Der Befehl muß *immer*, in jeder Situation und Umgebung, befolgt werden.

Das Variieren kann dann unvermittelt zu einer neuen Leistung führen. Das ist hier beim Üben der Leinenführigkeit der Fall. Wenn ein Liebespaar Arm in Arm auf einen Laternenpfahl zusteuert, müssen sich beide entscheiden, ob sie links oder rechts vorbeigehen wollen. Für den angeleinten Hund gibt es diese Entscheidungsmöglichkeit nicht; er *muß* an der Seite passieren, für die sich sein Herr entschieden hat.

Bei jedem Hund, den ich erzogen habe, staunte ich immer wieder darüber, wie schnell ein so kleiner Kerl diese Aufgabe kapiert. Geübt wird in einem lichten Wald mit vielen gut armdicken Bäumen. Sie halten den Hund im Anfang an der kurzen Leine, später an einer 3 bis 5 Meter langen (flexiblen) Leine. Nähern Sie sich einem Baum, sagen Sie kurz: ,,Bei Fuß!'' und rucken zweimal kurz an der Leine. Es passiert Ihnen aber nur einige Male, daß der Hund am Baum hängen bleibt, was Sie natürlich provoziert haben. Bald flitzt er, sobald er merkt, daß die

Leine sich zwischen Ihnen und ihm spannt, wie der Blitz heran und huscht an Ihre Seite. Nicht lange, und Sie können sich jedes Kommando sparen. Der Hund hat es erfaßt: Nur dicht am Fuß des Führers geht es weiter. Auch dies ist ein Beispiel für den Situationsimpuls (s. Seite 75).

Spiel mit der Angel

Ein wahres Vergnügen für Mensch und Hund

Eines der größten Vergnügen für Mensch und Hund – ich bin geneigt zu sagen, ein wahres Gaudi –, zugleich aber eine der effektvollsten Übungen ist das Spiel mit der Angel. Viele wichtige Dressuren lassen sich mit ihm vorbereiten und üben: Das Stehen oder Vorstehen, das „Such voran" oder „Lauf voran" das Bringen, Schwimmen und Springen, sie alle können aus dem Spiel mit der Angel heraus entwickelt und gelehrt werden.

Vor allen Dingen aber befriedigt das Spiel mit der Angel einen der stärksten Triebe des Hundes, der in unserer Großstadthunde-Gesellschaft leider häufig zu kurz kommt, nämlich den Lauftrieb. Der Hund ist von Natur aus ein Lauftier. Er fing in der Wildhundmeute seine Beute nicht durch den Sprint, die kurze Hetze, auch nicht oder nur selten durch Anschleichen und Einspringen, sondern überwiegend durch beharrliches, ausdauerndes Folgen der Fährte kranker oder schwacher Tiere, also durch Laufen, Laufen, Laufen. So wie man die Fliege „Fliege" nennt, müßte man den Hund eigentlich „Laufe" nennen.

Die Angel

In der Stadt kann das enorme Bewegungsbedürfnis eines Hundes in vielen Fällen nur befriedigt werden, wenn Frauchen und Herrchen sich Fahrräder oder eine Hundeangel zulegen. Letzteres ist einfacher. Man bindet an einen etwa 2 ½ Meter langen Bambusstab oder an eine richtige (billige) Angel eine etwa 3 ½ Meter lange feste, nicht zu dünne Schnur und befestigt an deren Ende den „Köder", den künstlichen Hasen, ein zu einer Rolle von 15 bis 20 Zentimeter Länge gewickeltes Kaninchenfell oder ein entsprechendes Imitat. Was folgt, funktioniert nicht bei allen Hunden, aber bei neun von zehn (es gibt ja auch einige, wenn auch nur wenige Hunde, die nicht gerne laufen): Nur im Anfang müssen Sie den Köderhasen an der Angel ein paarmal vor ihm herhoppeln lassen, um ihm klarzumachen, wie herrlich sich dieses Hundefabelwesen hetzen läßt. Dann hat er erfaßt, daß es etwas zu erjagen gibt, und stürzt sich wie wild in das Vergnügen.

Vor den Erfolg haben die Götter den Fleiß gesetzt!

Wie toll rast und springt der Hund hinter dem Köder her, den Sie 20 Zentimeter über dem Boden, im Kreise herumfliegen lassen, und das immer so, daß der Hund ihn *fast*, aber eben nicht ganz fassen kann. Dabei berührt der Köder bisweilen den Boden und hoppelt auf diese Weise wie ein richtiger Hase. Natürlich müssen Sie ihm die Jagd so spannend und wild wie möglich machen. Sie legen Pausen ein, damit er nicht zu sehr ermüdet, und Sie werden sehen, wie er regungslos wenige Meter vor dem „Hasen" verhofft, wie ein richtiger Vorstehhund. Nicht zu lange geben Sie Ruhe, dann geht die Jagd wieder los. Sie können den Laufkreis vergrößern oder in die Länge ziehen, wenn Sie selbst neben dem Köder mitlaufen. Auch ändern Sie ständig die Drehrichtung, damit Muskeln und Knochen, aber auch der Drehsinn gleichmäßig belastet werden. Gerade diese Richtungsänderungen aber machen zugleich den meisten Spaß, weil der Hund gewöhnlich weit über den Drehradius des Köders hinausläuft.

Dann liegt der Köderhase plötzlich versteckt in höherem Gras. Der Hund wittert ihn nur und schleicht sich heran, langsam, ganz langsam, jede Pfote vorsichtig aufsetzend, als wolle die Beute jeden Moment entfliehen. Dort liegt sie, kurz vor dem Hund. Sie zuckt, zuckt noch einmal. Jedesmal zuckt auch der Hund zusammen und möchte einspringen; aber er wartet noch. Er will sicher gehen. Dann endlich springt er ein – vergebens! Der ,,Hase" ist schneller, er ist längst auf und davon. Und wieder beginnt die wilde Jagd.

Näher, immer näher kommt der Hund heran. Ein paarmal schon schnappte er siegessicher zu. Jetzt hat er ihn – nein, im letzten Moment ist er wieder entwischt. Beim nächsten Versuch zum Fassen schlägt der ,,Hase" im letzten Augenblick einen Haken. Dreimal überschlägt sich der ihm dicht folgende Hund. Aber er ist schon wieder heran – und endlich hat er ihn; er hat ihn fest zwischen den Vorderpfoten und läßt nicht mehr locker. Das erste große Erfolgserlebnis ist da. Stolz blickt er zu Herrchen und will sagen: ,,Schau, hier habe ich den Burschen!" Doch Herrchen, der hinterlistige Lenker mit der Angel, hat die kleine Unaufmerksamkeit des Hundes genutzt – und schon ist der ,,Hase" wieder weg. Die Hatz beginnt von neuem. Ich staune immer wieder, mit welcher Ausdauer der Hund dieses Spiel Tag um Tag und Jahr um Jahr mit sich treiben läßt, ohne je die Lust daran zu verlieren.

Aber mit solchen Gedanken beginnt die Vermenschlichung. – Meine Angel steht draußen griffbereit am Geräteschuppen. Ich brauche nur hinzusehen, und mein Hund spielt verrückt. Er läßt mir keine Ruhe, bis ich sie hole und den lustigen Köder im Kreise fliegen lasse. Offensichtlich ist es eben nicht nur die Lust an der Hetze, die Freude am lustigen

Spiel, das langweilig werden könnte, sondern das Verlangen nach Bewegung, das hinter dem Köder sichtbar wird und sich hier immer wieder austoben kann. Es ist unwichtig, daß er nur Kunst, nur Attrappe ist. In der Tat: die Angel ist eine wahre Freude für Mensch und Hund.

Apportieren/Bringen

Betätigung des Riechvermögens

Nicht nur das Spiel mit der Angel, auch das Apportieren, das Heranbringen versteckt liegender, mit Witterung behafteter Gegenstände, ist für den Hund eine ideale, artgerechte Beschäftigung und für die Entfaltung seiner Anlagen fast eine Notwendigkeit. Allerdings ist es nicht oder nur wenig der Lauftrieb, der hierbei Betätigung und Befriedigung findet, sondern das Riechvermögen, das in seinen Dimensionen das Laufvermögen noch weit übertrifft. Zu welchen unglaublichen Riechleistungen der Hund fähig ist, werde ich in einem späteren Kapitel darstellen (s. Seite 100). Wer solche Fähigkeiten besitzt, muß sie auch nutzen, damit sie nicht verkümmern. Wir können den Hund zum Einsatz seines Geruchssinns veranlassen, indem wir ihn zum Folgen einer Fährte oder zum Suchen und Bringen ,,verlorener'' Gegenstände ermuntern. Das letztere ist einfacher zu bewerkstelligen, für den Erzieher spannender und für den Hund auch mit dem Folgen einer Fährte verbunden. Das erfolgreiche Apportieren ist außerdem für den Hund ein häufig wiederholbares Erfolgserlebnis, da es wenig Vorbereitungen erfordert. Für den Haushund ist das Apportieren daher eine der schönsten und wichtigsten Beschäftigungen.

Zwangsapport

Zugleich ist das Apportieren ein klassisches Beispiel für die Überlegenheit der positiven Dreistufendressur. Gerade für die unbelehrbare Gilde der Zwangsabrichter ist das Apportieren diejenige Übung, die nur unter ,,eisernem Zwang'' zuverlässig dressiert werden kann. Das geht so weit, daß bedeutende zeitgenössische Verfechter der Zwangsdressur die Leistung des Hundes zurückweisen und ablehnen, wenn sie aus Freude, aus Passion am Bringen erfolgt. Deshalb wird einem solchen, normalerweise besonders talentierten Hund die Freude an dieser Arbeit zuerst bewußt verdorben, bis er das Apportieren verweigert, um ihn dann unter Zwang erneut zur Leistung zu bringen. Am Ende ist das gleiche wieder erreicht, was bereits vorhanden war, nur sind Hund *und* Abrichter zuvor durch eine Hölle gegenseitigen Unverstehens gegangen; ein wahrhaft sinnloser Umweg, ausgetragen auf dem Rücken des Tieres. Denn der Hund kennt kein Pflichtgefühl. Woher sollte er dieses ,,moralische'' Denken auch nehmen? Nie leistet er aus Angst vor Strafe. ,,Man kann ein Tier nicht zwingen'' (Konrad Lorenz). Zur Leistung bedarf es immer der positiven Motivation. Die aber ist nie unter Zwang zu erreichen.

Erste Stufe: Initiieren

Grundlage ist das Spiel mit der Angel

Durch das vorhergehende intensive Spiel mit der Angel wird für die Bringdressur zweierlei erreicht: Erstens haben wir ein Bringobjekt, das der Hund problemlos, ja sogar mit ausgesprochener Passion in den Fang nimmt. Das ist nicht selbstverständlich. Es ist oft nicht leicht, den Hund dazu zu bringen, einen von uns als Apportl (auch Bringsel genannt) ausersehenen Gegenstand, z.B. einen kleinen Apportierbock oder einen alten Knochen, aufzunehmen und im Fang zu behalten, bis der Erzieher ihn abnimmt. Bei dem Köderhasen ist das eine Selbstverständlichkeit. Er ist daher fürs erste das ideale Bringobjekt. Zweitens haben wir den Hund mit der Angel gewissermaßen an einer langen Leine. Sie verhindert, daß der Hund mit dem von uns ausgewählten Bringsel auf und davon geht.

Wie immer brauchen wir nun eine geeignete Lernsituation, die sich zudem von allen vorangegangenen unterscheidet. Aus diesem Grunde gehen wir mit Hund und Angel jetzt nicht dorthin, wo wir das Spiel mit der Angel betrieben haben, sondern bleiben in einem mehr geschlossenen, möglichst gepflasterten Raum, der wenig Bewegungsspielraum läßt. Am besten gehen wir an einen Platz, an dem wir die oben bei der Herandressur beschriebene Leinenlösungsanlage wieder installieren können. Diese läßt sich nämlich auch für die Bringdressur hervorragend einsetzen.

Der korrekte Übungsablauf

Ich gehe also davon aus, daß Sie eine solche Anlage, gegebenenfalls sogar das elektronische Dressurgerät, besitzen. Wenn nicht, müssen Sie den Hund an die kurze Leine nehmen und im richtigen Augenblick schnallen.

Der Hund soll vor allem an den

ersten Tagen der Bringdressur hinreichend hungrig sein. Folgender Ablauf ist als erstes Ziel anzustreben: Der Hund ist an der Leinenlösungsanlage einige Meter seitlich von Ihnen oder direkt bei Ihnen angeleint. Belobigungsbrocken liegen bereit. Sie nehmen die Angel in die Hand und werfen den Köderhasen so weit wie möglich von sich weg. Der Hund folgt mit den Augen dem Flug und dem Niedergehen des Bringsels. Sie warten einige Sekunden, dann schnallen Sie den Hund. Er läuft stracks zu dem Bringsel. Der Hund soll den Köder aufnehmen, mit dem Köder im Fang zu Ihnen laufen, sich vor Ihnen hinsetzen und den Köder schließlich im Tausch gegen ein Bröckchen abgeben. Dabei nehmen *Sie* ihm den Köder ab.

Schwierigkeiten
Möglicherweise wird der Hund im Anfang wenig Neigung zeigen, den Köder, nachdem er ihn endlich einmal so unerwartet mühelos bekommen hat, wieder herauszugeben. Selbst das saftigste Bröckchen wird ihn nicht reizen. Sie halten die Angelschnur straff, ziehen den Hund aber auf keinen Fall heran. Sie lassen ihn vielmehr eine Zeitlang gewähren, bis das Interesse an dem Köderhasen nachläßt und das Interesse am Fleisch wächst. Vielleicht gehen Sie auf ihn zu, vor allem, wenn er sich mit dem Köder zwischen den Vorderpfoten hingelegt hat. Geduld ist vonnöten, besonders bei einem passionierten Hund. Sie müssen den Hund irgendwie zu einem Tauschgeschäft bringen: er bekommt das Fleisch, Sie den Köderhasen. Geben Sie ihm in dieser Situation den Köder sofort wieder in den Fang, sobald er das Fleisch verschlungen hat. Er merkt dann bald, daß er beides haben kann, den geliebten Köderhasen und das schmackhafte Fleisch.

Wenn Sie, wie hier beschrieben, vom Spiel mit der Angel aus an das Bringen herangehen, wird der umgekehrte Fall, daß der Hund den Köder nicht aufnehmen will, kaum vorkommen. Sollte dies dennoch geschehen, ersetzen Sie den Köder durch einen frischen Beinknochen vom Rind und sorgen für Appetit. Den Knochen wird der Hund immer in den Fang nehmen, vor allem dann, wenn er an der Angel plötzlich die Flucht ergreift. Hat der Hund ihn im Fang, tauschen Sie ihn schnell gegen ein Bröckchen.

Hat der Hund das Bröckchen verschlungen, wird er sofort wieder angeleint. Die Übung beginnt von vorne. Der erwünschte Ablauf gelingt nach wenigen Tagen. Sie können dabei zunächst auf das Sich-Setzen verzichten, nicht aber auf das korrekte Abgeben: Nur *Sie* nehmen ihm das Bringsel aus dem Fang; er sollte es nicht vorher auf den Boden, Ihnen gewissermaßen vor die Füße, werfen. Das erfordert möglicherweise auf Ihrer Seite ein bißchen Schnelligkeit und Geschick.

Wurfapport
Dieser Ablauf muß nun in den nächsten Tagen sichere Routine werden.

Die ganze Mahlzeit gibt es 1 Woche lang ausschließlich im Tausch gegen den Köderhasen an der Angel. Der Hund wird angeleint, der Köder segelt an der Angel einige Meter weit. Der Hund will losstürmen. Sie halten ihn aber einige Sekunden zurück, während der er wie gebannt auf das Bringsel starrt. Dann schnallen Sie ihn. Er läuft zum Bringsel, nimmt es in den Fang und bringt es ohne Zögern und ohne Zug an der Angel heran. Er setzt sich vor Sie hin. Sie nehmen aus der neben Ihnen stehenden Futterschüssel das Bröckchen in die linke Hand, fassen mit der Rechten an das Bringsel, warten wieder einen Augenblick, nehmen es aus dem Fang und geben ihm das Bröckchen. Während er es frißt, nehmen Sie ihn wieder an die Leine. Schon fliegt das Bringsel zum nächsten Gang durch die Luft.

Dann geht es weiter: Sie schneiden das Bringsel ab, halten die Angel aber zunächst in der Hand. Der Hund wird den Köderhasen jetzt genauso bringen wie zuvor an der Angelschnur. Und damit fängt das Apportieren natürlich erst an, richtig Spaß zu machen. Sie wickeln das vertraute Apportl um ein nicht zu leichtes Holz, damit Sie es weiter werfen können, bleiben aber zunächst noch bei Ihrem Platz neben der Futterschüssel, den Sie aber bald verlassen können. Denn es wird Ihnen nicht selten geschehen, daß der Hund, nachdem er das Apportl abgeliefert hat, keine Augen mehr für das Futter hat, sondern es nicht abwarten kann, bis Sie das Apportl

wieder fliegen lassen. Wenn Sie die Sache noch etwas spannend machen und ihn entsprechend ermuntern und aufstacheln, können Sie ihren Hund für das Bringen des geworfenen Gegenstandes so begeistern, daß er alles andere vergißt.

Zweite Stufe: Konditionieren

Was ist für den Hund der Befehl zum Bringen?

Beim Bringen lernen wir nun eine weitere Besonderheit kennen, die für das Verständnis der Folgsamkeit des Hundes von größter Bedeutung ist. Es wird Ihnen aufgefallen sein, daß wir bei dieser Übung die anfängliche Lernsituation bereits in der ersten Stufe verlassen haben, ohne das zugehörige Kommando ,,Apport" ins Spiel zu bringen. Der Grund ist, daß der vom Erzieher abgegebene Befehlslaut ,,Apport" zwar als Aufforderung an den Hund, loszulaufen und das Apportl zu suchen, eine gewisse Bedeutung hat, keineswegs aber als auslösendes Kommando für die Leistung des Tieres, also für das Bringen von Gegenständen, zu verstehen ist. Der Jagdhund folgt der Spur eines krankgeschossenen Hasen über Kilometer, eine halbe Stunde lang. Der Hase täuscht ihn immer wieder, indem er mehrfach Haken schläg, so daß der Hund ihn mühsam suchen muß. Zum Schluß folgt möglicherweise eine ausgedehnte Sichthetze. Schließlich liegt der verendete Hase vor ihm. Und was geschieht? Der Hund nimmt ihn ohne Zögern in den Fang und trägt ihn über Stock und Stein zu seinem Herrn. Niemand kann mir erzählen, daß dieses Verhalten durch den Befehl des Jägers eine halbe Stunde zuvor ausgelöst wurde. Dieser ist längst vergessen. Auch wissen wir, daß der der Wundspur des Hasen folgende Hund keine Zielvorstellung für dieses Tun hat (s. Seite 161). Er weiß gar nicht, daß er einem krankgeschossenem Hasen auf der Spur ist.

Andererseits läuft der Hund in dieser ganzen Zeit an hundert Gegenständen vorbei, Hölzer, Knochen, tote Vögel usw., die er bringen könnte. Sie interessieren ihn nicht. Erst wenn er plötzlich den verendeten Hasen findet und vor sich liegen sieht, packt er sofort zu und bringt ihn seinem Herrn.

Objektimpulse

Es gibt für dieses erstaunliche Phänomen nur eine Erklärung: Nicht der ihm lange zuvor erteilte Befehl löst diese Leistung aus, sondern das ihm durch die Dressur vertraute Bringobjekt selbst. Wie sonst die Wahrnehmung des Befehlslautes ,,Heran'' oder ,,Gib Laut'' ist es jetzt die Wahrnehmung des vor ihm liegenden Bringobjektes, die den Handlungseinfall ,,Aufnehmen und Zum-Herrn-Bringen'' im Bewußtsein des Tieres hervorruft und damit als Handlungsmöglichkeit gewärtig macht. Bei entsprechender Motivation wird er diesen Handlungseinfall auch ausführen. So und nicht anders kommt die Apportierleistung des Hundes zustande.

Der Befehl, ein bestimmtes Verhalten jetzt und sofort auszuführen, muß demnach nicht unbedingt ein Kommando oder ein Pfiff des Hundführers sein; jedwede Wahrnehmung kann nach entsprechender Konditionierung ein Verhalten auslösen, also auch der Anblick eines bestimmten Gegenstandes. Ich spreche in diesen Fällen von ,,Objektimpulsen'', im Gegensatz zu dem sonst üblichen ,,Befehlsimpuls''.

Noch einmal:
Unsinn des Zwangsapportes

Eindeutig zeigt sich hier der Unsinn des Zwangsapportes aus der Praxis heraus: Das Bringen unter eisernem Zwang, das Paradestück der Zwangsdressur, ist in der Praxis ohne Belang. Einen Hasen zu bringen, der 20 oder 50 Meter vor dem Hundeführer liegt, das ist kein Kunststück; den könnte sicher der erfolgreiche Schütze auch selber holen. Nur hier jedoch wäre Zwangsapport, das heißt Bringen unter dem Willen des Hundeführers, anwendbar. Die eigentliche Apportierleistung des Hundes zeigt sich hingegen erst dann, wenn er weit entfernt von seinem Herrn das verendete Wild bis hin zum schweren Fuchs heranschleppt, ,,aus freien Stücken'' also und aufgrund eigener Motivation. Eine solche Leistung aber, ist eben nicht durch Zwangsdressur, sondern nur durch positive Dreistufendressur zu erreichen, bei der es gilt, nach dem Initiieren des erwünschten Verhaltens (erste Lernstufe) die in Betracht kommenden Bringobjekte als

Objektbefehle mit dem Verhalten zu verknüpfen (zweite Lernstufe) und den Hund für das Aufnehmen und Heranbringen dieser Gegenstände ausreichend zu motivieren (dritte Lernstufe).

Dritte Stufe: Motivieren

Suchapport

Das Bringen von Gegenständen aus weiterer Entfernung ist wirklich die größte Freude, neben dem Spiel mit der Angel, die Erzieher und Hund miteinander haben können, und beiden bringt es die schönsten Erfolgserlebnisse und spannende Stunden. Ich kann daher jedem Hundebesitzer nur raten, sich dieses Vergnügen nicht entgehen zu lassen. Sie können sich selbst und Ihrem Hund keinen größeren Dienst erweisen. Und nicht selten haben Sie Gelegenheit, einem erstaunten Zuschauerkreis das scheinbar unglaubliche Können Ihres vierläufigen Hausgenossen vorzuführen. Es ist nämlich gar nicht so schwierig, wie es erscheint.

Hierbei ist es wieder zweckmäßig, von einer klaren Lernsituation auszugehen, die ich den „Bringparcours" nenne: Sie sollten den Suchapport immer von derselben Stelle aus beginnen, und der erste Teil der Suchstrecke sollte immer der gleiche sein. An dem Startplatz findet sich ein Haken, an dem Sie den Hund anleinen können. Wenn Sie den Hund – grundsätzlich an der Leine – hierhin führen und hier anleinen, „weiß" er sofort: „Aha! Jetzt erwartet mich eine Such- und Apportier-aufgabe!" Der Hund wird also eingestellt auf das, was Sie von ihm erwarten.

Anlegen des Bringparcours

Wählen Sie den Startplatz irgendwo im Gelände so, daß die Suchstrecke von diesem aus *mit* dem Wind verläuft. Das ist wichtig! Der Hund sucht und findet den Weg zu dem irgendwo versteckt liegenden Apportl auf *Ihrer* Fährte. Er riecht die kleinsten Veränderungen der Bodenoberfläche, die Sie beim Gehen verursachen, auch noch nach Stunden, mindestens aber, auch an schwierigen Stellen, nach 30 bis 40 Minuten. Verläuft Ihre Fährte gegen den Wind, kommt eine Fülle von Düften und Gerüchen auf ihn zu, die er kaum lokalisieren kann. Er fängt deshalb an, mit *hoher* Nase zu suchen; er folgt ja auch in der Tat mehr einer Duftwolke. Damit gewöhnt sich der Hund an ein für ihn einfaches Suchen; seine Nasenarbeit wird oberflächlich und zu wenig sorgfältig.

Verläuft die Fährte hingegen *mit* dem Wind, ist der Hund gezwungen, sich von einem Duftpunkt zum nächsten vorzuarbeiten. Dazu *muß* er die Nase herunternehmen, und das ist es, was wir erreichen wollen. Denn nur mit tiefer Nase ist er in der Lage, in schwierigem, steinigem Gelände eine Suche erfolgreich zu Ende zu bringen.

Sie leinen den Hund also an, befehlen: „Ablegen! Bleib!", nehmen das Apportl in die Hand und marschieren los. Im Anfang machen Sie bitte nicht zu große Schritte; auch treten Sie kräftig auf. Der Hund darf das alles ruhig mit ansehen. Für ihn geschieht ja zunächst nichts anderes als beim Wurfapport, nur daß Sie das Apportl nicht vor ihm wegwerfen, sondern wegtragen. Nur: Wenn er das Apportl nicht sofort findet, ist Ihre Fährte ein Hilfsmittel, das ihn hinführt. Der Hund sucht und findet das Apportl *immer* am Fährtenende. Auch das muß er lernen. Er muß die Erfahrung machen: ,,Halt! Hier endet die Fährte. Hier muß etwas liegen!" Auch wenn der Hund so nicht denkt, entspricht seine Erfahrung diesem Sachverhalt. Ich habe dies demonstriert, indem ich die Fährte in der Nähe eines Hochsitzes enden ließ und einmal *kein* Apportl hier ablegte. Ich konnte von hier aus beobachten, wie meine Hündin Asta nach vielen hundert erfolgreichen Apportierübungen schier verzweifelte. Sie suchte und suchte in immer größeren Kreisen das Fährtenende und seine Umgebung ab und konnte sich nicht entschließen, ohne Apportl zurückzukehren, bis ich sie anrief und erlöste – selbstverständlich nicht, ohne das Apportl schnell zu verstecken, damit sie es finden konnte. So war die Welt wieder in Ordnung.

Sie markieren das Fährtenende, indem Sie über 5 Meter Fuß an Fuß fest auftreten, auch den Boden etwas aufkratzen. Hier legen Sie das Apportl ab und springen, rechtwinkelig zum bisherigen Fährtenverlauf, mit dem Wind so weit Sie können, am besten in mehreren Sprüngen. Dann gehen Sie in einem Bogen zu dem angeleinten Hund zurück. Sie dürfen dabei nicht in die Nähe Ihrer Fährte kommen.

Wieder beim Hund angekommen, loben und liebeln Sie ihn, nehmen die Leine in die Hand und führen ihn einige Schritte weit auf der Fährte. Bald können Sie aber auf diese Hilfe verzichten. Sehen Sie, daß der Hund die Fährte wie erwartet anfällt, schnallen Sie ihn und schicken ihn mit ,,Such voran" auf die Reise.

Das Bringsel korrekt abgeben
Jetzt heißt es für den Hund, schnell aber konzentriert zu suchen, und für Sie zu warten. Noch ein gutes Stück konnten Sie beobachten, wie er zügig der Fährte folgte. Jetzt geht er außer Sicht. Aber es dauert nicht sehr lange. Auch eine über 1000 Meter lange Fährte bearbeitet der Hund in kurzer Zeit, und schon erscheint er wieder, das Bringsel im Fang. Er hat Mühe, seine Fahrt vor Ihnen zu stoppen. Es liegt nun an Ihnen, daß die Übergabe des Bringsels formgerecht erfolgt: Ihr erhobener rechter Zeigefinger heißt: ,,Sitz!" Etwa 2 Meter vor Ihnen setzt sich Ihr Hund, behält aber das Bringsel brav im Fang. Sie sagen: ,,Sitz! So recht! Bleib! Bleib!" und gehen langsam, immer noch mit erhobenem Zeigefinger, auf ihn zu. Dann fassen Sie mit der linken Hand das Bringholz an. Während Sie weiter mit dem Hund reden: ,,So recht! Bleib! Halt schön fest!", halten Sie das Bringsel 4 bis 5 Sekunden in der Hand; der Hund hält es im Fang.

Dann sagen Sie: „Aus!" und nehmen es ihm ab.

Doppelbefehle

Es handelt sich hier um einen Doppelbefehl. Darunter verstehe ich ein Befehlspaar, das nur gemeinsam ein bestimmtes Verhalten des Hundes auslöst. Doppelbefehle haben den Zweck, ein bestimmtes Verhalten des Hundes zu sichern: Er soll das Bringobjekt nur abgeben, wenn *zwei* Bedingungen erfüllt sind:
1. das Anfassen des Bringsels durch den Hundeführer und
2. das Ertönen des Kommandos „Aus". Solange nur eine Bedingung erfüllt ist, soll der Hund das Bringsel festhalten.

Nur langsam den Schwierigkeitsgrad erhöhen

Selbstverständlich ist das der angestrebte Endzustand, der erst nach vielen Suchübungen erreicht wird. Sie müssen ihn aber immer in dieser Form vor Augen haben. Wichtig ist, daß Sie von Anfang an genau so verfahren, als *sei* die Bringstrecke bereits einige Hundert Meter weit, auch wenn sie in Wirklichkeit nur 10 Meter lang ist.

Das gilt natürlich auch für das Belobigen: Tag um Tag geschieht das gleiche. Der Hund bekommt sein Futter erst dann, wenn er seine Bringleistung erfolgreich absolviert hat. Er wird daran gewöhnt, daß er sich wie in der freien Wildbahn sein Futter selbst verdienen muß, indem er seinem Herrn das Apportl sucht und zurückbringt.

Das Apportl wechseln

Wenn der Bringparcours etwa 50 Meter lang geworden ist, verweilen Sie bei dieser Entfernung einige Tage. Dann benötigt Ihr Hund eines Tages einen etwas stärkeren Appetit; denn jetzt kommt eine entscheidende Klippe. Der Hund soll lernen, nicht nur sein Lieblingsbringsel zu apportieren, sondern jedes Objekt, das er am Fährtenende findet und das Witterung von seinem Herrn hat oder von einer bestimmten Art ist. An diesem Tag findet er also plötzlich an dem ihm genau bekannten Fährtenende nicht mehr den Köderhasen, sein Lieblingsobjekt, sondern den leichten Apportierbock, einen Handschuh, eine tote Amsel, ein verendetes Kaninchen – oder eine tote Katze. Streikt er, ist schimpfen sinnlos. Sie müssen langsam vorgehen und ihn „überzeugen", indem Sie z. B. mehrere Tage hintereinander den Köderhasen kräftig mit Kaninchenwitterung versehen. Vielleicht binden Sie auch das Kaninchen oder zuerst nur dessen Kopf an die Angel.

Es wird und kann nicht immer gelingen. Der Hund ist während der Suche vielfältigen Verleitungen ausgesetzt. Er hat auch schon einmal einen schlechten Tag und nimmt das Bringsel nicht in den Fang. Wichtig ist, daß Sie auch dann den Hund freudig empfangen, wenn er ohne Apportl zurückkommt. Aber dann geht es für eine Woche zurück auf den 50-Meter-Standard-Bringparcour. Immer vom gleichen Startpunkt aus, immer an der gleichen

Stelle findet er immer das gleiche Bringsel, bis er es 20 mal hintereinander sicher und schnell gebracht hat. Dann erst variieren Sie vorsichtig die einzelnen Elemente: zuerst den Bringgegenstand, dann Anfang, Verlauf, Intensität, Standzeit und Ende der Fährte.

Den-großen-Ball-Heranbringen

Spaß macht es auch, vor allem in einer Familie mit Kindern, wenn der Hund es lernt, den ganz großen Ball heranzubringen. Das schaffen manche Hunde bis zur Zirkusreife und doch ist es nur ein Kinderspiel, im doppelten Sinne des Wortes.
Ich gehe dabei davon aus, daß der Hund den Wurf- oder Suchapport, wie soeben beschrieben (s. Seite 89 und Seite 92), gelernt hat und begeistert vollführt. Jetzt brauchen Sie zuerst einen festen Gummiball, den der Hund gerade noch im Fang fassen kann. Diesen machen Sie für einige Tage zum absoluten Lieblingsapportl, was nicht schwierig ist, weil der Ball, im Gegensatz zu dem klobigen Bringholz, beim Aufkommen höchst lustig hüpft und springt und wegrollt. Der Hund wird diesen Ball nach wenigen Übungen wie gewohnt bringen.
Dann brauchen Sie einen etwas dikkeren Ball aus festem Gummi, den der Hund nicht mehr fassen kann. Natürlich weiß er das nicht. Für ihn ist auch der dickere Ball ein Apportl, das er Ihnen bringen will; also versucht er's, und dabei schubst er den Ball vor sich her. Sie brauchen jetzt einen Helfer, der dem Ball ab und zu mit dem Fuß die richtige Richtung zu Ihnen hin gibt, bis der Hund gelernt hat, daß er dieses Apportl zwar nicht zu Ihnen tragen, wohl aber zu Ihnen schubsen kann, was eine höhere Form des Apportierens ist.

Fährten

Bei der Besprechung des Apportierens habe ich bereits gezeigt, daß der geübte und hinreichend motivierte Hund einen kilometerweit entfernt liegenden Gegenstand auf der Führerfährte sucht, findet und bringt. Aus dieser Übung leitet sich das Fährten ab. Hierbei folgt der an einer etwa 6 bis 10 Meter langen Leine geführte Hund ausschließlich unter Einsatz seines Geruchssinnes einer Fährte und führt den Hundeführer zu einem am Fährtenende liegenden Objekt. In der Tat ist letztendlich nicht zu entscheiden, wer hier wen führt. Deshalb spricht Paul Joachim *Hopp* von einem „magischen Gespann". Von beiden, Führer wie Hund, fordert die Fährtenarbeit ein Höchstmaß an Konzentration und Zusammenarbeit.

Arten von Fährten
Bei der für den Hund mit der Nase erkennbaren Fährte kann es sich um eine einfache menschliche oder auch tierische Trittspur handeln. Hat der Erzieher sie selbst durch Abschreiten „gelegt", spricht man von einer Führerfährte. Oder es kann sich um eine Duftspur handeln, und zwar um eine natürliche aus Blutspritzern

("Schweißspur"), die aus einer Verletzung stammt, oder um eine künstliche, bei der Duftstoffe (Blut, Schweiß, Anis usw.) mit einer Spritzflasche oder einem Tupferstock in regelmäßigen Abständen (50 Zentimeter bis 2 Meter) verspritzt oder getupft werden.

Die Fährtenarbeit
Für den Hund, der die Arbeit auf der Führerfährte aus dem Suchapport beherrscht, ist es leicht, auch ein Fährtenhund zu werden. Er muß sich nur umstellen. Er muß lernen, nicht frei laufend und schnell den weiteren Verlauf der Fährte zu suchen, sondern ruhig, Schritt für Schritt. Der frei suchende Hund hat die Möglichkeit des Bögelns: Wenn er einmal von der Fährte abgekommen ist, versucht er, wieder quer auf sie zu stoßen, indem er nach beiden Seiten größere Bogen schlägt. Beim Fährten geht das nicht, weil der Hundeführer nicht folgen könnte. Er darf erst weitergehen, wenn er weiß, wo es hin geht. Der Fährtenhund muß also bei seiner Arbeit eine andere Technik anwenden als der Apporteur. Dabei entspricht natürlich die freie Suche weit mehr dem natürlichen Suchverhalten des Wildhundes, das unser Hund geerbt hat.

Die „Perlenschnur-Methode"
Die weitaus schwierigere Technik des Fährtens können Sie dem Hund mit der „Perlenschnur-Methode" beibringen: Am Fährtenanfang treten Sie den Boden platt und deponieren an dieser Stelle ein gutes Bröckchen. *Mit* der Windrichtung finden sich von hier aus auf Ihrer Trittspur zuerst alle 30 bis 50 Zentimeter, später in wechselnden Abständen weitere Bröckchen. Am Ende steht hinter einem Busch oder Baum die Futterschüssel mit den restliche Bröckchen.

Die Lernsituation
Wenn Sie die Perlenschnur in dieser Form ausgelegt haben, müssen Sie 10 bis 15 Minuten warten. Es muß sich zuerst der Dufttunnel verflüchtigt haben, der von Ihnen selbst und nicht von Ihren Trittspuren ausgeht und der bei geringem Wind über der Fährte stehen kann. Jetzt nehmen Sie den Hund zuerst an die kurze Leine und begeben sich mit ihm auf 3 Meter an den Fährtenanfang heran, so weit, daß der Hund bei entsprechendem Wind die Bröckchen nicht riechen kann. Hier legen Sie ihn ab, gehen zum Fährtenanfang, begutachten diesen umständlich, gehen zurück zu Ihrem Hund und legen ihm jetzt die lange Leine an, die ein eigenes, besonders weiches und breites Halsband haben soll. Wikkeln Sie die Leine in aller Ruhe ab und legen Sie sie so aus, daß sie sich nicht verheddern kann. Diese Prozedur, die viel Zeit kosten soll, gehört zur Lernsituation. Sie ist unbedingt erforderlich, auch später in der Praxis, um den Hund zu beruhigen und ihn auf die folgende schwierige Fährtenarbeit einzustellen. Auch bei kleinen Übungen am langen Riemen darf man sie daher auf keinen Fall auslassen.

96

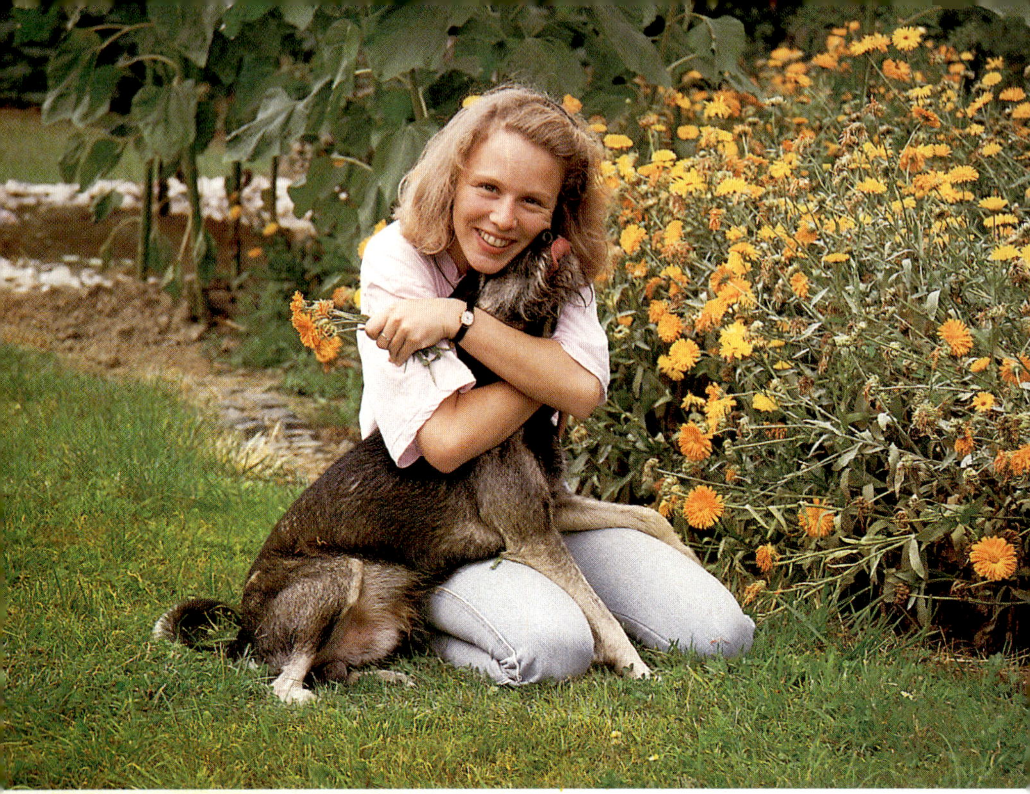
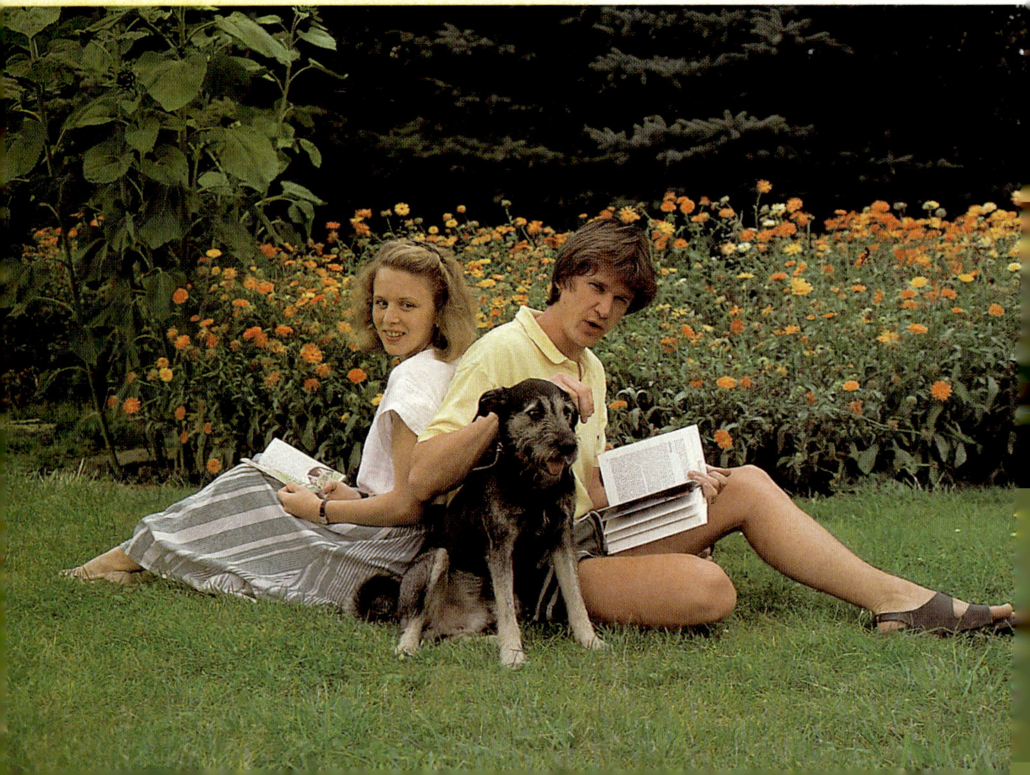

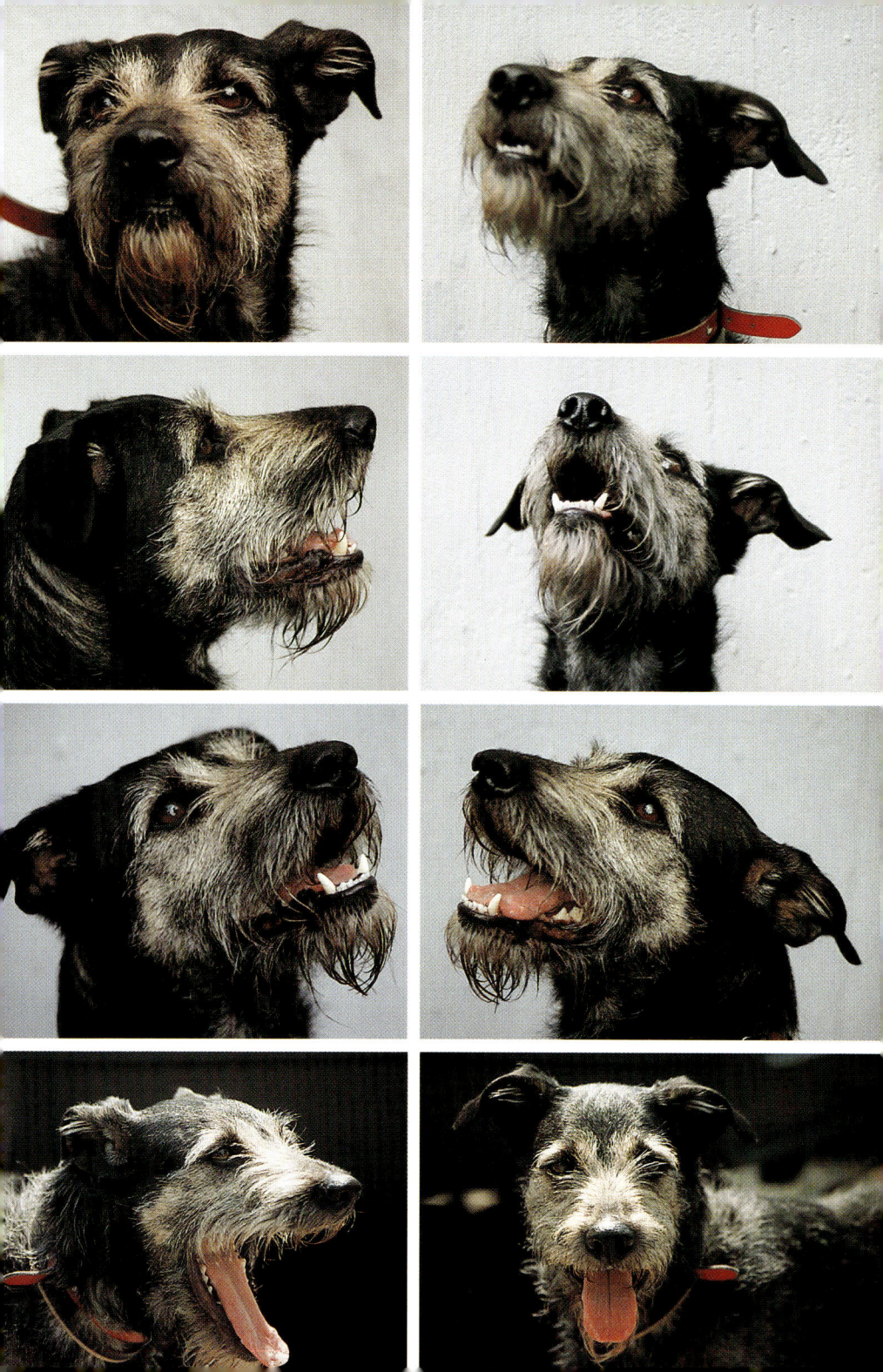

Die Fährte als Objektimpuls

Sie nehmen jetzt die lange Leine lose in die Hand und fordern den Hund mit „Such voran" auf, die Arbeit zu beginnen. Nachdem Sie ihn durch die vorangegangene Prozedur auf den Fährtenanfang fixiert haben, wird er sofort dorthin laufen und das Bröckchen finden. Loben Sie ihn und lassen Sie ihm Zeit, den Fährtenanfang zu beschnüffeln. Er soll dabei von selbst auf das nächste Bröckchen stoßen und auf diese Weise bald selbst dahinterkommen, daß es sich hier um eine fortlaufende Duftspur handelt. Es gibt daher kein weiteres Kommando. Den „Befehl"

zum Fährtefolgen erhält der Hund von der Fährte selbst. Sie ist, ebenso wie das Bringsel (s. Seite 91), ein Objektimpuls und löst den Handlungseinfall „Fährte-Folgen" unmittelbar aus.

Der angeborene auslösende Mechanismus

Das spontane Folgen einer Reihe von Duftpartikeln ist ein dem Hund angeborenes Verhalten. Man spricht in diesem Zusammenhang von einem angeborenen auslösenden Mechanismus (AAM), der von einem Schlüsselreiz, in diesem Falle den Duftpartikeln, angesprochen wird.

Es handelt sich also um Fähigkeiten, die der Hund von seinen Urahnen übernommen hat. Für das Hundegeschlecht haben solche ererbten Verhaltensmechanismen den Vorteil, daß das einzelne Individuum sie nicht jedesmal neu erlernen muß; die Natur hat in ihrer unendlichen Weisheit dem Individuum die Notwendigkeit und Last des Lernvorganges abgenommen (s. auch Seite 149).

Ich beobachtete einmal auf einem Bauernhof einen wenige Wochen alten Welpen. Es war dort Milch verschüttet worden, die auf dem abschüssigen Hof eine lange, inzwischen getrocknete Milchspur gebildet hatte. Ich sah, wie der Welpe an einer Stelle auf diese Spur stieß und sofort begann, sie emsig zu beriechen. Dann folgte er ihr bis zu der an ihrem Ende entstandenen Lache.

Die Milchspur selbst war zweifellos der Auslöser für dieses angeborene Verhalten gewesen.

Eine Überraschung am Fährtenende

Am Fährtenende muß der Hund immer etwas Interessantes finden, normalerweise, aber nicht immer, die Futterschüssel. Setzen Sie mal ein Tier in einen Käfig, einen Vogel, einen Igel, ein Hauskaninchen oder eine Katze. Die Überraschung verknüpft sich mit der Fährtenarbeit, die auf solche Weise für ihn immer interessanter wird, auch wenn er später seine Bröckchen nur noch alle 20 Meter oder überhaupt nicht mehr findet. Der Hund lernt bald, sicher einer menschlichen Fährte zu folgen. Den Schwierigkeitsgrad der Fährtenarbeit erhöhen sie weiter durch Verlängern der Standzeit der Fährte.

„Herzliche Glückwünsche zum Waidmannsheil!"

98

Bei günstigen Bodenverhältnissen kann der Hund eine menschliche Trittspur erkennen, die bis zu 24 Stunden alt ist. Auf steinigem Boden kann er ihr überhaupt nicht folgen. Dazwischen liegen die Schwierigkeitsgrade, die vom Boden bestimmt sind. Der Hund hat bei dieser Arbeit Gelegenheit, seine Riechfähigkeiten voll zu nutzen und auszuleben. Er kann hier großartige Erfolgserlebnisse verbuchen.

Und die Fährtenarbeit kann sogar nützlich sein. Wir hatten mit Freunden einen Spaziergang gemacht. Als wir zurückkamen, gab es für die Kinder meiner Freunde eine arge Enttäuschung: Am Schildkrötenkäfig war ein Türchen offen geblieben. Die Schildkröte war ausgerissen und trotz fleißiger Suche nicht zu finden. Da kam mir die Idee, meinen Teckel zu holen, der, vom Ausflug müde, im Wagen schlief. Ich legte ihn 3 Meter vor dem Käfig ab und vollzog die obligatorische Vorfährtenarbeitsprozedur. Struppi beroch den Käfig mit großem Interesse. Dann zog er am langen Riemen los, quer über den Hof, durch den Garten und dann über eine große Wiese. Dahinter standen mehrere Sträucher. Unter deren Laub verwies Struppi durch ein kurzes „Wau" zur Freude der Kinder den erstaunlich weit geflohenen Ausreißer.

Gute Fährtenhunde sind selten. Sollten Sie, animiert durch diese Anleitungen, auf einen solchen Hund gestoßen sein, würde ich an Ihrer Stelle mich einem Schutz- oder Jagdhund-Verein anschließen. Dort kann der Hund bei Prüfungen oder Wettbewerben sein Können zeigen. Der Sprung in die Praxis ist dann nicht weit. Es ist für den Hundefreund ein unbeschreibliches Glücksgefühl, mit dem an der langen Leine geführten Hund nach kilometerweiter Suche vor dem gesuchten Scheintäter oder gar vor einem verloren geglaubten Rehbock zu stehen.

Schnüffeln/Der Rettungshund

Eine ähnliche Spezialistenarbeit wie das Fährten ist das Schnüffeln. Gemeint ist hiermit das Erriechen und anschließende Verweisen bestimmter Duftstoffe, auf die der Hund trainiert ist. Das Schnüffeln ist im Zeitalter der Drogenkriminalität eine wichtige Leistung des Polizei- oder Zollhundes. Das gleiche gilt für den Rettungshund, der die Aufgabe hat, verschüttete Menschen durch sein Riechvermögen zu finden und anzuzeigen.

Natürlich ist das Schnüffeln ebenso wie das Fährten keine Aufgabe, die jeder Hund notwendigerweise beherrschen müßte. Aber was heißt notwendig? Für viele Hundefreunde ist der ganze Hund ein Luxus oder eine Bereicherung des Lebens, aber keine Notwendigkeit. Warum sollte folglich der Hund nicht um seiner selbst willen etwas lernen dürfen, wozu die Natur ihm die höchsten Fähigkeiten gegeben hat?

Tatsächlich benutzt der Hund beim Schnüffeln eine Fähigkeit, die bei ihm, wie nur bei wenigen anderen Lebewesen ausgebildet ist, das

Riechvermögen (s. Seite 142). Es befähigt ihn nicht nur, wie wir sahen, einer menschlichen Fährte noch nach vielen Stunden zu folgen, wobei er die feinsten Verletzungen der Bodenoberfläche erriecht, es befähigt ihn auch, bestimmte Duftstoffe in minimalster Verdünnung zu erkennen. *Neuhaus* hat in einer Versuchsanlage herausgefunden, daß der Hund Stoffe erkennen kann, von denen nur noch Moleküle vorhanden sind. Das Schnüffeln ist insofern einfacher als das Fährten, als es nur Augenblicke in Anspruch nimmt; eine möglicherweise über Stunden anhaltende hohe Konzentration ist nicht gefordert. Dafür mag die eigentliche Riecharbeit in Grenzfällen eine höhere Qualität verlangen.

Der zweite Unterschied zum Fährten ist der auslösende Impuls. Beim Fährten ist dies die Fährte selbst als Objektimpuls. Zum Schnüffeln muß der Hund hingegen wie zu jedem anderen Tun durch Befehl, z. B. ,,Such", aufgefordert werden.

Erste Stufe: Initiieren

Auch bei dieser Übung zeigt sich, wie wichtig das Bringen für die ganze weitere Ausbildung des Hundes ist. Beherrscht der Hund den Suchapport (s. Seite 92), dann haben Sie auch für die Dressur des Schnüffelns die entscheidende Verständigungsmöglichkeit mit ihm. Denn Sie können ihm sagen: ,,Such! Du mußt etwas suchen. Mach zu!" Sie können also das erwünschte Verhalten bereits initiieren.

Was er suchen soll, ist eine zweite Frage, die wir durch das Prinzip des Impulswechsels spielend lösen.

Zweite Stufe: Konditionieren

Angenommen, Sie wollen den Hund dazu bringen, Gegenstände zu erriechen und anzuzeigen, die menschliche Witterung aufweisen und vergraben oder versteckt sind. (Statt menschlicher Witterung könnten Sie auch jeden anderen Duft wählen.) Dies ist nützlich, weil der Hund unter Umständen einmal helfen kann, verlorene Gegenstände wiederzufinden, z. B. ein Portemonnaie. Sie verschaffen sich einige Wollappen und tragen diese eine Zeitlang nahe an Ihrem Körper. Inzwischen lassen Sie den Hund auf einer kurzen Strecke – vielleicht 30 Meter – apportieren, immer dasselbe Objekt, nämlich das kleine Bringholz, immer auf dem gleichen Bringparcours. Vor allem ist der Fundort, der Endpunkt der Bringstrecke, immer der gleiche.

Jetzt wickeln Sie einen Wollappen mit Ihrer Witterung (später der einer anderen Person) um das Bringholz und lassen es in dieser Form apportieren, einige Tage lang, mindestens zehnmal pro Tag. Wickeln Sie dann denselben Lappen um ein anderes, dünneres Holz und lassen Sie schließlich nur den Lappen apportieren.

Als nächsten Schritt graben Sie den Lappen zur Hälfte, dann immer mehr ein, bis er schließlich ganz mit Erde bedeckt ist. Und natürlich vergessen Sie nicht das obligatorische Bröckchen, wenn der Hund erwartungsgemäß und zuverlässig reagiert. Auch jetzt bleiben die Vorbereitungen unverändert, so daß der Hund die gewohnte Bringleistung erwartet. Sie nehmen ihn jedoch nun an die Leine und *führen* ihn zum Fundort. Sie lassen den Hund an der Stelle schnüffeln, an der der Wollappen vergraben, das heißt leicht mit Erde bedeckt liegt. Aber Sie verhindern, daß er zufaßt oder buddelt, sondern fordern ihn mit „Gib Laut" auf zu bellen. Hat er mehrmals kräftig Laut gegeben, nehmen *Sie* den Lappen heraus und belobigen den Hund. Das müssen Sie so etliche Tage hintereinander üben, bis der Hund verknüpft hat und ohne Kommando Laut gibt, sobald er den Lappen mit der Nase wahrgenommen hat.

Dritte Stufe: Motivieren

Diese Arbeit bedarf einer großen Motivation, die Sie jetzt durch Variieren und Komplizieren erreichen. Sie müssen jetzt alles wechseln, den Fundort, das Versteck, das Objekt. Aber Sie bleiben bei der Witterung; allenfalls nehmen sie solche von verschiedenen Menschen. Es ist ein langer Weg bis zum fertigen Rettungshund. Aber er könnte sich lohnen. Damit Sie hierfür auch selbst hinreichend motiviert sind, darf ich ihnen noch sagen, daß Sie sich mit Ihrem Hund einer Rettungshund-Tauglichkeitsprüfung unterziehen können. Sie werden dann im Rahmen des zivilen Bevölkerungsschutzes einem Rettungstrupp beigegeben, der die Aufgabe hat, verschüttete Menschen zu suchen und zu bergen. Sie wenden sich hierzu am besten an die AZG, die Arbeitsgemeinschaft für Zuchtvereine und Gebrauchshundverbände.

Stehen/Vorstehen

Viele stolze Hundebesitzer, die ihren Hund auf einer Hundeschau oder einem Championat vorstellen möchten, wollen erreichen, daß der Hund es lernt, richtig zu stehen. Er soll dabei den Kopf geradeaus gerichtet hoch halten und sich möglichst lang machen, indem er beide Hinterläufe weit nach hinten streckt und das Stockmaß an der Kruppe hierdurch etwas verringert. Der Hund soll dabei auch dulden, daß ein Richter sein Gebiß begutachtet. Das Kommando „Stehen" oder „Steh" lernt der Hund am besten an der Angel. Wenn der sonst vor ihm herhoppelnde Köderhase plötzlich liegenbleibt, ist es nicht Hundeart, ihn sofort zu schnappen. Vielmehr verhofft der Hund, den Blick fest auf den still liegenden Köder gerichtet. Für den Jagdhund ist dies die typische Pose des Vorstehens, ein schwieriges Leistungsfach, das auch der junge Gebrauchshund am besten mit der Angel erlernt. Diese Situation gibt Ihnen die Möglichkeit, das Kommando „Stehen" zu üben, indem Sie es immer und immer wieder sagen solange der Hund vor dem Köder steht. Sie können auch hier schon das Wort „Bleib" ins Spiel bringen, das Kommando für den Hund, in seiner augenblicklichen Stellung zu verharren (s. Seite 117). Kurz bevor die Sache langweilig wird, lassen Sie den Köderhasen ein paarmal ganz leicht zucken, und dann ziehen Sie ihn Zentimeter um Zentimeter weiter. Der Hund folgt mit weit vorgestrecktem Fang, einen Schritt vor den anderen setzend. Ihr Vorstehhund zieht nach!

Haltung/Schön-Stehen

Wenn Sie das Schön-Stehen üben wollen, können Sie das gleiche Kommando benutzen. Sie schaffen sich aber zusätzlich eine besondere Lernsituation: Sie stellen unter einen Wandhaken zum Überwerfen der Leine eine Holzkiste und davor eine zweite, die etwas, vielleicht 1 bis 2 Zentimeter höher ist als die erste. Die erste, niedrigere Kiste steht so weit von der Wand entfernt, daß der Hund bei gestraffter Leine gerade noch mit den Hinterpfoten auf dieser Kiste steht. Die Vorderpfoten stehen auf der vorderen, etwas höheren Kiste. Zwischen beiden Kisten bleibt von Anfang an ein Zwischenraum von 10 oder 20 Zentimetern.
Hier üben Sie jetzt das Stehen. Es gibt Bröckchen am laufenden Band, sobald der Hund die von Ihnen gewünschte Haltung eingenommen hat. Dabei aber schiebt sich die hintere, niedrigere Kiste nach und nach mehr zur Wand, so daß der Hund sich länger und länger machen muß, um sie mit den Hinterpfoten noch zu erreichen. Sie dürfen bei dieser Übung ausnahmsweise, aber erst bei fortgeschrittenem Üben, mit der rechten Hand über die Kruppe streicheln und die Pfötchen leicht zurücknehmen, während die Linke das Bröckchen reicht. Das ist kein Zwang, sondern ein zusätzliches „Berührungskommando". Dieser Zusatzbefehl erleichtert die Übung vor allem dann, wenn die Kisten nicht mehr zur Verfügung stehen. Jetzt kommt auch ab und zu ein Fremder, um sich die Zähne zu betrachten. Dafür gibt es Sonderhäppchen.

Springen

Auch mit Hilfe einer kleinen Sprunganlage können Sie dazu beitragen, das Bewegungsbedürfnis Ihres Hundes zu befriedigen. Rechts und links stehen zwei aus je drei Brettern zusammengenagelte Standpfähle, die in der Mitte eine Nut bilden, in die eine beliebige Anzahl horizontal liegender Bretter eingelegt werden kann. Denn hier müssen wir ausnahmsweise das Prinzip der kleinen „Sprünge" anwenden. Die fertige Wand muß mindestens 1 Meter breit und so hoch sein, daß sie sowohl für den freien Sprung wie auch für den Klettersprung verwendet werden kann. Das hängt im Einzelfall natürlich von der Größe des Hundes ab. Bei den Schäferhund-Vereinen ist die Kletterwand 1,80 Meter hoch. Für den Klettersprung soll das obere Brett mit einer 6 Zentimeter breiten, abgerundeten Hühnerstange versehen sein.

Nur ein einziges Brett wird im Anfang eingelegt. Selbstverständlich springen Sie mit dem angeleinten Hund selbst darüber. Mit zunehmender Sprunghöhe laufen Sie mit dem frei bei Fuß laufenden Hund an und laufen rechts an der Sprungwand vorbei, während der Hund sie überspringt. Oder Sie nehmen die Angel zu Hilfe. Immer heißt es im Augenblick des Absprunges: ,,Hopphopp!'' und später, wenn Sie den Hund frei Anlauf nehmen lassen: ,,Lauf voran! Hopphopp!'' Sie werden sehen, daß der lauffreudige Hund begeistert springt und nach jedem Sprung stolz wie ein Weltmeister zu Ihnen kommt.

Sprungapport
Wenn Sie einen apportierfreudigen Hund haben, können Sie das Vergnügen des Springens noch um eine Variante bereichern, um den Sprungapport. Dazu bauen Sie hinter der Sprungwand ein einfaches Drahtgeviert von etwa 2,50 Meter Breite und 4 Meter Länge.
Sie stellen sich mit dem angeleinten Hund etwa 5 Meter vor der Sprungwand auf, die für den Anfang natürlich wiederum sehr niedrig ist. Von hier aus werfen Sie das Bringholz über die Sprungwand in das Geviert. Sie warten einige Sekunden, dann schnallen Sie den Hund mit dem Kommando ,,Voran! Apport! Hopp-

hopp!" Der Hund soll die Wand überfliegen, drüben sofort das Bringholz aufnehmen und mit dem Holz im Fang den Rücksprung über die Wand – eine andere Möglichkeit gibt es nicht – antreten. Vor Ihnen soll er das Bringholz korrekt abgeben (s. Seite 90).

Schwimmen

Schwimmen lernt der junge Hund wie der junge Mensch an einer Angel; nur ist der Zweck derselben verschieden: Das Kind soll durch die Angel des Bademeisters an der Wasseroberfläche gehalten werden, damit es bei seinen ungelenken Schwimmbewegungen nicht untergeht. In dieser Gefahr ist der junge Hund nie. Freistilschwimmen gehört zu jenem angewölften Repertoire an Verhaltensformen, das er nicht zu erlernen braucht. Bei ihm geht es einzig darum, eine mögliche Scheu vor dem Wasser zu überwinden oder gar nicht erst aufkommen zu lassen. Wenn der junge Hund einfach ins Wasser geworfen oder nach Zwangsabrichter-Manier an einer langen Leine ins und durchs Wasser gezogen wird, bleibt er sein Leben lang wasserscheu oder wasserfeindlich. Der kluge Erzieher begibt sich mit seinem Zögling, sobald dieser Freude am Spiel mit der Angel gefunden hat, in der wärmeren Jahreszeit an ein flaches Gewässer und sucht sich eine Stelle des Ufers, an der das Wasser nicht mehr als 5 Zentimeter tief ist. Zuerst bleibt die Jagd im Trockenen. Wenn der Eifer aber auf dem Höhepunkt ist, hoppelt der Köderhase plötzlich einige Schritte durch das Wasser. Der Hund merkt auf diese Weise gar nichts vom Wechsel der Elemente. Das frische, kühlende Wasser wird ihm vielmehr sofort vertraut. Noch am gleichen Tage kann es so tief werden, daß er den Boden unter den Läufen verliert. Und wenn das Wetter schön ist, schwimmen Sie ein Stück mit ihm hinaus.

Wenn Ihr Hund freudig apportiert, können Sie das gleiche mit dem Wurfapport erreichen. Keinen jungen Hund wird es stören, wenn sein Lieblingsapportl auf einmal ein Stück weit ins Waser fällt. Es dauert nicht lange, dann springt er klatschend ins feuchte Naß. Das Bringen des langsam davontreibenden Bringholzes ist für ihn der größte Spaß. Wasserscheu ist bei dieser Erziehung nie ein Problem.

Down

Ein wichtiges Kommando zur Beherrschung des Hundes, vor allem eines größeren Hundes, ist das „Down". Auf das Wort „Down", den Trillerpfiff und den erhobenen Arm muß der Hund sofort, wie vom Blitz getroffen, zu Boden gehen, und zwar so tief wie möglich. Dabei gehört auch der Kopf platt auf den Boden, nach vorn gestreckt zwischen die Vorderläufe.

Durch das Down soll der Hund zu jeder Zeit und in jeder Stiuation sicher in der Hand des Führers sein. Der Hund muß es in jeder Lage und Entfernung ausführen, auch in Grenzfällen, beim Hetzen von Wild z. B. oder beim Verfolgen einer Katze, sogar auf der Fährte einer heißen Hündin. Denn das Down hat im Übungsprogramm eines Hundes nur dann einen Sinn, wenn es tatsächlich hundertprozentig funktioniert. Entschließen Sie sich daher, das Down zu üben, müssen Sie konsequent und ausdauernd sein und reichlich Zeit dafür vorsehen.

Entbehrlich ist das Down nur dann, wenn der Hund den Heranbefehl zuverlässig befolgt. Auch mit diesem Kommando können Sie sich anbahnendes Unheil abwenden; mit einer Ausnahme: wenn sich der Hund jenseits einer befahrenen Straße befindet, hilft nur das „Down"; das „Heran" könnte hier tödlich sein.

Auch sonst ist das Down jedoch immer eine gute Ergänzung der Herandressur. Beim Heran soll die Stimmung positiv, freudig sein, beim Down kann ein frostiger Ton vorherrschen; hier können Sie auch eine gewisse Härte walten lassen. Aus der Kombination beider Übungen kann sich daher ein besonders guter Dressurerfolg ergeben.

Erste Stufe: Initiieren

Initiieren durch eine ähnliche, bekannte Übung

Das Down gibt mir Gelegenheit, Sie mit einer weiteren Form des Herbeiführens in der ersten Dressurstufe bekannt zu machen. Wie Sie wissen, benötigen Sie für die erste Dressurstufe eine Möglichkeit – man könnte auch sagen, einen Trick –, wie Sie das erwünschte Verhalten wiederholbar herbeiführen können. Beim Down brauchen Sie hierfür keine komplizierte Lernsituation wie bei den meisten bisherigen Übungen. Sie können vielmehr auf ein anderes Kommando zurückgreifen, das der Hund für eine ähnliche Übung erlernt hat und beherrscht. Dies ist für das Down das Kommando „Ablegen". Es gilt zwar für das ruhige, gemächliche Sich-Hinlegen. Trotzdem ist das Down ihm ähnlich und aus dem Ablegen leicht zu entwickeln. Die notwendige Verständigung mit dem Hund wird hier also durch ein bereits bekanntes Kommando erreicht. Insofern ist das Ablegen auch eine Vorübung für das (schwierigere) Down.

Sie gehen also mit dem angeleinten Hund ins Gelände und lassen ihn dreimal hintereinander ablegen, wobei Ihr Kommando immer energischer wird. Liegt er, fordern Sie ihn mit „Auf" zum Weitergehen auf. Wenig später schon werfen Sie sich wieder zu ihm herum, erheben, wie zum Schlage ausholend, den Arm, beugen sich zu ihm herunter und rufen barsch: „Ablegen!" daß ihm der Schreck in die Glieder fährt. Ihre Drohgebärde endet aber, sobald der Hund tief am Boden liegt. Er muß die Erfahrung machen, daß er in dieser Lage sicher ist vor jeder Unbill. Dieses Gefühl können Sie noch verstärken, indem Sie einen Ast nehmen und mit einigen Blättern an den Zweigenden. Diesen schlagen Sie in weitem Bogen durch die Luft und lassen ihn mit lautem Zischen über den Kopf des Tieres hinfahren, damit auch der Kopf auf den Boden kommt.

Zweite Stufe: Konditionieren

Wenn dies gelingt, führen Sie das Kommando ein, indem Sie es zunächst an das „Ablegen" anhängen. Sie rufen also, immer mit erhobenem Arm: „Ablegen! Down!", und das auf einem 100-Meter-Marsch zehn- bis zwanzigmal. Sie wenden also auch hier wieder die Methode an, die ich vorne als „Impulswechsel" bezeichnet habe (s. Seite 52). Dabei dient der erhobene Arm nicht nur als verbindendes Element; er soll auch für sich allein die Kommandofunktion übernehmen.

Sitzt das „Down" als Kommando einigermaßen, wird dieser Kommandoimpuls nochmals auf einen anderen Laut übertragen, nämlich auf den Trillerpfiff. Sie benötigen dazu natürlich eine entsprechende Pfeife, die in jedem Jagdgeschäft zu bekommen ist. Diese hat an jeder Seite ein Mundstück, das kleinere ist für den Heranpfiff (= einmal kurz, einmal lang mit abschließender Schleife), das zweite für den Downpfiff (= Trillerpfiff). In der späteren Praxis dient der Trillerpfiff vor allem als Downsignal auf Entfernung. Vernimmt der in der Ferne suchende oder gar hetzende Hund den Trillerpfiff, *muß* er sofort herunter. Lugt er

dann zu seinem Herrn, sieht er diesen mit erhobenem Arm ein weiteres Mal trillernd auf sich zukommen. Und das heißt für ihn, wieder herun-

106

ter, ganz herunter, bis der erlösende Heranpfiff kommt oder bis der Herr bei ihm ist.

Dritte Stufe: Motivieren

Außer dem Heran gibt es keine weitere Übung, die so intensiv geübt werden muß wie das Down. Wer einen größeren Hund besitzt, *muß* dieses Kommando in der Ausbildungszeit täglich mehrmals üben und auch später ständig wiederholen, jede Woche mindestens zwei- bis dreimal. Die dritte Lernstufe ist dabei besonders wichtig. Während bei allen anderen Tätigkeitsleistungen eine rundum positive Verstärkung Platz greifen muß mit viel Lob und Liebeln für das richtige Verhalten, muß mit dem Down eine Mischung aufgebaut werden aus Lust und Betroffenheit. Das mag seltsam klingen, entspricht aber tatsächlich dem Trainingsziel. Es muß erreicht werden, daß der Hund zwar bei dem Kommando ,,Down" oder dem Trillerpfiff erschrickt und sich blitzartig zu Boden wirft, hier aber das Lustgefühl absoluter Sicherheit empfindet. Dies ist nur durch viele, viele Übungen zu erreichen.

Wichtig ist dabei, daß der Hund im Verlauf dieser häufigen Übungen nie die Erfahrung macht, daß er sich nicht nur durch sein Down, also durch das Sich-zu-Boden-Werfen, sondern auch durch die Flucht der von seinem Erzieher ausgehenden Drohung entziehen kann. Dieser Verlauf des ,,Lernprozesses" ginge in die genau falsche Richtung. Das

Down muß daher im Anfang grundsätzlich an der Leine geübt werden, zuerst an der kurzen, später an der langen Leine, z. B. an einer geeigneten Perlonschnur.

Down am Dressurgerät üben
Für das kombinierte Üben von Heran und Down bietet das elektronische Dressurgerät optimale Möglichkeiten. Denn Sie können beide Kommandos mit diesem Gerät auf sehr weite Distanz üben, ohne daß der Hund die Chance hat, auch bei noch so verlockenden Verleitungen sich Ihrem Machtbereich zu entziehen. Das ist gerade bei diesen beiden wichtigsten Beherrschungskommandos von größter Bedeutung. Immer wieder macht der Hund die gleiche Erfahrung, daß nämlich ein Ausbrechen unmöglich ist und daß das Folgen einer Verleitung unerfreulich, aber das Befolgen des Befehls positiv für ihn endet. Der Handlungsablauf wird daher immer mehr zur Routine, ja zur Selbstverständlichkeit.

Der Übungsablauf ist immer der gleiche: Der Hund wird an einer 20 Meter langen Perlonschnur mit dem Kommando ,,Ablegen! Bleib!" abgelegt. Dann gehen Sie (im Anfang rückwärts) etwa 10 bis 20 Meter von ihm fort, wenden sich zu ihm und rufen oder pfeifen (Heranpfiff mit Schleife) ihn heran. Sobald er vier bis fünf Schritte gelaufen ist, rufen oder pfeifen (Trillerpfiff) Sie mit erhobenem Arm: ,,Down!" Der Hund muß sich auf dieses Kommando hin blitzartig auf den Boden werfen und von Kopf bis Schwanz platt auf dem Boden liegen und liegen bleiben. Geschieht das nicht, verkürzen Sie die Entfernung, so daß Sie die Möglichkeit haben, mit einem Stock in der Hand tobend und schreiend auf ihn zu stürzen, als drohe der Weltuntergang.

Bei Einsatz des Dressurgerätes legen Sie den Hund sowohl an die Lösungsleine wie auch an die Sicherungsleine und befehlen: ,,Ablegen!" oder ,,Sitz! Bleib!" Dann entfernen Sie sich dreißig bis hundert Schritte von ihm, warten einige Minuten, gehen auch einmal in Dekkung und gehen dann langsam wieder bis auf 30 Meter an ihn heran. Jetzt lösen Sie die Lösungsleine und pfeifen den Hund heran. Schon nach einigen Fluchten, während die Sicherungsleine sich abrollt, pfeifen Sie mit erhobenem Arm das ,,Down". Geht er wie erwünscht in die Downlage, warten Sie einige Minuten und rufen ihn ein zweites Mal heran. Das wiederholen Sie, bis die 20 Meter lange Sicherungsleine abgelaufen ist. An ihrem Ende soll der Hund liegen bleiben, bis Sie bei ihm sind. Jetzt können Sie die Entfernung, aus der Sie ,,Heran" und ,,Down" pfeifen, nach und nach bis auf 300 oder 400 Meter und mehr steigern, bis die Pfeife für den Hund nicht mehr hörbar ist.

Folgt er beim langsamen Steigern der Entfernung plötzlich nicht wie erwünscht, ist es sinnlos zu schimpfen. Es *muß* dann und wann Rückschläge geben, sonst gäbe es keinen Dressurerfolg, beim Down schon gar

nicht. Es gibt nur eines: Zurückgehen auf kürzere Distanz und erst dann wieder langsames Steigern der Entfernung. Hier haben die Götter wirklich den Fleiß vor den Erfolg gesetzt.

,,Geh ran"/,,Faß"

Der Hund als Wächter in Haus und Hof ist immer eine gute Sache. Ob er groß ist oder klein, der wachsame Hund meldet jeden Verdächtigen, jedenfalls solange die Familie zu Hause ist. Allein gelassen, ist allerdings auch er ausgekochten Profis gegenüber meistens machtlos, es sei denn, es gibt aufmerksame Nachbarn, die rechtzeitig Verdacht schöpfen und helfen.

Problematisch wird es, wenn Sie Ihren Haushund zur Selbstverteidigung erziehen wollen. Jeder Waffenbesitz birgt Gefahren – und in gewisser Weise wird ihr Hund durch diese Erziehung zur Waffe. Sie sollten sich daher unbedingt einem Schutzhund-Verein anschließen, wie es sie überall in unsern Landen gibt. Vor allem verfügen diese nicht nur über meist sehr engagierte Fachausbilder, sondern auch über die unbedingt erforderliche Schutzkleidung.

Dies als Warnung und guten Rat vorausgeschickt, möchte ich hier einige kurze Anleitungen geben, wie Sie einen normal veranlagten Hund einer geeigneten Rasse zu der für den Haushundbesitzer einzig wichtigen Schutzhundaufgabe erziehen können, der Abwehr eines Überfalls auf den Hundführer.

Erste Stufe: Initiieren

Wecken der Verteidigungs-
bereitschaft und Aggressivität

Sie benötigen einen kundigen und geschickten Helfer, der mit voller Schutzkleidung (Schutzhose und -mantel, Hodenschutz, Lederschuhen) und Schutzarm versehen ist. Der Hund wird mit einer neuwertigen, festen Leine (!) angeleint. Außerdem kommt der Hand an eine ausreichend starke Sicherheitskette mit einer eigenen Halsung, die an einem starken Pfosten befestigt ist. Der Helfer bleibt, solange er ungeschützt ist, grundsätzlich außerhalb der Reichweite dieser Kette. Sie selbst stehen in der Rolle des Hundeführers rechts vom Hund. Das ist die eindeutige Lernsituation für alle folgenden Übungen.

Der Helfer hält einen Sack in der rechten Hand, einen Stock in der linken. Er geht von vorn auf den Hund zu und versucht, ihn durch Hin- und Herschlagen des Sackes zu reizen. Der Hund soll mit wütendem Bellen und zähnefletschend den Zweikampf mit dem Sack aufnehmen. Wenn er kräftig zugepackt hat – das soll bei den ersten Übungen nicht zu lange dauern, damit er bald zu Erfolgserlebnissen kommt –, wird noch ein bißchen gezerrt, um die Wirkung des Sieges noch zu steigern. Dann bekommt er den Sack als Beute.

Veranlagung zum Schutzhund

Zieht sich der Hund zurück, anstatt den Sack anzugehen, stellen Sie ihn zwischen zwei besonders aggressive Hunde; vielleicht braucht er einen Anstoß. Läßt er sich auch hierdurch nicht inspirieren, dürfte er als Schutzhund, auch für den privaten Bereich, ungeeignet sein.

Je schwächer die Reaktionen des Hundes sind, um so mehr gilt es, seinen Kampfeswillen durch Anfeuern zu steigern. Das ist Aufgabe des Helfers. Solange der Hund verhalten

bleibt, muß er immer Sieger bleiben. Wenn der Hund hingegen wütend und aggressiv reagiert und sich laut bellend wild in die Leine hängt, soll der Helfer seinen Mut zuerst durch Drohen mit dem Stock, dann durch leichte Stockschläge dämpfen.

Zweite Stufe: Konditionieren

Gegenangriff nur auf Kommando

In der zweiten Lernstufe soll der Hund das Komando für seinen Gegenangriff, „Geh ran, Faß" mit seinem Angriffsverhalten verknüpfen. Das geschieht zunächst auf die übliche Weise. Sobald der Hund den Kampf mit dem Sack aufgenommen hat, rufen Sie immer wieder dieses Kommando, dazwischen auch seinen Namen. Das ist zugleich der Beitrag des Hundeführers zur Steigerung der Kampfbereitschaft des Hundes.

Es ist aber hier von Anfang an ein Zweites wichtig: Der Hund muß lernen, daß er das dargestellte Wehrverhalten nur dann zeigt, wenn es ihm ausdrücklich von seinem Hundeführer befohlen wurde. Das gilt auch dann, wenn der Hund selbst angegriffen wird. Ein unkontrolliertes Angriffsverhalten *darf* es beim Haushund nicht geben.

Die Lernsituation bleibt die gleiche. Der Helfer nähert sich dem Hund, den Sack neben sich herschleifend. Manchmal geht er vorbei, ohne den Hund zu beachten. Manchmal bleibt er stehen. Knurrt der Hund, beruhigen Sie ihn. Sie sagen: „Bleib! So recht! Bleib!" Beruhigt er sich nicht, legen Sie ihn ab. Da der Hund angeleint ist, können Sie sich ganz um ihn kümmern und jede Aggressivität dem Helfer gegenüber unterbinden.

Plötzlich jedoch, bei einer weiteren Annäherung des Helfers, stürzt sich dieser auf Sie. Im gleichen Moment kommandieren Sie: „Geh ran, Asta! Faß!" Auch jetzt muß der Helfer den Kampf so führen, daß der Sack im Mittelpunkt steht. Es endet wie immer mit einem Sieg des Hundes, der auch den Sack bekommt.

Es kommt also darauf an, daß der Hund den Doppelbefehl erlernt und erst dann die Verteidigung seines Herrn aufnimmt, wenn zwei Bedingungen erfüllt sind: es muß ein konkreter Angriff erfolgen und es muß der Befehl zum Gegenangriff erteilt worden sein.

Der Sinn des Doppelbefehls ist klar: der Hund kann zu leicht eine etwas temperamentvolle Wiedersehensbegrüßung mit Umarmen und Küßchen als Angriff auf seinen Herrn deuten. Deshalb *muß* eine Sicherung eingebaut werden.

Das „Aus"

Den gleichen Übungsablauf benutzen Sie auch von Anfang an, um das „Aus" zu üben. Auf das Kommando „Aus" muß der Hund sofort den Kampf als beendet betrachten und von dem Gegner, hier in der Gestalt des Sackes ablassen. Bei einem sehr aggressiven Hund kann das Schwierigkeiten bereiten. Da ein solcher Hund eine Gefahr darstellt, sind auch Schmerzeinwirkungen hier vertretbar.

Dritte Stufe: Motivieren

Üben mit Schutzarm

Erst wenn die erforderlichen Kommandos dem Hund vertraut sind, beginnt die eigentliche Schutzhundübung. Der Hund wird nicht mehr an einem Pfosten angeleint, sondern an der kurzen Leine vom Führer gehalten. Als Ziel für den Gegenangriff des Hundes dient jetzt nicht mehr der streitbare Sack, sondern ein Schutzarm, der zuerst niedrig gehalten wird wie der Sack. Es müssen jetzt die einzelnen Fälle (kein Angriff, kein Kommando; Angriff, kein Kommando; Kommando, kein Angriff; Angriff und Kommando) immer wieder durchgeübt werden. Der Weg ist lang, aber das Ziel ist hoch. Die höchste Stufe der Verständigung zwischen Mensch und Hund kann nur erreicht werden, wenn der eine für den anderen steht, wenn der eine für den anderen da ist, wenn es ernst wird. Wenn die Voraussetzungen erfüllt sind, sollte sich die Mühe lohnen.

Erziehung zum Unterlassen
(Unterlassungsdressur)

**Unterlassungsdressur –
Unterlassungsleistungen**

Bei allen Übungen, die bisher besprochen wurden, sollte der Hund
lernen, auf Ihren Befehl hin etwas
Bestimmtes zu *tun*. Auf „Heran"
z. B. sollte er herankommen, auf
„Gib Laut" bellen usw.

Nun gibt es aber eine Reihe von
Verhaltensweisen, die der Hund
nicht tun, die er *unterlassen* soll,
Handlungen also, die ihm verboten
sind. Auch in menschlichen Lebens-
bereichen, beispielsweise im Straßenverkehr, gibt es Gebote und Ver-
bote. Man soll rechts fahren und
links überholen; aber das Überholen
kann auch ganz verboten sein. Es ist
dann zu unterlassen.

Bei der Hundeerziehung handelt es
sich bei den Unterlassungsübungen
meistens um Fragen des guten Be-
nehmens. Wenn der Hund Begleiter
und Freund des Menschen sein soll,
wenn er sein Haus bewachen oder
mit ihm zur Jagd gehen soll, muß er
in der Gemeinschaft der Menschen
leben, muß er sich in der zivilisierten
Menschengesellschaft also benehmen können. Das aber bedeutet,
daß er vieles, was er gerne tun möchte, nicht tun darf. Da er lernen muß,
diese Handlungen zu unterlassen –
das kann möglicherweise recht
schwierig für ihn sein –, spreche ich

hierbei von Unterlassungsleistungen. Der Weg, der dorthin führt,
heißt Erziehung zum Unterlassen,
Unterlassungsdressur.

Allerdings gibt es für den Hund
unendlich viele Unarten, die er theo-
retisch ausführen *könnte*. Achtund-
neunzig Prozent von ihnen unterläßt
er jedoch, aber nicht aufgrund gezielter Erziehungsmaßnahmen; er
hat sie nie probiert. Er legt sich nicht
in die Betten, er kratzt nicht an
Schrankwänden, er zerbeißt keine
Perserteppiche – in all diesen und
vielen anderen Punkten verhält er
sich wie wohlerzogen, obwohl er nie
erzogen wurde. Von dressurgemä-
ßem Unterlassen kann man folglich
nur dann sprechen, wenn sich Unarten eingeschlichen haben und jetzt
zu unterbinden sind.

Was sind Unarten?

Genau genommen gibt es für den
Hund gar keine Unarten. Er tut, was
ihm Spaß macht, und unterläßt, was
er wiederholt als ungut erlebt hat.
Sein Tun wird zur Leistung oder zur
Unart je nachdem, wie wir Menschen es beurteilen. Wenn er einem
Einbrecher die Hosen herunterzieht,
ist das eine Heldentat. Macht er das
gleiche mit Ihrem Hausbesitzer, der
sich über den Hundekot im Garten
beschwert, ist die Hölle los.

Die meisten Unarten in unserm Sinne sind aus der Sicht des Hundes ursprünglich reiner Betätigungsdrang. Irgend etwas macht ihm besonderen Spaß; er wiederholt es. Schnell wird es Gewohnheit. Ein sehr probates Mittel, das Entstehen von Unarten zu vermeiden, ist daher, dem jungen Hund soviel wie möglich sinnvolle Beschäftigung zu geben.

Unterlassungsdressuren sind vermeidbar

Die meisten Unterlassungsdressuren sind vermeidbar, wenn Sie vom ersten Tage an ein klares Erziehungskonzept haben und wenn die ganze Familie sich daran hält. Ich erinnere hier besonders an meinen Rat am Anfang dieses Buches, dem jungen Hund nicht zu viel Freiheit zu gewähren (s. Seite 20).

Tätigkeitsdressur ist immer erfreulich, Unterlassungsdressur *immer* unerfreulich. Wenn Sie Unterlassungsdressuren vermeiden, vermeiden Sie nicht nur Unerfreuliches, Sie gewinnen zugleich mehr Zeit für Tätigkeitsdressuren, die Ihnen und dem Hund Spaß machen. Der Hund aber wird zusätzlich aufgewertet, und zwar nicht nur materiell.

Leider kann auf dieser Welt nichts vollkommen sein. Es ist in der Praxis einfach nicht zu vermeiden, daß sich, aller Vorsicht zum Trotz, Unarten einschleichen; man bemerkt sie vielfach erst, wenn sie schon da sind. Eine systematische Unterlassungsdressur ist dann unvermeidbar. Damit sie möglichst schnell wieder vergessen werden kann, sollte sie wohl durchdacht und effizient sein. Sie unterliegt ähnlichen Gesetzen wie die Erziehung zum Tun.

Nicht-auf-die-Polster

Auch die Erziehung zum Unterlassen soll zunächst an praktischen Beispielen erläutert werden. Dabei soll die geeignete Lehr- oder Dressurmethode auch hier aus der Erziehungspraxis heraus abgeleitet werden.

Mit der Übung ,,Nicht-auf-die-Polster" möchte ich beginnen, weil die damit gemeinte Unart für den Haushund besonders typisch ist.

Erste Stufe: Initiieren

Auch die Unterlassungsdressur verlangt den Aufbau einer Lernsituation

Wenn eine Unart zur Gewohnheit geworden ist, können Sie nicht auf den Zufall warten, das heißt darauf, daß der Hund unartig ist und Ihnen damit Gelegenheit gibt, einzugreifen. Sie müssen vielmehr immer, also auch außerhalb der Dressurstunde, negativ auf den Hund einwirken, wann immer er das unerwünschte Verhalten zeigt. Am ehesten aber erzielen Sie Wirkung durch systematische Dressur im Rahmen einer durchdachten Lernsituation, genau wie bei der Tätigkeitsdressur.

Das Prinzip des programmierten Fehlverhaltens

Sie wollen erreichen, daß der Hund es unterläßt, auf Ihre Polstermöbel zu steigen. Also brauchen Sie, um dies „üben" zu können, eine geeignete Lernsituation. Dazu gehört zunächst, daß Sie den Hund einen halben Tag länger als gewohnt hungern lassen, so daß er zur Übungsstunde einen besonders guten Appetit hat. Auf die Sitzfläche eines Sessels legen Sie ein leichtes, aber grobes Tuch. Nun zeigen Sie dem Hund ein Bröckchen und legen es mit einem Stück Papier oder Folie auf die Rückenlehne des Sessels. Sie wollen damit den Hund bewußt dazu verführen, auf die Sitzfläche zu springen, natürlich ohne diese Absicht zu zeigen. So initiieren Sie das Fehlverhalten. Springt er erwartungsgemäß auf die Sitzfläche, warten Sie, bis er ansetzt, sich das Bröckchen zu schnappen. In diesem Moment ziehen Sie unter ihm das Tuch weg, so daß er unsanft vom Sessel auf den Boden fällt. Er soll sich dabei mächtig erschrecken. Um die Katastrophe vollständig zu machen, kann ein Helfer, wenn der Hund herunterpurzelt, ordentlich Lärm machen indem er beispielsweise zwei Topfdeckel aufeinanderschlägt. Noch zweckmäßiger wäre es, wenn Sie nicht selbst das Tuch wegzögen. Sie könnten an dem Tuch eine hinreichend lange Schnur befestigen, mit deren Hilfe ein Helfer es aus dem Nebenraum heraus herunterzieht. Sie selbst trösten dann den Hund, geben ihm vielleicht unten auf dem Boden ein kleines Trostbröckchen, warten ein Weilchen, bereiten zwischenzeitlich das Nötige vor und wiederholen die Prozedur.

Zweite Stufe: Demotivieren

In der zweiten Stufe der Unterlassungsdressur geht es darum, die bedauerlicherweise eingerissene Unart zu verleiden und damit dem Tier wieder abzugewöhnen. Dies ist das einzige unerfreuliche Kapitel der Hundeerziehung. Es ist unvermeidbar, weil das Einreißen von Unarten leider auch unvermeidbar ist. Es gibt jedoch aus der Unterlassungserziehung keinerlei negative Folgen, wenn die folgenden Grundsätze beachtet werden.

Verleiden durch Erschrecken
Der wichtigste Grundsatz der Unterlassungsdressur heißt: erschrecken, nicht schlagen! Es gibt bei der positiven Erziehung keine Schmerzeinwirkung, weil diese sinnlos ist. Der Hund soll die Grenzen dessen erfahren, was er darf und was er nicht darf. Dies wird erreicht, indem er sich *beim* Ausführen der Unart erschreckt. Erschrecken bringt die Erfahrung: „Halt! Dieses Verhalten ist gefährlich. Unterlaß es!" (s. Seite 176).

Verleiden ist nicht strafen
Erziehung durch Erschrecken hat nichts mit „Strafe" zu tun. Bestrafen kann man nur jemanden, der schuldig und verantwortlich ist. Der Hund ist nicht schuldig und somit nicht verantwortlich, weil er als nicht denkendes Wesen die Folgen seines Handelns nicht kennt. Es geht beim Verleiden nur darum, das verbotene, uns unerwünschte Verhalten mit

negativen Erfahrungen zu verknüpfen.

Erschrecken wie durch Geisterhand

Wichtig ist, daß der Hund nicht den Erzieher als den Urheber aller Schrecken erkennt, sondern wie von Geisterhand an seinem unerwünschten Tun gehindert wird. Schreckeinwirkungen sollen daher möglichst von dem Objekt der Unart, hier also direkt von dem Sessel, ausgehen, damit auch das Objekt als solches dem Hunde unfreundlich wird.

Wenn der Hund mehrmals erfahren hat, daß er durch das Besteigen der Sesselsitzfläche weder an das Bröckchen herankommt, noch Gelegenheit hat, im Sessel überhaupt zu verweilen, deuten Sie ihm einen Ausweg an: Sie führen ihn so, daß er das Bröckchen von der Rückseite des Sessels her, und zwar vom Boden aus, problemlos, wenn auch mit einiger Anstrengung, mit den Pfoten herunterholen kann. Auf diese Weise erfährt er sehr anschaulich, was für ihn gut und was für ihn schlecht ist. Gut ist, wenn er, wie erwünscht, *nicht* auf den Sessel steigt.

Inzwischen bereiten Sie nach dem Prinzip des programmierten Fehlverhaltens den nächsten Erziehungsschritt vor: Während Sie selbst nach einem weiteren in Schrecken geendeten Versuch dem Hund Mut zusprechen, legt Ihr Helfer auf das besagte, die Sitzfläche bedeckende Tuch fünf oder sechs gespannte Mausefallen, bei größeren Hunden Rattenfallen. Das Bröckchen legen Sie jetzt so, daß er es nicht von der Rückseite des Sessels her erreichen kann. Und nun gehen Sie selbst völlig in Deckung und warten geduldig, die Zugleine in der Hand...

Es ist sicherlich nicht nötig, daß ich Ihnen den folgenden Ablauf schildere. Eine solche Prozedur ist jedoch nicht zu umgehen, wenn Ihr Hund ein für allemal solche Unarten unterlassen soll.

Die Unterlassungsdressur ist zweistufig

Wie wir gesehen haben, besteht die Unterlassungsdressur nur aus zwei Lernstufen, und zwar aus dem Initiieren, hier in der negativen Form des Verführens zur Untat, und dem Demotivieren. Die Konditionierung entfällt. Die Verknüpfung des auslösenden Objektreizes (hier also des Sessels) mit dem unerwünschten Verhalten (auf-den-Sessel-Steigen) hat der Hund bereits vorweggenommen, indem er sich diese Unart angewöhnte. Das unerwünschte Verhalten selbst braucht er bei der Unterlassungsdressur logischerweise nicht zu lernen; das kann er – leider – schon.

In der Praxis wird man die erste und die zweite Stufe der Unterlassungsdressur, obwohl sie klar zu unterscheiden sind, auch zeitlich eng zusammenlegen. Es hätte keinen Sinn, durch zu ausgedehntes Verführen die unerwünschte Verknüpfung noch zu intensivieren. Sobald das Verführen also zuverlässig gelingt, soll die Demotivierung beginnen. Manchmal kann das schon beim ersten Versuch der Fall sein.

„Bleib"/Nicht-Weitergehen

Das Nicht-auf-die-Polster ist an sich eine völlig unwichtige Unterlassungsdressur; sie läßt sich ganz einfach vermeiden, indem man dem Hund vom ersten Tage an keine Gelegenheit gibt, die feinen Veloursessel als adäquate Liegegelegenheiten überhaupt kennenzulernen. Ich habe sie dennoch an den Anfang der Unterlassungsdressur gesetzt, weil sich an ihr für die meisten häuslichen Unarten die geeignete Erziehungsmethode veranschaulichen läßt.

Das „Bleib" ist ein allgemeiner Unterlassungsbefehl

Die mit Abstand wichtigste und eine für jeden Hund, ob Haus- oder Gebrauchshund, unerläßliche Unterlassungsdressur ist das „Bleib". Es ist die Aufforderung an den Hund, in seiner gegenwärtigen Position zu verharren und zunächst nichts zu tun oder jedenfalls das nicht zu tun, was er gerade zu tun sich anschickt. Das „Bleib" ist also das Kommando für ein generelles Nicht-Tun. Der Hund steht, sitzt oder liegt irgendwo. Er hat offensichtlich den Handlungseinfall, etwas zu tun, der stehende loszulaufen, der sitzende oder liegende aufzustehen usw. Durch das Kommando „Bleib" veranlassen Sie ihn jedoch, diesen im Moment gewärtigen Handlungseinfall *nicht* auszuführen, obwohl Sie gegen das gleiche Verhalten unter anderen Umständen oder etwas später, wenn Sie es vielleicht sogar befehlen, nichts einzuwenden hätten. Es handelt sich beim

„Bleib" also nicht darum, ein bestimmtes Verhalten unter allen Umständen zu unterlassen, wie das beim Nicht-auf-die-Polster der Fall ist, sondern darum, irgendein beliebiges, sonst erlaubtes Verhalten *jetzt* oder *vorerst* zu unterlassen.

Das „Bleib" ist ein sehr häufiges Kommando

Das Kommando „Bleib" ist wahrscheinlich im alltäglichen Umgang mit dem Hund das am häufigsten benötigte. Denn es kommt den lieben langen Tag immer wieder vor, daß der Hund gerade etwas tun will, Sie aber nicht wollen, daß er es tut: Er steht an der Tür und will mit uns hinaus. Er muß jedoch zu Hause bleiben. Also sagen Sie: „Bleib!" Der folgsame Hund bleibt stehen, obwohl die Türe sich einladend öffnet. Oder Sie wollen in den Wagen ein- oder aussteigen. Beides kann der Hund jeweils nicht erwarten; ist er draußen, will er als erster hinein; ist er drinnen, will er als erster hinaus. Deshalb gibt es jedesmal ein peinliches Gedränge und Gequetsche in der immer zu engen Autotüre. Auch dieser Fall löst sich ganz einfach durch das „Bleib". Beim Einsteigen „bleibt" er hübsch draußen, bis Frauchen es sich bequem gemacht hat. Dann erst heißt es: „Komm rein!" Beim Aussteigen geht es nicht etwa, sobald die Türe sich öffnet, über Rock und Knie; er „bleibt" vielmehr brav im Wagen, bis Frauchen ausgestiegen ist. Dann erst ist er an der Reihe. Das Kommando heißt: „Komm raus!"

Ablegen und „Bleib"

Am häufigsten aber wird das „Bleib" in Verbindung mit solchen Übungen gebraucht, die ihrerseits ebenfalls auf ein Verharren abzielen, dem Ablegen z. B., dem Sich-setzen oder dem Down. Bei diesen Übungen handelt es sich um Tätigkeitsleistungen, denn der Hund soll auf Befehl etwas Bestimmtes tun, sich hinlegen nämlich oder sich setzen. Hat der Hund sich hingelegt oder hingesetzt, hat er seine „Pflicht" getan. Wollen wir, daß er sich hinlegt *und* liegen *bleibt*, verlangen wir zweierlei von ihm und müssen daher auch zwei Befehle erteilen: „Ablegen!" *und* „Bleib!".

Das ist für eine saubere Dressur sehr wichtig. Denn das Sich-Hinlegen muß als Tätigkeitsleistung *positiv* beeinflußt werden; es muß belobigt werden. Das „Bleib" aber ist eine Unterlassungsleistung, die durch *negative* Einwirkung geübt und durchgesetzt werden muß. Sobald der Hund also liegt oder sitzt, kommandieren wir barsch: „Bleib!" Eben war noch eitel Sonnenschein; jetzt hängt plötzlich, wirklich wie aus heiterem Himmel, eine drohende Gewitterwolke über der Szene, und es blitzt und donnert, wenn der Hund es wagen sollte aufzustehen. Das „Bleib" ist neben dem „Pfui", letzteres als allgemeiner Drohlaut, das einzige verbale Kommando, das bereits im Ton hart und drohend klingen muß. Schon durch das mit ihm verbundene negative Klima soll dem Hund jedwede Lust, irgend etwas zu unternehmen, genommen werden.

Positive Stimmung mobilisiert den Hund, negative bremst ihn.

Erste Stufe: Initiieren
Zweite Stufe: Demotivieren

Auch beim Üben des „Bleib" können wie bei allen Unterlassungsleistungen von Anfang an beide Lernstufen hintereinander ablaufen. Denn das Herbeiführen des unerwünschten Verhaltens, das Verführen also, ist problemlos und gelingt auf Anhieb.

Dies ist eine bewährte Methode, das „Bleib" zu üben: Der hungrige Hund ist bereits etwas länger im Zwinger als gewohnt. Natürlich will er heraus und verlangt nach seinem Futter. Aber Sie haben heute auffäl-

lig viel Zeit. Schließlich gehen Sie mit der gefüllten Futterschüssel zur

Zwingertür, stellen diese draußen, dem Hund gut sichtbar, ab und öffnen langsam einen Fuß breit die Tür, halten sie aber gut in der Hand. Im selben Augenblick, wenn der herausdrängende Hund den Kopf schon halb in der Tür hat, sagen Sie barsch: „Bleib" und drücken die Tür gegen seinen Kopf. Sie tun ihm dabei ganz sicher nicht weh; denn Sie werden sehen, daß er den Kopf schneller zurückziehen kann, als Sie die Tür zudrücken können. Sie wiederholen das „Bleib" etliche Male, während er im Innern des Zwingers vor der Tür steht und abwartet, was weiter geschieht.

Verleitungen einbauen

Die ganze Prozedur wiederholen Sie mehrmals am Tag. Sehr bald, vielleicht schon am ersten Tag, wird der Hund nicht mehr versuchen, sich durch die wenig geöffnete Tür nach draußen zu zwängen; er wird drinnen verhoffen und Sie fragend ansehen. Sofort geben Sie ihm im Zwinger, dort wo er steht, ein Bröckchen, sagen: „Bleib!" und loben ihn. Sie können ihm zum Schluß das ganze Futter in den Zwinger schieben. Besser aber üben Sie nach der „Bleib"-Dressur einige gut sitzende Heran- oder Apportierübungen, um seine Stimmung wieder aufzubessern, und nutzen das restliche Futter hierzu als Belobigung.

Hat der Hund das „Bleib" als Kommando für das Das-jetzt-bitte-nicht-Tun erfaßt, erhöhen Sie den Schwierigkeitsgrad dieser Übung: Sie lassen die Zwingertür 30 Zentimeter weit geöffnet und gehen unter mehrmaligem, jetzt besonders drohend klingendem „Bleib!" mit einigen Bröckchen in der Hand mehrere Schritte zurück, gehen in aller Ruhe wieder zur Tür vor und geben ihm im Zwinger das Bröckchen. Nach dem Prinzip der kleinen Schritte geht es dann weiter, bis Sie sich 10, 20 und mehr Meter von der offenstehenden Zwingertür und der davorstehenden, vollen Futterschüssel entfernen können, ohne das einmalig erteilte Kommando „Bleib" wiederholen zu müssen. Jetzt bauen Sie weitere Verleitungen ein, indem Sie z.B. einen Helfer zwischen sich und dem Hund hindurchlaufen lassen.

Dann erst, wenn der hungrige Hund bei geöffneter Tür auf „Bleib!" sicher im Zwinger verharrt, rufen Sie ihn plötzlich heran und belobigen ihn. So lernt der Hund drei Übungselemente auf einmal: das Kommando „Bleib", zu warten, bis er gerufen wird, und das Herankommen, das hier besonders freudig erlebt wird.

Das „Bleib" im Alltag üben

Das „Bleib" ist nicht nur das im Alltag häufigste, es ist auch das im Alltag am häufigsten zu übende Kommando. Immer, wenn Sie mit dem Hund durch eine Tür gehen, spielt sich der gleiche Vorgang ab wie bei den Übungen an der Zwingertür. Sie sagen: „Bleib!", der Hund bleibt stehen, Sie öffnen die Tür und gehen als erster hindurch. Erst wenn Sie draußen sind oder im Wagen oder wo immer, fordern Sie ihn auf nachzukommen. Vor der Küchentür, der Kellertür, beim Ablegen am Fernseher, bei einer Begegnung auf der Straße nach dem „Sitz", draußen vor einem Ladengeschäft – immer wird das „Bleib" benötigt und auch kontrolliert angewandt. So wird es nach und nach zu dem sicheren Instrument zur Führung des Hundes im Alltag, das es in Verbindung mit dem „Heran" und dem „Bei Fuß" sein soll.

Freies Ablegen/ Nicht-Aufstehen

Mit „Bleib" frei ablegen

Dann erst, wenn das „Bleib" auf diese Weise gründlich geübt ist und beherrscht wird, kommt die Hohe Schule der „Bleib"-Dressur, das freie Ablegen. Sie markieren sich hinter einer Ecke Ihres Hauses eine Stelle, auf der Sie den abgelegten Hund beobachten können, ohne von ihm gesehen zu werden. Hier schlagen Sie einen Pflock in den Boden. Sie gehen mit dem angeleinten Hund wie beiläufig an dieser Stelle vorbei, sagen: „Ablegen! Bleib!" und werfen die Schleife der Leine schnell über den Pflock. Sie selbst gehen ruhig geradeaus weiter, um das Haus herum bis zu dem Punkt, von dem aus Sie den abgelegten Hund beobachten können. Hier machen Sie es sich bequem und nehmen am besten eine Zeitung mit; denn Sie brauchen Geduld. Der Hund soll lernen, auch für längere Zeit liegen zu bleiben. Sie müssen deshalb trotz Zeitung sofort zur Stelle sein, wenn der Hund aufstehen sollte, gleich aus welchem Grunde. Er *muß* liegen bleiben, auch wenn ein Helfer kommt und ihm nicht nur Zeichen gibt zu kommen, sondern ihm auch ein Bröckchen zuwirft. Wenn das gelingt, können Sie ihn, natürlich unter Beachtung aller Vorsichtsmaßregeln, an dieser Stelle erstmalig frei ablegen und schließlich den Ablegeplatz, immer dem Prinzip der kleinen Schritte folgend, auch wechseln.

Liegen bleiben heißt nicht aufzustehen

Der Hund soll nach dem Kommando „Ablegen! Bleib!" so lange liegen bleiben, bis er aufgefordert wird aufzustehen. Das gilt allerdings nicht absolut. Zwar halte ich es für möglich, einen Hund für das Liegenbleiben so zu motivieren, daß er eher eingeht als aufsteht. Doch wäre ein Training dieser Art ebenso sinnlos wie unmoralisch.

Allerdings, die Seele des Hundes ist tief und unergründlich. Ich hatte einmal in einem großen Waldgebiet einen Hirsch geschossen und meine damals noch junge Deutschdrahthaarhündin Asta etwa 6 Meter von der Aufbruchstelle entfernt frei abgelegt. Wir hatten den Hirsch versorgt und dann mit einigem Hallo den Berg hinunter bis zum Wagen geschleift. Plötzlich, nachdem der Hirsch im Wagen lag, stand ich vor der Frage: „Wo ist mein Hund?" Obwohl ich mir nicht vorstellen konnte, Asta jetzt noch an der Aufbruchstelle zu finden, lief ich den Weg zurück. Ich fand die Hündin brav liegen, wo ich sie 2 Stunden zuvor abgelegt hatte. Sie hatte sich weder durch das laute Entfernen des Wildkörpers, noch durch unseren Weggang, noch durch den stark duftenden Aufbruch, noch durch das lange Alleinsein dazu verleiten lassen aufzustehen. Ich hätte einer so jungen Hündin diese Festigkeit nicht zugetraut und auch nicht von ihr gefordert.

Es ist für den Erzieher immer schwer abzuschätzen, wie weit sein Einfluß geht. Er sollte daher nie übertriebene Anforderungen an das Tier stellen, hier die Dauer des Ablegens also nicht übertreiben.

Tischmanieren

Für den Gast einer Hundebesitzer-Familie gehört es immer wieder zu den erbaulichsten Eindrücken, wenn der zottelige Hausgenosse die Tischrunde bereichert, ohne daß für ihn gedeckt wurde. Der Gast möchte das duftende Hähnchenbein genießen, aber es steht einer neben ihm, der jeder Bewegung von Kinn und Hand mit feuchten Augen folgt, so daß ihm das Beinchen im Halse stecken bleibt ... bis der Zottel resignierend die Lider senkt, den Schwanz einkneift und neue Hoffnung schöpfend den nächsten Gast beehrt ... bis es kommt, wie es kommen muß: Spätestens der dritte Gast oder die Hausfrau selbst erbarmt sich seiner, mit der Drohung allerdings, dies sei das letzte Mal. Doch das Beste kommt noch, der Kommentar. Er sei gewiß ein guter Hund, ja. Aber er habe

schreckliche Unarten. Vor allem die Bettelei. Das läge an der Rasse. Die bettelten alle. Dagegen könne man halt nichts machen.

Daran ist fast alles falsch. Erstens ist nicht der Hund der Schuldige, sondern die Herrschaft. Ein Bissen vom Tisch in den ersten Wochen genügt, um die Unart hervorzurufen. Zweitens hat diese nichts, überhaupt nichts mit der Rasse zu tun. Drittens *kann* man etwas tun, auch wenn der Hund schon älter ist. Der Hund *bleibt* lernfähig. Er wird grundsätzlich vor dem Essen *angeleint*, und zwar an eine dünne Kette, mindestens 5 Meter vom Tisch entfernt. Dort bekommt er sein Futter zur gleichen Zeit wie die Familie, und nach wenigen Tagen ist die Unsitte kuriert.

Nicht-auf-die-Autositze

Das Prinzip der Unausführbarkeit der Unart

Bei der Unterlassungsdressur ,,Nicht-auf-die-Polster'' habe ich bereits den Trick angewandt, ein größeres Tuch auf die Polster zu legen und dieses wegzuziehen, wenn der Hund die Sessel bestiegen hat. Dahinter verbirgt sich das Dressurprinzip, die Unart für den Hund faktisch unausführbar zu machen. Er soll die Erfahrung machen, daß das unerwünschte Verhalten für ihn nicht machbar ist, und es deshalb unterlassen. Diese Erfahrung festigt sich noch schneller, wenn mit dem Verhindern unmittelbar eine Schreckeinwirkung verbunden ist.

Noch deutlicher läßt sich dieses Prinzip bei der Übung ,,Nicht-auf-die-Autositze'' demonstrieren. Der Hund gehört nicht auf die Autositze, weil er diese beschmutzt und verhaart, weil er den Fahrer behindern und so zu einer Gefahr für diesen und für andere werden kann und schließlich, weil der Hund selbst auf den Polstern im Unglücksfalle sehr gefährdet ist.

Fahren Sie mit ihm auf einen Feldweg oder eine Straße, auf der es kaum Verkehr gibt. Auf der Fahrt dorthin sitzt der Hund im Fußraum des Beifahrers. Auf dem Beifahrersitz liegt ein großer Pappkarton. Sind Sie auf den Feldweg eingebogen, werfen Sie den Karton auf die Hintersitze. Ihr Hund, bisher durch diesen an seiner Unart gehindert, wird sie jetzt sofort ausführen und

auf den Beifahrersitz klettern. Für aufmerksame Hunde, die auch etwas von der Umgebung sehen wollen (mein Hund roch sogar mit Vorliebe an den Lüftungen, weil ihn die ständig wechselnden Düfte interessierten), ist dieser Platz sehr verlockend, nur, er ist aus den genannten Gründen für Hunde verboten. Deshalb treten Sie im selben Augenblick, in dem der Hund Platz nehmen will, sacht auf die Bremse, aber doch so, daß er dorthin zurückgeworfen wird,

wo er hergekommen ist. Das wiederholen Sie ein- bis zweimal; dann können Sie auf dem Heimweg den Karton im Fond lassen.

Nicht-Anspringen

Eine sehr unangenehme Angewohnheit, vor allem von großen Hunden, ist das Anspringen. Viele Menschen erklären, daß sie keine Hunde mögen oder Angst vor ihnen haben, weil ein Hund sie früher einmal angesprungen hat. Dabei ist das Anspringen aus der Sicht des Hundes keineswegs bösartig und in keiner Weise aggressiv. Im Gegenteil; wir wissen von TRUMLER, daß der Hund durch Nasenstubsen versucht, Artgenossen gegenüber seine Anhänglichkeit und Friedfertigkeit zu bekunden. Dazu muß er mit seinem Gegenüber auf die gleiche Höhe kommen, bedenkt aber nicht, daß er einem zweibeinigen Genossen Gleichgewichtsprobleme bereitet, von dem möglichen Schrecken ganz zu schweigen. Aus der Sicht des Menschen aber ist das Anspringen eine Unart, vor allem im Hinblick auf die möglichen Folgen. Es ist wiederum ein sehr anschauliches Beispiel dafür, daß ,,Unarten'' nichts mit Gut- oder Bösesein zu tun haben, sondern allein von der Einstellung des Menschen dem Verhalten des Tieres gegenüber abhängig sind.

Obwohl das Anspringen in Verbindung mit dem Nasenstubsen also ein angewölftes und natürliches Verhalten ist, müssen Sie es Ihrem Hund abgewöhnen, falls es Ihnen nicht gelungen ist, es von Anfang an durch ,,Pfui!'' und ,,Laß das!'' zu unterbinden. Das Mittel ist heimtückisch, aber wirksam: Sie ziehen sich Schuhe an mit weichen, profillosen Gummisohlen und verführen den Hund auf einem weichen Untergrund (Rasen, Teppich) zum Hochsteigen. Während Sie ihn an den Vorderpfoten mit beiden Händen festhalten und von sich wegschieben, treten Sie ihm leicht auf eine der Hinterpfoten. Der Hund wird aufjaulen und sehr betroffen sein. Daher ist jetzt sofort ein doppeltes Maß an Liebe und Trost notwendig, um ihn schnell wieder aufzurichten. Dabei sollten Sie stets die gleiche Form des Liebelns wählen, indem Sie z. B. seinen Kopf zwischen beide Handflächen nehmen und die Nase auf Ihren Körper hin führen und ihn berühren. Der Hund soll nicht das Gefühl haben, zurückgestoßen worden zu sein. Er soll nur erfahren, daß Sie als sein Meuteführer bestimmte Formen der Annäherung nicht wollen, eine andere Form aber gern akzeptieren.

Nicht-Buddeln

Für den Einfamilienhaus- und Hundebesitzer gibt es noch ein anderes Problem: Der Hund buddelt tiefe Löcher im Garten und nimmt nicht die geringste Rücksicht auf die von der Hausfrau mit viel Liebe und Mühe angelegten Tulpenrabatten. Grund: Einmal ist es ihm gelungen, eine vor seinen Augen in ein Mauseloch geflüchtete Maus ,,freizuschaufeln'' und zu fangen. Dieser Erfolg hat eine unglaubliche Buddelleidenschaft entfacht. Was soll man dagegen machen?

Wie bei allen Unarten, die sich verfestigt haben, ist auch hier guter Rat teuer. Das Buddeln muß ihm verleidet werden, und zwar gründlich. Sie brauchen dazu etliche Rattenfallen (bei einem kleineren Hund tun es auch Mausefallen) und tote Mäuse. Außerdem benötigen Sie pro Entwöhnungsloch ein Eisenrohr von 70 bis 100 Zentimeter Länge, dazu diverse Eisenkrampen von 20 Zentimeter Länge, mit deren Hilfe die Eisenrohre fest im Boden verankert werden können. Der Durchmesser der Rohre muß etwa 30 Millimeter sein, so daß eine tote Maus gut hineinpaßt.

Das Buddeln ist ähnlich wie das Hetzen eine stark emotionsgeladene Unart. Um sie wirksam bekämpfen zu können, müssen daher mehrere Geschütze aufgefahren werden.

Das erste leichtere Geschütz ist das Prinzip der faktischen Unausführbarkeit des Fehlverhaltens. Der Hund muß die Erfahrung machen, er kann soviel buddeln, wie er will, er bekommt die Maus dennoch nicht, obwohl er sie unmittelbar vor sich hat. Denn Sie haben das Eisenrohr so vergraben und im Boden fest verankert, daß das Rohrende unmittelbar in dem Mauseloch mündet. Dort liegt auch zum Fassen nahe die tote Maus. Aber sie ist dennoch unerreichbar.

Diese Methode könnte ausreichen, dem Hund das Buddeln nachhaltig wegen Erfolglosigkeit zu vergrämen. Reicht sie nicht, muß in Gestalt der Rattenfallen zusätzlich das schwere Geschütz aufgefahren werden. Diese werden wohlgeordnet um das „künstliche" Mauseloch postiert. Das Zuschlagen der Fallen, bereitet dem Hund natürlich Schmerzen, egal, ob es, wie am ehesten zu erwarten, die Pfoten oder die Nase trifft. Er wird es verkraften. Ich selbst habe beim Fallenstellen schon so manchen Schlag auf die Finger bekommen und daraus gelernt! Aber es gibt kein anderes geeignetes Mittel, wenn das leichte Geschütz nicht nachhaltig nützt. Sie müssen abwägen, ob Sie Ihrem Hund das Buddelvergnügen dann und wann gönnen wollen oder ob das unberührte Tulpenbeet für Sie einen Stellenwert hat, der ein schmerzhaftes Einwirken auf das Tier rechtfertigt.

Von-Fremden-kein-Futter-Nehmen

Nähme ein Hund, der in erster Linie zur Bewachung des Hauses angeschafft wurde, von jedem Dritten bereitwillig Futter an, so könnte er von einem böswilligen Fremden leicht auf dessen Seite gebracht und ausgeschaltet werden. Aber auch allgemein hat ein Hund, der sich von jedem Futter locken läßt, etwas von jenen, die für ein Zubrot jedem gut sind. Dieses für einen Wachhund unerträgliche Verhalten können Sie nur verhindern, indem Sie den Hund schon frühzeitig so erziehen, daß er grundsätzlich von einem Fremden kein Futter annimmt.

Wir haben es hier wiederum mit einem Verhalten zu tun, das nur aus menschlicher Sicht zur „Unart" wird. Aus der Sicht des Hundes ist es das natürlichste Verhalten, das es gibt. Warum in aller Welt sollte er einen guten Happen nicht annehmen dürfen, der ihm freundlich gereicht wird?!

Tatsächlich handelt es sich hier um eine durchaus normale Unterlassungsdressur, die sich dennoch von den meisten anderen unterscheidet. Bei letzteren ist es fast immer so, daß Unarten eingerissen sind, die sich bei größerer Aufmerksamkeit hätten vermeiden lassen. Da kein Hund von sich aus von einem Fremden dargereichtes Futter verweigert, muß diese Übung auf den Unterrichtsplan eines jeden Wach- oder Schutzhundes gesetzt und systematisch dressiert werden.

Diese Dressur ist relativ einfach, *wenn* Sie genügend „Fremde" verfügbar haben, die mit einem Hund umgehen können. Es lohnt sich daher auch wegen dieser Übung, Mitglied oder Gast eines Schutzhund-Vereins zu werden, wo diese Bedingung immer erfüllt ist.

Der Hund muß an den Übungstagen besonders hungrig sein, denn hier geht es ums Futter. Da sitzen einige Fremde verstreut und leicht versteckt im Gelände. Mit dem angeleinten Hund gehen Sie der Reihe nach von einem zum anderen. Auch hier schießt (wie beim Buddeln) zuerst die leichte Artillerie mit dem Prinzip der faktischen Unausführbarkeit der Unart: Die Fremden haben ein metallenes Tee-Ei in der Hand, das mit stark und gut duftendem Fleisch, wie es der Hund am liebsten ißt (z. B. mit einer Klinkenberg-Spezial-Hunde-Frikadelle), prall gefüllt ist. Das Tee-Ei ist mit einer festen Schnur am Handgelenk befestigt. Der Fremde hält es dem Hund mit einladenden Worten und Gebärden hin; der Hund nimmt es begierig in den Fang und versucht, darauf zu beißen. Im selben Moment aber zieht der Fremde das Ei wieder aus dem Fang. Sie und der Fremde

schreien: „Pfui!", jemand schlägt mit einer Peitsche unmittelbar neben dem Hund auf den Boden; kurz: Ein Zeter und Mordio bricht los, als wenn die Welt unterginge. Das „Weltende" dauert aber nur Sekunden. Denn das Bild wandelt sich umgehend: *Sie* als der Spender alles Guten beruhigen den Hund, loben ihn, weil er das Fleisch nicht von dem Fremden genommen hat, und geben ihm Ihrerseits ein schmackhaftes Bröckchen. So macht der Hund die Erfahrung, daß er mit aller Sicherheit von Ihnen sein Futter bekommt und es auch in aller Ruhe genießen kann. Futter, das andere ihm reichen, kann er zwar auch annehmen; aber er kann es weder fressen noch genießen. Das unerwünschte Verhalten ist faktisch unausführbar.

Kommt die leichte Artillerie auf diese Weise nicht ins Ziel, muß leider – ein Schutzhund darf nun einmal von Dritten kein Futter annehmen, er ist sonst wertlos – auch hier das schwere Geschütz aufgefahren werden. Der jeweilige Fremde nimmt jetzt ein Bröckchen, wiederum vom feinsten Futter, in die rechte Hand, und zwar hält er es mit dem Ringfinger und dem kleinen Finger. Die Handinnenfläche mit dem Fleisch zeigt nach oben. So reicht er dem Hund das Fleisch hin und tut ganz so, als wolle er es ihm auch geben. Sobald der Hund jedoch den Fang öffnet, um es zu schnappen, läßt der Fremde den vom Daumen gehaltenen Zeigefinger auf die Nase schnipsen. Das schmerzt, denn die Nase ist ein sehr empfindliches Organ. Sofort beruhigen Sie also den erschrockenen oder gar geschockten Hund und versöhnen ihn mit einem saftigen Bröckchen von Ihrer Hand, das er gern annimmt. Er wird bald nicht mehr so leicht geneigt sein, für Unerreichbares und Ungenießbares noch die Nase hinzuhalten. Er nimmt von Fremden kein Futter mehr.

Nicht-Kläffen

Mit „Kläffen" ist die unerfreuliche Seite der Lautäußerungen des Hundes gemeint. Das Hundegeläut, das den am Abend heimkehrenden Hausherrn freudig begrüßt oder drohende Gefahren uns frühzeitig erkennen läßt, wird hier zur Plage. Unerwünschtes Bellen erlebt der Hundefreund in drei Fällen:
wenn Gäste des Hauses kommen und beschimpft werden, als habe der letzte Auswurf der Menschheit das Haus betreten;
wenn beim Spaziergang oder beim Shopping zufällig vorbeikommende Hunde angemacht werden wie der leibhaftige Antichrist;
oder wenn der im Zwinger eingesperrte Hund jault, als sei er das armseligste Geschöpf dieser Erde.

Gäste kommen
Die Schwierigkeiten, das Übel nachhaltig zu beheben, sind im zweiten Fall größer als im ersten, im dritten größer als im zweiten. Denn im ersten Fall, in der Wohnung, haben Sie den Schreihals unter Kontrolle. Sie können auf vierfache Weise einwirken:

1. Sie bestellen sich einen Bekannten, der an einigen Tagen zwanzigmal hintereinander kommt, klingelt und wieder geht. Sobald der Hund ansetzt zu bellen, erschrecken Sie ihn mit einer Fliegenklatsche oder Peitsche, mit der Sie dicht neben ihm auf den Boden schlagen. Das Kläffen wird ihm auf diese Weise nach und nach verleidet.

2. Sie lehren Ihren Hund ein Kommando für das Schweigen, das Still-Sein. Sobald er sich etwas beruhigt hat, sei es durch das vorangegangene Erschrecken, sei es durch das zurückhaltende Verhalten des Besuchers, sagen Sie: „So brav! Sei still!" oder „Schweig!" und loben ihn mit Streicheln und Bröckchen. Der Hund verknüpft diesen Befehl mit dem Verhalten „Jetzt-leise-Sein". Es handelt sich bei diesem Teilaspekt der Erziehung also um eine Tätigkeitsdressur zur Unterstützung einer Unterlassungsdressur.

3. Im Anfang wird möglicherweise beides nicht reichen. Dann müssen Sie ein Weiteres tun: den Hund ablenken. Unmittelbar bevor der Besucher kommt, wiederholen Sie irgendeine Lieblingsübung Ihres Hundes, Pfötchen-Geben oder Bringen oder Mit-dem-Ball-Spielen. Sie werden sehen, daß der Hund sehr bald gelassener dem Fremden gegenüber wird und keinen Laut mehr an ihn verschwendet, vor allem, wenn er zuvor das Kläffen seinerseits als unheilvoll erlebt hat.

4. In allen Fällen folgt zum Schluß das Kommando ,,Geh an deinen Platz". Auch dies ist eine ablenkende Tätigkeitsleistung, die Ihnen die Möglichkeit gibt, den Hund zu loben, *obwohl* die Unterlassungsleistung ,,Nicht-Kläffen" auf dem Erziehungsplan steht.

Hundebegegnungen

Beim Spaziergang ist es weitaus schwieriger, den Hund davon abzubringen, entgegenkommende Erzfeinde (das sind grundsätzlich alle Hunde *außer* ihm selbst) anzubellen. Ein kleines Stück können Sie diese Dressur auch zu Hause üben, indem Sie Ihren Hund vor einen tiefhängenden Spiegel führen. Er kennt sich selbst ja nicht und betrachtet in diesem Falle alle Hunde *einschließlich* sich selbst als Erzfeind. Aber dieser Trick allein führt meist nicht zum Ziel.

Ein weiteres Stück kommen Sie daher nur voran, wenn Sie sich mit einem oder einigen befreundeten Hundebesitzern zusammentun, um das gegenseitige Ankläffen zu unterdrücken. Auch das garantiert nicht den vollen Erfolg; die Erzfeinde lernen sich schätzen!

Natürlich ist auch das Stachelhalsband keine Lösung. Das Feindbild ist von Natur her so ausgeprägt, daß der Hund den Stechschmerz der Stacheln entweder nicht wahrnimmt oder einfach abtut. Vielleicht bildet er sich sogar ein, das unverschämte Gegenüber verursache diesen Schmerz und das reizt ihn noch mehr.

Es bleibt daher nur, das Kommando ,,Schweig! Sei still!" konsequent zu trainieren. Dies läßt sich bei vielen Anlässen machen. Aber es erfordert Geduld und Nachsicht.

Jaulen im Zwinger

Ein Hund, der im Zwinger vor Einsamkeit jault, weil er sich als Meutegenosse fühlt und bei der Familienmeute sein möchte, ist durch Unterlassungsdressur nicht zu kurieren. Es gibt nur einen Weg: den Zwinger interessant machen. Nur im Zwinger gibt es Futter. Geben Sie ihm einen harten Rinderknochen mit Knorpel und Knochenmark, das (fast) nicht zu erreichen ist und daher stundenlange Beschäftigung bietet.

Probieren Sie einmal folgendes: Sie geben ihm in den Zwinger, sei es als tägliche Mahlzeit, sei es als zusätzliche Futterration, eine Flasche, die mit Trockenfutter gefüllt ist. Es muß sich natürlich um eine Art Trockenfutter handeln, an die er gewöhnt ist und die er schätzt. Das Verhältnis der Brockengröße zum Flaschenhals muß so sein, daß erst nach intensivem Spiel mit der Flasche ab und zu ein Bröckchen herausfällt. Vielleicht können Sie mit diesem Spielzeug den Hund nicht nur für einige Zeit im Zwinger beschäftigen und ruhig halten, sondern ihm den Aufenthalt im Zwinger überhaupt ineressanter und erfreulicher machen, so daß er nach und nach das Jaulen läßt. Wenn aber spielerische Beschäftigung nicht wirkt, bleibt nichts anderes übrig, als ihn öfter in die Wohnung zu holen.

Nicht-in-die-Küche

In jedem Haus gibt es einige Räume, die für den Hund „tabu" sind. Neben der Küche sind dies im allgemeinen das Schlafzimmer und die Vorratsräume. Vielleicht gibt es für Sie auch noch einen anderen Raum, den Sie zusätzlich für „tabu" erklären möchten. Wichtig ist nur, daß darüber in der ganzen Familie Klarheit herrschen muß.

Sie locken den Hund auf irgendeine Weise, nötigenfalls indem Sie ihn rufen, in die Küche. Hinter der Küchentür lauern Ihr Mann mit einer Peitsche oder Klatsche und Ihre Tochter mit zwei Topfdeckeln in der Hand. Sobald der Hund die Nase in die Küche steckt, saust die Peitsche vor ihm auf den Boden – zur Steigerung des Lärms liegt dort vorübergehend ein Holzbrett als Resonanzboden –, und gleichzeitig donnern die Topfdeckel, als nahe der Weltuntergang. Nach diesem Debakel rufen Sie den Hund in ein erlaubtes Zimmer und loben und liebeln ihn.

Ansonsten ist das Nicht-in-die-Küche nicht mehr als eine Frage der Konsequenz: Grundsätzlich werfen Sie den Hund mit Händen und Füßen und lautem Schimpfen hinaus, wenn er es wagt, nur einen Fuß in die Küche zu setzen. Folgt er Ihnen bei Fuß, hat er, ohne daß Sie etwas sagen, an der Küchentür zu verharren. Kurz, das Betreten der Küche muß für ihn nicht nur ein höchst unerfreuliches, sondern zugleich ein faktisch unausführbares Unterfangen sein.

Nicht-Hetzen/
Der hasenreine Hund

Ganz wichtig ist es, das Prinzip der Unausführbarkeit einer Unart dort anzuwenden, wo angeborene Verhaltensformen unterdrückt werden sollen. Das gilt z. B. für das leidige Hasenhetzen.

Hier kommt, jedenfalls für den Jagdhund, ein weiteres Problem hinzu. Dieser soll nämlich durchaus einen Hasen hetzen, der durch den Schrotschuß zwar verletzt wurde, aber noch flüchten kann. Der erfahrene Jagdhund erkennt das sofort an der Witterung. Er weiß sehr bald, ob er auf der Fährte eines kranken oder eines gesunden Hasen ist. Er weiß auch, daß es zwecklos ist, einen gesunden Hasen zu hetzen; er hat oft genug die Erfahrung gemacht, daß ein gesunder Hase schneller als er und nicht zu bekommen ist. Dieses Beispiel zeigt deutlich, daß die Unausführbarkeit bzw. Erfolglosigkeit einer Unart das beste Mittel ist, um sie dem Hund zu verleiden.

Andererseits ist es natürlich viel einfacher, ein bestimmtes Verhalten grundsätzlich und für jeden Fall zu verbieten, als ein Verhalten unter diesen Umständen zu verbieten, unter anderen Umständen aber zu gestatten. Für den Haushund gilt das generelle Verbot des Hasenhetzens. Und das unterbinde ich wie folgt: Ich leine den Hund an eine 20 Meter lange Spezialleine an, die aus zwei verschiedenen Materialien besteht, einer geflochtenen Perlonschnur von etwa 10 Meter Länge, die am Halsband ansetzt, und einer umflochtenen Gummileine von ebenfalls 10 Meter Länge. Beide müssen leicht ablaufen und eine ausreichende Zugfestigkeit aufweisen (z. B. von 600 Kilogramm beim Schäferhund). Die Leine ist an einem festen Pflock oder Wandhaken befestigt. Sie muß sorgfältig am Boden hinter oder neben dem Hund in großen Schlaufen ausgelegt sein, damit sie sich nicht beim Ablaufen verheddert. Vor dem Hund ist eine etwa 30 Meter lange Schneise sichtbar, die rechts und links durch Sträucher oder Wände begrenzt ist. Das ist die Lernsituation.

Sie selbst stehen unbeteiligt neben dem Hund und geben, wenn alles klar ist, einem Helfer ein Zeichen. Dieser zieht eine mit hohem Tempo hoppelnde Hasenattrappe aus Kaninchenfell oder Stoff über die Schneise. Der „notorische Hetzer" wird sofort losstieben und hetzen.

Der Zwangsabrichter erzieht den hasenreinen Hund, indem er ihm ein Stachelhalsband anlegt und eine durchgehend starre Leine verwendet. Der hetzende Hund soll in die Stacheln laufen. Das Hetzen soll ihm durch Schmerzeinwirkung verleidet werden.

Ich erreiche mit der langen Gummileine einen völlig anderen Effekt: Ich verhindere den schmerzhaften Ruck am Ende der Leine, mache dafür aber dem Hund die Erfolglosigkeit seines Hetzens durch das nachgebende und immer wieder neu sich spannende Gummiseil deutlich. Er will und will, aber er muß schließ-

lich einsehen, er *kann* nicht. Diese Art von Erziehung ist tiergerecht, überzeugend und effizient.

Die für diese Dressur benötigte Leine aus leicht ablaufendem Perlon zum einen und aus umflochtenem Gummi zum anderen kaufen Sie am besten in einem Fachgeschäft für Boots- und Segelbedarf. Ich kann Ihnen bei Angabe der Hunderasse aber gerne eine solche konfektionieren und zusenden.

Nicht-Fassen/„Schone"

Besonders mit einem größeren Hund, aber möglicherweise ebenso mit einem frechen kleinen Teckel, kommen Sie häufig in die Lage, plötzlich einem Wesen gegenüberzustehen, das dem Raubtier Hund weit unterlegen ist, einem Yorkshire z. B., einer kleinen Katze, vielleicht sogar einem Baby. Sie benötigen in solchen Fällen ein Kommando, mit dem Sie den Hund zuverlässig davon abhalten können zuzufassen, und sei es nur im Spiel. Dieses Kommando heißt „Schone". Es ist durch das „Down", „Heran" oder „Bleib" ein Stück weit zu ersetzen, aber nicht allgemein; außerdem sind diese Ersatzkommandos unfachmännisch.

Das „Schone" können Sie ganz einfach üben, wenn Sie meine „Schone"-Dressurkiste nachbauen, eine Sache von wenigen Handgriffen: Sie besorgen sich eine (oder am besten gleich mehrere verschieden große) Holzkisten mit Deckel, lösen den Deckel, drehen die Kiste auf den Kopf und befestigen den Deckel an

der Schmalseite mit einem Leder-
oder Stoff-Scharnier. Den Deckel
beschweren Sie auf der gegenüber-
liegenden Seite je nach Bedarf.
Dann nehmen Sie ein schönes Stück
duftendes Fleisch, legen es auf die
Kiste und setzen darauf das Stell-
holz, das oben nur durch einen Na-
gel ohne Kopf gehalten wird.
Schnappt der Hund nach dem
Fleisch, fällt ihm der Deckel unsanft
auf den Kopf. Sie können den Dek-
kelrand leicht polstern, denn auch
hier ist das Schreckerlebnis wirksa-
mer als der Schmerz.
Aber dazu muß es nicht oder nur
ganz selten kommen, da der Hund
sehr schnell das Wort ,,Schone" verknüpft, mit einem Objekt nämlich,
das er nicht fassen darf. Es wehrt
sich auf unerwartete Art und Weise.
Es ist zweckmäßig, die Dressurkiste
immer wieder zu verändern, sei es
durch verschiedenfarbige Tücher, sei
es durch Veränderung ihrer Form.
Ersteres ist schnell gemacht. Aber
auch zweiteres ist nicht schwer,
wenn Sie schon beim Bau daran
denken.
Es gibt noch eine andere, einfachere
Dressurmethode, die bei leichtführigen Hunden auch zum Ziele führt,
ansonsten aber auch als Vorübung
für die Dressurkiste dienen kann.
Dazu legen Sie gut duftendes Fleisch
unter einen stabilen (Fahrrad-)
Drahtkorb. Das Fassen des Fleisch-
brockens ist faktisch unmöglich. Der
Erzieher kann deshalb sehr oft hintereinander das Wort ,,Schone" aus-
rufen, das der Hund auf diese Weise
verknüpft.

Nicht-in-Nachbars-Garten/
Nicht-Weglaufen

Gerade in Einfamilienhäusern mit
Garten ist es nützlich, einen Haushund zu besitzen. Nicht ohne Be-
rechtigung findet sich dann am Gar-
tentor das Konterfei eines Zwerg-
schnauzers mit der Aufschrift: ,,Hier
wache *ich*!"
Die allgemeine Freude an diesem
fröhlichen Wächter wird nur durch
einen Umstand getrübt: Man kann
ihn nicht dazu bringen, sich einmal
im Liegenschaftsamt genauer über
die Grundstücksgrenzen zu infor-
mieren. Das aber hat zur Folge, daß
er auch die Nachbargrundstücke kur-
zerhand in seinen Kontrollbereich
einbezieht. Und das wiederum führt
dazu, daß der am Abend vom Dienst
heimkehrende Herr Nachbar auf seinem eigenen Grund und Boden von
Kimba als Einbrecher betrachtet und
entsprechend behandelt wird.
Die meisten Nachbarn stört das
nicht, im Gegenteil, sie wissen, daß
Kimba auch dann ,,Halunk! Halunk!" schreien wird, wenn wirklich
Unbefugte sich am Haus zu schaffen
machen sollten.
Aber so denken nicht alle. Sollten
Sie in dieser Hinsicht Probleme haben, sprechen Sie mit einem Ihnen
bekannten Landwirt oder Jäger. Es
ist ganz einfach, Ihr Grundstück für
einige Tage oder Wochen mit einem
Elektrozaun zu umgeben. Ihr Hund
wird genauso wie das Rindvieh mal
,,einen gewischt" bekommen. Daran
ist bis heute keine Kuh gestorben.

Auch Kimba wird es verkraften – aber sie gehört sowieso zu denen, die ihren Nachbarn nicht nur ungestraft, sondern zu dessen heimlicher Freude „Halunk" nennen dürfen.

Nicht-an-den-Gardinen-Zerren

Da gibt es einen Hund, der seine Lieblingsbeschäftigung ausgerechnet darin sieht, an Gardinen zu zerren oder an Teppichen herumzukauen. Seine verzweifelte Besitzerin ruft mich an und erwartet von mir ein sofort wirkendes Patentrezept.
Natürlich gibt es ein solches nicht. Es gibt auch gegen diese Unart keine anderen Mittel als die bisher bei allen anderen Unarten erprobten.
Als erstes würde ich das Zerren oder Knautschen für eine Zeitlang faktisch unausführbar machen, indem ich die Vorhänge raffen oder hochbinden oder die Teppiche wegnehmen würde. Vielleicht vergißt er diese Unart, wenn er keine Gelegenheit mehr hat, sich an ihr zu erfreuen. Wenn das nicht hilft, folgt das Verleiden, in seiner einfachsten Form wie immer durch Schimpfen, Schreien oder sonstiges Erschrecken. Aber Sie können das Verleiden auch verfeinern, indem Sie alle möglichen Tricks erfinden, die ich mir auch nur ausmalen kann; auf diesem Gebiet sind der Phantasie des Erziehers, wie so oft bei der Hundedressur, keine Grenzen gesetzt. Sie können also z. B. alle Gardinen hochbinden und nur eine (alte) hängen lassen, diese aber mit Senf, Pfeffer und Salz bestreichen. Oder Sie hängen sie nur mit einem schwachen Faden auf und befestigen hoch oben an ihr ein nicht zu schweres, dennoch aber wirksames Brett, das polternd herunterfällt, sobald er geruht, seinem Hobby zu frönen. Die Freude daran wird ihm langsam vergehen.

Über Erziehung und Folgsamkeit
(Theorie der positiven Erziehung)

Mensch und Hund

Menschen und Hunde leben seit vielen tausend Jahren in engen Lebensgemeinschaften zusammen. Immer hat es der dem Tier überlegene Mensch verstanden, sich die besonderen Fähigkeiten des Hundes nutzbar zu machen. Der Hund wurde aus dem großen Angebot der Tierwelt dazu ausersehen, der engste Diener und Begleiter des Menschen zu werden.

Wenn der Hund ein guter Diener und Begleiter des Menschen sein soll, so muß er ein folgsamer Diener und ein angenehmer Begleiter sein. Das bedeutet, er muß in der Lage sein, ihm erteilte Anweisungen auszuführen und unerwünschte Verhaltensweisen zu unterlassen. Solange Mensch und Hund zusammenleben, hat der Mensch daher versucht, den Hund zur Folgsamkeit zu erziehen.

Über den Unsinn der Zwangsdressur

Primitive Erziehung

Dabei haben die Menschen von jeher eine Methode angewandt, die sie auch bei anderen Tieren und sogar bei ihresgleichen anzuwenden pflegten. Wollten Sie z. B., daß das Pferd eine Karre zieht, spannten sie es an die Deichsel, zogen es an der Trense nach vorn, gaben ihm hinten einen Hieb, riefen: ,,Hü!'' und zwangen es so, alle Kraft aufzubringen, um die Last wie von den Menschen gewünscht zu bewegen. Dem Pferd blieb keine andere Wahl.

Genauso machten sie es mit dem Hund. Sollte er sie begleiten, wurde er an die Leine genommen und notfalls mitgezogen. Sollte er sich hinlegen, zwang man ihn gewaltsam zu Boden. Sollte er lernen, auf Pfiff heranzukommen, band man ihn an eine lange Leine, pfiff oder rief ihn heran und zog ihn zu sich. Sollte er lernen, erlegtes Wild zu bringen, öffnete man ihm mit beiden Händen den Fang, rief: ,,Apport!'' und schob ihm das Wild zwischen die Zähne. Man ging einfach und selbstverständlich davon aus, daß der Hund nach einer Reihe solcher Übungen irgendwie auf den Zusammenhang zwischen dem erteilten Befehl und seinem vom Menschen geforderten Verhalten kommen würde. Man machte sich nicht die geringsten Gedanken darüber, ob diese Methode dem Lernvermögen des Tieres entspräche oder ob es nicht eine andere Methode gäbe, die einfacher, schneller, nachhaltiger und weniger brutal den erwarteten Erziehungserfolg herbeiführen könnte, denn Tiere zu zwingen erschien ,,normal''.

Direkter Zwang

Wie unsinnig diese Art der Hundeabrichtung ist, daß sie nicht schneller, sondern langsamer, nämlich nur auf Umwegen, zum Ziele führt, möchte ich an einem praktischen Beispiel deutlich machen: Stellen Sie sich bitte vor, Sie hätten die Aufgbe, Ihrem Hund beizubringen, auf das Kommando „Hoch" mit den Vorderpfoten hochzugehen und nur auf den Hinterpfoten zu laufen. Wie sollen Sie vorgehen? Mit Kommandieren allein geht es selbstverständlich nicht. Sie könnten noch so oft und noch so laut „Hoch!" rufen, Sie könnten einen Lautsprecherwagen auffahren lassen – der Hund würde nicht reagieren. Sie müssen einen anderen Weg suchen.

Es gibt nun mehrere Möglichkeiten, wie Sie das erwünschte, zu dressierende Verhalten herbeiführen könnten. Sie könnten z.B. auf folgende Idee kommen: Sie binden den Hund an eine etwa 10 Meter lange Leine. Diese führen Sie durch eine hoch hängende Rolle. Nun ziehen Sie den Hund, wenn Sie „Hoch!" kommandiert haben, einfach in die Höhe, so daß ihm nichts anderes übrig bleibt, als auf den Hinterpfoten zu laufen. Sie *zwingen* den Hund auf diese Weise zu dem erwünschten Verhalten.

Sie werden diese Abrichtemethode wahrscheinlich empört zurückweisen. Aber ich darf Ihnen sagen: So abwegig ist dieser Versuch nicht! Es gibt eine ganze Reihe von Hundebüchern, in denen diese Methode als das Nonplusultra der Hundeabrich-

tung beschrieben wird. Da gibt es die endlose Leine, beschrieben von einem der berühmtesten Dressurpädagogen, mittels derer dem Hund das Schwimmen beigebracht werden soll. Diese läuft über zwei Rollen auf beiden Seiten des Gewässers, so daß der Hund immer wieder von links nach rechts und zurück in und durch das Wasser gezogen werden kann. Da der Hund bei dieser Abrichtemethode das erwünschte Verhalten ausführen muß – er wird praktisch dazu gezwungen – nennt man sie „Zwangsabrichtung" oder französisch „Parforcedressur". Alle meine literarischen Bemühungen zur Erziehung und Ausbildung des Hundes sind im Grunde ein einziger Feldzug gegen diese Form der Abrichtung.

Indirekter Zwang

In der Praxis der Zwangsdressur geht man jedoch noch weiter; man „verfeinert" gewissermaßen die oben beschriebene Methode der „Hoch"-Dressur. Dazu legt man dem Hund ein Halsband um, das an der unteren Kante mit scharfen Stacheln versehen ist. Der Zweck dieser Stacheln ist nun nicht, dem Hund Schmerzen zuzufügen. Das Konzept dieser Methode ist vielmehr das folgende: Der Hund soll zwar, wenn der Abrichter das Kommando erteilt, am Hals die Stacheln spüren. Er soll jedoch gleichzeitig die Möglichkeit haben, das Stechen der Stacheln zu vermeiden, indem er vorne hochgeht und damit das erwünschte Verhalten ausführt. Der Schmerz soll durch Lockern der Leine im selben

Moment aufhören, wenn der Hund das befohlene Verhalten zeigt. Ihm bleibt dieses Verhalten als einziger Ausweg. Deshalb habe ich diese Dressurmethode als *indirekten* Zwang bezeichnet.

Leichter Zwang

Es gibt noch eine dritte und harmlosere Form der Zwangsabrichtung: Hierbei würde der Abrichter den Hund an einen Wandhaken anleinen, das Kommando „Hoch" abgeben und den Hund an den Vorderläufen so hochheben, daß er wie befohlen aufrecht geht. Auch dies ist zweifellos Zwang. Der Hund kann nicht anders; er muß sich auf die Hinterbeine stellen. Dennoch wird diese Form der Einwirkung oft weniger als Zwang, sondern mehr als „Hilfe" für den Hund verstanden. Man findet die Methode fast in jedem Hundelehrbuch bei der Abrichtung des „Sitz", bei der der Hund durch den berühmten „leichten Druck auf die Kruppe" zum Sitzen gebracht wird. Auch wenn ich dies nicht verurteile, so ist ein solches Vorgehen dennoch methodisch falsch, weil es nicht der natürlichen Lerntechnik des Hundes entspricht.

Zwangsabrichtung ist Erziehung auf Umwegen

Merkwürdig ist, daß der Zwangsabrichter selbst nicht merkt und nie erfährt, daß und wie sehr er auf dem Holzweg ist. Sein Schüler ist ein so anpassungsfähiges, lernwilliges Wesen, er ist seinem Herrn und Meister so ergeben, er ist darüber hinaus aus seiner Entwicklungsgeschichte als Meutetier sogar an Rohheiten so gewöhnt, daß sein Erzieher letztendlich doch irgendwie zum Ziele kommt, wenn auch auf Umwegen. Der Hund nimmt sich einfach aus dem Vielen, das der aus meiner Sicht systemlos arbeitende Zwangsabrichter ihm bietet, das wenige Brauchbare heraus und findet so zu den notwendigen Verknüpfungen. Jener aber, der es so einfach hätte haben können, wischt sich nach Stunden und Tagen sinnloser und kraftraubender Zwangsdressur, nach vielen verzweifelten, bissigen Auseinandersetzungen mit dem ebenso geplagten Tier, den Schweiß von der Stirn – und ist stolz auf den endlich erzielten Dressurerfolg.

Der Zwangsabrichter sieht seine Erziehungsaufgabe allein aus seiner persönlichen Sicht: Er zwingt den Hund, das zu tun, was er tun soll. Dabei übersieht er, daß die Erziehung eines Tieres zur Folgsamkeit ein Lernvorgang ist oder eine Vielzahl von Lernvorgängen. Der Hund lernt außerdem nach anderen Lernmethoden als der Mensch, nach anderen auch als das Pferd. Der Erzieher muß sich schon die Mühe machen, sich auf die individuelle oder arteigene Lerntechnik seines jeweiligen Zöglings einzustellen, wenn er Erfolg haben will. Der Erzieher eines Hundes hat weder ein Kind noch ein Pferd vor sich; er muß sich danach richten, wie der Hund lernt. Kurz: auch der Abrichter muß etwas lernen und zwar über die Lernfähigkeit des Hundes.

Die Alternative:
Positive Tätigkeitsdressur

Natürlich gibt es für unser Beispiel ein ganz einfaches Verfahren, wie sich das erwünschte Verhalten ohne Zwang und ohne falsch verstandene Hilfe und auch *ohne* Kommando jederzeit beliebig oft wiederholbar herbeiführen läßt. Vielleicht haben Sie, liebe Leserin, lieber Leser, bei meinen in der Tat „abwegigen" Zwangsdressurbeispielen für das „Hoch" schon selbst an die naheliegendste Möglichkeit gedacht, nach dem Motto, warum so kompliziert, wenn's auch *einfach* geht: Man setzt, wenn die Fütterungsstunde naht, dem Hund das Futter nicht einfach vor die Nase, sondern nimmt nur ein einzelnes Bröckchen in die Hand und hält es so, daß der Hund es nur erreichen kann, wenn er die Vorderpfoten wenigstens einige Zentimeter vom Boden abgehoben hat. *Das* kapiert er im Handumdrehen. Dabei hüten Sie sich, ihn jetzt schon den Befehlslaut hören zu lassen. Das könnte zu Fehlverknüpfungen führen. Sie loben und ermuntern ihn nur. Und mit jedem Bissen „hängt" der nächste etwas höher.

So bekommt der Hund für einige Tage sein gesamtes Futter. Und Sie kommen jeden Tag Ihrem Ziel näher: Denn Sie haben eine ganz einfache Methode, sich ihm verständlich zu machen. Die Brücke der Verständigung zwischen Erzieher und Hund ist geschlagen, ohne daß die geringste Anwendung von Zwang erforderlich gewesen wäre.

Ich glaube, es kann kein Zweifel daran sein, daß *dieser* Weg der einzig richtige ist. Es ist der Weg der *positiven Erziehung des Hundes*, die in diesem Buch bei allen Aufgaben, die der Hund zu lösen hat, angewandt wird. Das erwünschte Verhalten findet er selbst heraus. Er handelt nie unter Zwang, sondern immer im eigenen Interesse, das heißt zur Befriedigung seiner eigenen animalischen Bedürfnisse. Er setzt seine natürliche Lerntechnik ein, wie er sie von seinen Urahnen übernommen hat. Er lernt alle Übungen nach dem gleichen Grundprinzip, das auch dem Erzieher mit der fortschreitenden Zahl erfolgreicher Übungen Sicherheit und Selbstvertrauen gibt. Er lernt vom Anfang bis zum Ende mit Lust und Freude – es gibt keine andere Methode, die schneller und nachhaltiger zum Ziele führt.

Lernapparat und Lernfähigkeit des Hundes

Wie kam der Mensch zum Hund?

Konrad Lorenz fragt doppelsinnig: „Wie kam der Mensch auf den Hund?" und meint damit das gleiche, wie es nämlich entwicklungsgeschichtlich dazu gekommen ist, daß der Hund zum Haustier und zum engsten Freund und Begleiter des Menschen wurde. Dabei war Lorenz überzeugt, im Schakal den Urvater unserer Haushunde zu sehen. Wir wissen heute, daß diese Auffassung falsch ist.

Ausnahmsweise ist das Naheliegende richtig: Der Hund stammt vom

Wolf ab. Über das Wie jedoch gibt es nach wie vor mehrere Theorien. Mit großer Wahrscheinlichkeit ist meine die richtige, wenn auch nicht unbedingt die einzig richtige.

Zwei in Busch und Wald lebende Fasanenhennen verlassen ihren mager gewordenen Biotop und wagen sich aufs freie Feld, wo sie reichlich Atzung finden. Sie haben unterschiedliche Erbanlagen. Die eine hat ein scharfes Auge, die andere ein schwächeres. In dieses friedliche Bild stößt der Habicht. Welche von beiden Hennen wird er schlagen? Die Antwort gab Darwin schon 1859 in seinem berühmten Buch ,,Von der Entstehung der Arten''. Die Henne mit dem schwächeren Augenlicht wird sich hier nicht halten. Ihre Artgenossen sind gezwungen, in dem angestammten Lebensraum zu bleiben. Die andere, die mit den schärfer sehenden Augen, kann hingegen auch im freien Feld überleben und sich damit einen bisher ungenutzten Lebensraum, eine sog. Biotopnische, für sich und ihre Nachfahren erschließen. Über Generationen hinweg wird sich hier eine neue Spezies herausbilden und den Bestand der Arten vermehren.

Entscheidend ist nun folgendes: Die Erbanlagen der Arten umfassen nicht nur die körperlichen, äußerlich erkennbaren Merkmale, sondern auch bestimmte artspezifische Grundformen des Verhaltens. So hat ein Fuchs, fest in Erbanlagen angelegt, die Fähigkeit, überzählige Vorräte zu lagern und zu konservieren. Er gräbt an einer abgelegenen, ruhigen Stelle mit den Vorderpfoten ein Loch, nimmt den nach hinreichender Sättigung übriggebliebenen Fleischbrocken in den Fang, trägt ihn zu dem vorgesehenen Lagerplatz und bedeckt das Loch vorsichtig mit Erde. (Übrigens verhält der Hund sich nicht anders, s. Seite 25.)

Das Interessante an der Sache ist nun, daß der Fuchs das gleiche Verhalten auch dann zeigt, wenn er, wie häufig, wenn auch wenig artgerecht, in Tierparks in einem Zwinger gehalten wird, der einen Betonfußboden hat, und nie in seinem Leben eine feucht-frische und für das Verbuddeln geeignete Erdkrume verfügbar hatte. Er begibt sich in die äußerste Ecke seines Zwingers, buddelt dort scheinbar ein Loch, holt das übriggebliebene Fleisch, bringt es an den Lagerplatz und vollführt mit dem Fang pantomimisch die Bewegungen, als ob er es mit Erde zudecken würde.

Dieses Beispiel zeigt, daß es bestimmte Verhaltensformen gibt, die das Tier nicht mühsam erlernen muß, sondern die es in seinen Erbanlagen gespeichert mit auf die Welt bringt. Es leuchtet ein, daß das Wissen um eine geeignete Konservierung von Fleisch für eine Spezies, die nur sporadisch an Aas oder Beute kommt, eine Überlebensfrage ist. Eine solche Anlage wird sich nur langsam, Schritt um Schritt, durch Mutation bilden. Dennoch haben die Tiere, die zuerst, wenn auch nur in Ansätzen, über sie verfügen, die größere Überlebens- und Fortpflanzungschance.

Durch eine solche mutative, das heißt sprunghafte Änderung der für das Verhalten zuständigen Erbanlagen ist aus dem Wolf zuerst ein Wildhund und dann der Haushund entstanden. Der Hund ist also kein domestizierter Wolf, sondern eine eigenständige Spezies. Aber um welche Erbanlagen handelt es sich? Wir haben schon gesehen, daß die typische Lernmethode des Hundes und der Tiere allgemein das Lernen durch Versuch und Irrtum (trial and error) ist (s. Seite 61). Diese Lernmethode nun beherrscht der Hund meisterlich, besser als alle anderen Tierarten. Sicher ist er unter den Tieren der Lernmeister, der Meister im Lernen. Dies ist noch heute die besondere Fähigkeit des Hundes. Es ist zugleich die Ursache seiner Entstehung.

Das heißt: Der Mensch kam nicht auf den Hund, sondern der Hund kam auf den Menschen. Als nämlich der Mensch vor 10 000 bis 20 000 Jahren eine Entwicklungsstufe erreicht hatte, die ihn durch seinen Verstand allen anderen Lebewesen überlegen sein ließ, wurde die Erde immer stärker von Menschen bevölkert und dichter besiedelt. Die wilden Tiere dagegen wurden zurückgedrängt und zum Teil in ihrer Art gefährdet. Die Wölfe blieben zwar großräumig mit menschlichen Siedlungen in Kontakt, wurden aber unerbittlich bekämpft und mußten sich nach jeder Berührung fluchtartig zurückziehen. Die Versorgungsnische, die der Mensch mit seinen Überresten und Abfällen den Tieren öffnete, wurde nicht oder nur zufällig genutzt.

In der Natur bleiben Nischen aber nicht lange ungenutzt. Bald entwickeln sich neue Arten, die in sie hineinstoßen und sie besetzen. So auch in diesem Falle. Lernen durch Versuch und Irrtum heißt, sich nicht durch Irrtum entmutigen zu lassen, sondern einen neuen Versuch zu wagen, immer wieder. Diese bei fast allen Tieren im Ansatz vorhandene Verhaltensform wurde nun bei einigen Exemplaren der Spezies Wolf schrittweise immer stärker ausgeprägt, bis sie eines Tages bei einer fortpflanzungsfähigen Population gut ausgebildet war. Die so entstandenen ersten Wildhundmeuten waren zwar äußerlich noch vollkommen dem Wolfe gleich, aber sie hatten eine neue Fähigkeit: Sie ließen nicht locker; sie versuchten es immer wieder. Mehr und mehr beherrschten die Technik des Lernens durch Versuch und Irrtum. Im Gegensatz zu anderen Arten, die eingehen, bevor sie sich umstellen, haften sie nicht am Überkommenen. Selbst Löwen und Tiger, und natürlich auch Fuchs und Wolf, ergriffen schnell wieder die Flucht, wenn sie menschliche Behausungen heimgesucht hatten. So kam es nie zu länger dauernden Berührungen. Anders der frühe Wildhund. Er hatte, wenn die Natur karger wurde, die Phantasie, die bisherige Gewohnheit aufzugeben und, trotz unbarmherziger Feinschaft, in der Nähe der Menschen zu bleiben, wenn dort ab und zu etwas zu holen war. So überlebte er nicht nur, er kam auch immer öfter mit Menschen in Kontakt. Irgendwann blieb ein elternlos gewordener Wurf in der Hand unserer Vorfahren. Die Domestikation nahm ihren Anfang. Man kann sagen, daß die durch eine Veränderung in den Erbanlagen bedingte Entwicklung zu einem mehr phantasiebegabten Tier die Entstehung der neuen Form *Canis lupus forma familiaris* aus dem Wolf einleitete.

Auch der Mensch erkannte bald, daß die in seine Gemeinschaft aufgenommenen Hunde nützliche Hausgenossen waren und ihm große Vorteile einbrachten. Die neuen Genossen meldeten das Herannahen von Feinden schon, wenn die Menschen noch nichts vernommen hatten oder schliefen. Sie halfen auf vielfältige Weise bei der Jagd und waren auch bei kriegerischen Auseinandersetzungen wertvolle Helfer und Mitstreiter.

Natürlich vollzog sich dieser Prozeß über viele Tausende von Jahren, und erst allmählich entwickelten sich die Haushunde, wie wir sie heute kennen.

Der Hund ist ein Produkt seiner Entwicklungsgeschichte

Wie jedes andere Wesen auf dieser Welt ist der Hund ein Produkt seiner Entwicklungsgeschichte. Seine körperlichen Eigenschaften und Fähigkeiten, seine Gefühlsstruktur, sein Wahrnehmungsvermögen, seine Gewohnheiten und Techniken sind nicht irgendwann entstanden, sondern haben sich in Millionen von Jahren unter dem unerbittlichen

Druck der Auslese (Selektion) der am besten an die Umwelt angepaßten Individuen herausgebildet. Das aber gilt nicht nur für die Wahl des Futters oder für seine Art zu jagen oder seine Behaarung zu pflegen, sondern es gilt ebenso für seinen Lernapparat, seine Lerntechnik und seine Lernfähigkeit. Überall stoßen wir im alltäglichen Umgang mit dem Hund noch heute auf die Spuren seiner Vergangenheit als in der Meute lebender Wildhund.

Alle züchterischen Bemühungen des Menschen in den letzten 100 bis 1000 Jahren haben daran nichts Wesentliches geändert. Sie haben zwar zu vielen unterschiedlichen Rassen mit besonderen Wesensmerkmalen geführt, aber bei aller Vielfalt haben die Rassen des Hundes im Kern ihres Wesens sehr viel Gemeinsames behalten.

Deshalb wäre es völlig abwegig, für die verschiedenen Rassen unterschiedliche Erziehungsmethoden zu entwickeln. Nur ist der Grad der Dressierbarkeit nicht bei allen Rassen gleich. Ein Teckel reagiert anders als ein Bernhardiner. Das erfordert in der Tat erzieherische Maßnahmen von unterschiedlicher Intensität. Die Art der Maßnahmen und ihre Anwendung aber ist gleich; sie gelten für jeden Hund.

Hohe Lernbereitschaft als Meutetier

In seiner Entwicklungsgeschichte hat der Hund eine ganze Reihe von Eigenschaften herausgebildet, die ihn in ihrer Gesamtheit zu einem ist. Am wichtigsten sind dabei diejenigen Verhaltensweisen, die in der Meute entstanden. In der Meute mußte der Hund lernen, sich in eine Gemeinschaft harmonisch einzupassen. Er mußte sich als Junghund in die bestehende Rangordnung einfügen. Nur in der Gruppe fand er Schutz und Sicherheit, und das heißt: Geborgenheit. In seinem *eigenen* Interesse mußte er daher lernen, im Dienste der Gruppe zu handeln. Und vor allem: er mußte lernen, sich dem Ranghöheren, letztendlich dem Meuteführer, unterzuordnen, falls es ihm nicht selbst gelang, Meuteführer zu werden.

In meinem Buch ,,Hundeerziehung ohne Zwang" habe ich in einem ,,Exkurs über die allgemeine Dressierbarkeit der Arten, Rassen und Individuen" nachweisen können, daß diejenigen Tierarten besonders gut dressierbar sind, die in hoher sozialer Abhängigkeit leben. Gut dressierbar sind alle Tiere, die in festgefügten Gruppen leben, der Affe, der Delphin, der Elefant, das Pferd, auch Löwe und Ziege. Schwer dressierbar sind hingegen die typischen Einzelgänger, die Katze, das Reh, der Fuchs. Selbst der in freier Wildbahn höchst menschenscheue Hirsch ist als typisches Rudeltier durchaus dressierbar, weshalb er im Mittelalter als Schlittentier diente. Das Reh dagegen als typischer Einzelgänger ist selbst in großen Gehegen nur schwer zu halten.

Das gilt auch innerhalb der Arten: Schäferhunde, Vorstehhunde, Doggen und andere jagen in der Gruppe; sie gelten als leichtführige Hunderassen. Teckel und Terrier hingegen sind Einzelkämpfer unter Tage. Sie liegen in der Erdröhre Auge in Auge dem Fuchs oder Dachs gegenüber. Ihnen hilft dort kein Meuteführer. Ist es verwunderlich, daß sie schwieriger zu erziehen sind?

Der Hund hat einfache, aber starke Gefühle

Die wichtigste Voraussetzung für die gute Dressierbarkeit des Hundes ist neben dem Meutetrieb die besondere Eigenart seiner Gefühlsstruktur.

Zunächst ist wichtig, daß die Gefühle des Hundes, ganz anders als die des Menschen, in nur zwei Richtungen gehen. Der Hund kennt eigentlich nur zwei Gefühle: ein positives Gefühl von Lust, Freude und Akzeptanz, und, als Gegenpol, ein negatives Gefühl von Betroffenheit, Beklemmung und Niedergeschlagenheit. Zwischen diesen beiden Polen schwankt das Gefühlsleben des Hundes schnell hin und her.

Der Mensch hat im Vergleich zum Hund gewiß ein *reicheres* Gefühlsleben. Die Gefühle des Menschen sind viel differenzierter, nuancierter. Das liegt daran, daß die meisten menschlichen Gefühle ,,*Denk*gefühle" sind. Wir können Gefühle durch Denken herbeiführen: Indem wir an die Liebste oder an einen lieben Verstorbenen denken, werden wir glücklich oder traurig.

Das kann der Hund nicht. Sein Gefühlsleben ist einfacher, eindeutiger, reiner als das des Menschen, weil nicht von tausend Gedanken durchsetzt. Dafür hat der Hund aber sehr *starke* Gefühle. Wird er von seinem Herrn und Meuteführer verschmäht, kann er abgrundtief betroffen sein. Das mag auch daran liegen, daß ihm die Hoffnung fehlt; denn Hoffnung ist ein „Denkgefühl". Umgekehrt ist er in der Gunst seines Herrn zu den stärksten Gefühlsausbrüchen fähig. Von niemandem sonst werden Herrchen oder Frauchen mit solcher Begeisterung empfangen wie von ihrem Hund.

Der Hund ist ein Gefühlswesen, das nur in der Gegenwart lebt. Die Vergangenheit ist in ihm nur lebendig in einem Schatz von guten und schlechten Erfahrungen, die jetzt sein Verhalten bestimmen. Aber was war interessiert ihn ebensowenig wie das, was kommen wird. Den Bogen von der Vergangenheit über die Gegenwart zur Zukunft kann er nicht spannen. Dazu gehörte Denk- und Vorstellungskraft. Also ist sein Gefühlsleben ganz von dem bestimmt, was *jetzt* ist. Und da die Gegenwart von Sekunde zu Sekunde fortschreitet, wechseln die Gefühle des Hundes von Sekunde zu Sekunde. „Himmelhoch jauchzend, zu Tode betrübt" – dieser Satz gilt für niemanden mehr als für den Hund.

Das bedeutet: Der Hund ist leicht erregbar und damit leicht manipulierbar und erziehbar. Ein Tier, das nicht erregbar ist, ist nicht dressierbar. Der Hund ist beides in hohem Maße. Wir können uns mit dem Hund – wie natürlich mit jedem anderen Tier auch – nur verständigen, indem wir ihm signalisieren: richtig oder falsch. Und das geht nur via Lust oder Betroffenheit; Lust heißt richtig, Betroffenheit heißt falsch. Würden wir Minuten oder gar Stunden brauchen, um seine Gefühle umzupolen, dauerte die Dressur Tage und Wochen. So aber sind wir in der Lage, ihm in einer Übungsstunde mehrfach ein feed back zu geben oder von ihm zu empfangen. Seine starken Gefühlsausschläge, seine leichte Erregbarkeit, seine Fähigkeit zu spontaner Freude, aber auch seine Verwundbarkeit und Empfindlichkeit negativen Einwirkungen gegenüber, alles dies bewirkt, daß der Hund seine alltäglichen Erfahrungen sehr schnell mit positiven oder negativen Gefühlen verknüpfen kann und dadurch behält. Da Behalten aber nichts anderes ist als Lernen, ist der Hund als Gefühlswesen ein so schneller und guter Schüler.

Hinzu kommt, daß der Hund auch das seltene Talent hat, uns seine Gefühle ständig offenzulegen. Lustgefühle äußern sich bei ihm durch Mobilität. Ich hatte einmal eine Hündin, die, wenn sie sich freute, dreimal wie von der Tarantel gestochen um das Haus raste; sie mußte sich Luft verschaffen. Betroffenheit hingegen zeigt das Lauftier Hund durch sofortige Immobilität. Hat man ihn getroffen, verkriecht er sich in die äußerste Ecke. Kann er seine Gefühle jedoch mangels Bewegungsmöglichkeit nicht in Mobilität oder Immobilität umsetzen, so bleibt immer noch ein Körperteil, das ungeniert mobil sein kann, die Rute. Sie gibt uns immer, auch am Dressurplatz, Aufschluß darüber, wie der Hund unsere Einwirkungen aufnimmt und ob und wieweit es uns gelungen ist, die gewünschten Gefühle zu wecken.

Freude am Fressen

Es ist nicht nur der ausgeprägte Meutetrieb, der den Hund leicht erziehbar macht, es ist auch die übrige Triebstruktur. Der Hund kann Hunger relativ gut ertragen, viel besser z. B. als die Katze. Für sie ist der Tisch eigentlich immer gedeckt; denn Mäuse sind Tag und Nacht aktiv. Die Hundemeute jedoch mußte oft lange suchen, bis sie etwas Eßbares erbeuten konnte oder als Aas fand. Mit zunehmender Annäherung an den Menschen spezialisierte sie sich sogar auf das, was der Mensch ihr übrig ließ, die Innereien seiner Beute nämlich, Magen, Lunge Därme usw., die er verschmähte.

Fand der Hund dann nach Tagen des Darbens etwas Genießbares, stürzte er sich mit Leidenschaft darauf. Fressen ist für ihn ein Vergnügen, eine Lust, noch heute. Fragen Sie einmal einen erfahrenen Rüdemann; er wird Ihnen bestätigen: Aus einem einzigen Wurf, mit sicherlich vielen gemeinsamen Erbanlagen, ist dasjenige Tier am besten erziehbar, das am gefräßigsten ist, einfach deshalb, weil es sich mit einem leckeren Bröckchen leichter führen läßt. Es schaltet schneller als sein Wurfbruder, der nur mit halbem Appetit an die Futterschüssel herangeht.

Der Hund ist im allgemeinen ein leicht erziehbares Tier, weil er Freude am Fressen hat.

Wahrnehmungsvermögen und Beobachtungsgabe

Der Hund hat ein hervorragendes Wahrnehmungsvermögen und eine äußerst scharfe Beobachtungsgabe. Die Leistungsfähigkeit seiner Nase ist enorm. Wir wissen aus den Experimenten von *Neuhaus,* daß der Hund sage und schreibe einhundertmillionenmal besser riecht als der Mensch. Das Gehör ist dagegen „nur" drei- oder viermal besser als das des Menschen. Das Auge des Hundes unterscheidet Bewegungsvorgänge weitaus besser als Farbdifferenzen. Selbst kleinste Bewegungen entgehen ihm nicht. Ich bin sicher, daß er Veränderungen im Gesichtsausdruck des Menschen wahrnehmen kann und registriert. Daß er Blicke erkennt, habe ich deutlich beobachten können.

Auch hier gilt: Je besser die Beobachtungsgabe des Hundes ausgeprägt ist, desto schneller und leichter lernt er. Der in dieser Hinsicht wache Hund erkennt sehr schnell die Gestik des Erziehers, mit der dieser das erwünschte Verhalten zu initiieren versucht. Er erkennt auch schneller, wenn ein Unheil droht, wenn er unerwünschte Verhaltensformen unterlassen soll.

Der Hund hat viel Phantasie

Durch sein starkes, schnell aufwallendes Gefühlsleben verknüpft und behält der Hund seine neuen Eindrücke und Einfälle. Er ist zugleich aber auch ein Meister im Hervorbringen neuer Einfälle; er hat Phantasie. Beides sind Eigenschaften, die bei Anwendung der spezifischen Lerntechnik des Hundes, dem Lernen durch Versuch und Irrtum, dringend benötigt sind. Man kann Einfälle nur behalten, das heißt im Gedächtnis speichern, wenn man sie vorher hatte.

Der Hund beherrscht die Kunst der Produktion von Handlungseinfällen in hohem Maße. Nicht zuletzt dieser Eigenschaft verdankt er sein entwicklungsgeschichtliches Überleben, seine weite Verbreitung überall auf der Erde und wahrscheinlich auch seine Domestikation. Denn Phantasie und Beweglichkeit bedeuten Anpassungsvermögen. Der Hund klebt nicht an dem, was ihm bisher Erfolg brachte; ich sagte es schon: Die Vergangenheit interessiert ihn nicht. Für ihn ist nur das von Wert, was ihm *jetzt* Erfolg oder Mißerfolg bringt. Mag die alte Bahn noch so gut eingefahren sein, wenn sie nicht mehr zum Ziele führt, wechselt der Hund sehr bald auf ein neues Geleis über.

Zähigkeit und Ausdauer

Phantasie ist eine Frage der Intelligenz. Der Hund ist ein sehr intelligentes Tier. Er gehört mit Affe, Delphin und Elefant zu den intelligentesten Tieren überhaupt. Das ist das eine. Zähigkeit ist das andere. Beides ist Voraussetzung für ein gutes Anpassungsvermögen. Denn auch die besten Einfälle nützten wenig, wenn sie nicht beharrlich immer wieder neu probiert würden, bis es schließlich klappt. Ich werde dies in einem späteren Kapitel an einem Beispiel demonstrieren, bei dem eine Hundepopulation ihrer Nahrungsgrundlage beraubt wird und nur die Möglichkeit hat, durch schnelle Umstellung ihrer Jagdgewohnheiten zu überleben. Nur ein Tier mit unbeirrbarer Zähigkeit, das immer wieder neu probiert, das nicht aufgibt, kann hier überleben.

Diese Eigenschaft drückt sich auch in der Technik der Meute aus, ein Beutetier zu erjagen. Ich habe das selbst einmal sehr eindrucksvoll erlebt. Ein Bauer hatte einem mir befreundeten Jagdpächter mitgeteilt, er habe in dessen Revier zwei wildernde Hunde gesehen, die einen vermutlich kranken Hirsch verfolgten. Wir stellten daraufhin mit mehreren Jägern das ganze Waldgebiet ab, und ich selbst sah, was ich nicht für möglich gehalten hätte: Der Hirsch, nach der bereits mehrtägigen Verfolgung schon ziemlich heruntergekommen, kam unweit meines Standortes vorbei, in mäßig trabendem Tempo. Plötzlich, etwa 2 Minuten später, kamen auf seiner Fährte die beiden Hunde. Der vordere verfolgte mit tiefer Nase die Spur, der andere trottete hinterher. Es war unverkennbar, daß sie sich in dieser Arbeit ablösten. Der wesentlich schnellere Hirsch hatte auf die Dauer keine Chance. Zwar entkam er mühelos immer wieder, wenn nach kurzer Pause die Hunde näher kamen. Aber sie kamen nach, unerbittlich.

Gedächtnis

Der Hund hat ein ausgezeichnetes Gedächtnis. Vorgänge, die ihn stark beeindrucken und die deshalb mit starken Gefühlserlebnissen verbunden sind, behält er sein ganzes Leben.

Er speichert also das, was er erlebt oder erfahren hat, in seinem Gedächtnis und kann es bei Bedarf jederzeit wieder hervorholen. Hier geht es nun zunächst darum, *wie* das Gedächtnis des Hundes funktioniert. Das Gedächtnis besteht, vereinfacht ausgedrückt, aus verschiedenen Stufen mit unterschiedlicher Speicherungsdauer. Angenommen, der Hund hört zum ersten Mal den Heranpfiff seines Herrn. Dieses Geräusch ist ihm, auch wenn er es gar nicht weiter beachtet, für den Bruchteil eines Augenblickes gewärtig, nicht viel länger allerdings, als es selbst andauert. Danach ist es vergessen, so gut wie nie dagewesen. Es war dennoch, wenn auch nur für eine Sekunde, im Gedächtnis gespeichert, und zwar im Ultrakurzzeit-Gedächtnis. Dieser Teil des Gedächtnisses ist das, was wir beim Menschen das Bewußtsein nennen würden.

Mit fortschreitender Herandressur wird der Hund denselben Pfiff nun immer häufiger wahrnehmen. Der Hund erfährt nach und nach, daß er dieses Geräusch immer hört, wenn er sich anschickt oder dabei ist, zu seinem Herrn zu laufen. Er registriert auch, daß er, wenn er den Laut gehört hat und bei seinem Herrn angekommen ist, immer ein Häppchen Fleisch, etwas Gutes also, bekommt. Der ihm auf diese Weise langsam vertraut werdende Pfiff verbindet sich daher in seinem Gedächtnis mit durchaus angenehmen Gefühlsregungen. Er ist jetzt schon etwas tiefer, längerfristiger gespeichert, nämlich im Kurzzeit-Gedächtnis.

Dieser Teil des Gedächtnisses erfaßt solche Gedächtnisinhalte für relativ kurze Zeit, die nicht nur am Ohr vorbeihuschen und damit vergessen sind, sondern für den Hund schon eine gewisse Bedeutung hatten, wenn auch nur für etwas mehr als einen Augenblick. Es ist ungefähr so, wie wenn wir eine Nummer aus dem Telefonbuch herausgesucht und uns für die Zeit des Wählvorganges gemerkt haben. Sie *war* wirklich im Gedächtnis, wird dann aber nicht mehr gebraucht und also vergessen. Im Kurzzeit-Gedächtnis sind auch jene Gedächtnisinhalte dem Tier gewärtig, die aus größeren Tiefen hervorkommen und kurzzeitig benötigt werden, Handlungseinfälle z. B., die hochkommen, das Verhalten kurzzeitig steuern und wieder verschwinden.

Alle Erfahrungen, die der Hund dauerhaft behält und daher immer wieder wachrufen kann, sind im Langzeit-Gedächtnis gespeichert. Hier wird das untergebracht, was der Hund wirklich erlernt hat. Für bestimmte Gedächtnisinhalte gibt es nur zwei Tore, die in einen Speicherplatz des Langzeit-Gedächtnisses führen: Das erste öffnet sich bei einem starken Gefühlserlebnis. Für

144

dieses Tor steht das Herdplattenbeispiel: Nur *einmal* versucht der junge Hund, sich einen Braten vom Herd herunterzuholen. Dieses Erlebnis vergißt er nie. Das zweite Tor ist sehr viel kleiner. Man kommt so schnell nicht hindurch. Der Hund kann hier auch Vorgänge behalten, die weniger gefühlsbeladen sind: Die muß er dann aber häufig genug, immer wieder, erleben, so daß sich nach und nach ein positives oder negatives Gefühlspotential mit ihnen verbindet. Für die Erziehung des Haushundes ist *dieser* Fall der Normalfall.

Was ist Lernen?

Ganz allgemein ist Lernen die Anpassung eines Individuums an veränderte Umweltbedingungen. Jedes Individuum muß sich laufend anpassen, muß also ständig lernen. Zwar hat die Natur allen Tieren im Verlaufe ihrer Jahrmillionen dauernden Entwicklungsgeschichte einen Vorrat an ererbtem Grundwissen mitgegeben; dieses Erbgut ist die Artausstattung mit nützlichen Verhaltensformen. Dabei handelt es sich um programmierte Reaktionen, die in bestimmten, heute zum Teil bekannten Genstrukturen angelegt sind und daher der Auslese unterliegen und vererbt werden. Begriffe wie der angeborene auslösende Mechanismus (AAM) oder das Instinktverhalten gehören hierhin.

Auch die angeborenen Verhaltensformen unterliegen einem Anpassungsprozeß. Dieser vollzieht sich durch das Wirken der Auslese: Diejenigen Individuen kommen zu höheren Fortpflanzungsraten, deren ererbte Fähigkeiten den vorhandenen oder veränderten Umweltbedingungen am besten angepaßt sind. Es handelt sich hier also um „Lernen" durch Erbgutveränderung über viele Generationen hinweg, um sogenannte phylogenetische Anpassung.

Natürlich nützt dieser langfristige Anpassungsprozeß dem einzelnen Individuum, das sich plötzlich in Not befindet, überhaupt nichts; er kommt nur der Art zugute, und zwar erst nach langer Zeit. Das ererbte Grundwissen reicht nicht aus, um bei den in dieser Welt häufig wechselnden Lebensbedingungen zurechtzukommen. Überleben wird nur ein Tier mit seinen Nachkommen, das fähig und bereit ist, auf der Basis seines ererbten Artwissens neue, individuelle Verhaltensformen hinzuzulernen, sich umzustellen, sich anzupassen. Nicht nur der nach seinen Wünschen und Vorstellungen erziehende Mensch zwingt das Tier also zum Lernen; die Natur ist der viel mächtigere Erzieher.

Der größte Lehrmeister ist die Natur

Dies sei an einem Beispiel verdeutlicht. Da lebt eine Wildhundemeute in einem größeren abgegrenzten Revier, z. B. auf einer Insel. Es gibt hier viele Wildkaninchen. Die Hunde beherrschen perfekt die Jagd auf diese Beutetiere und haben mit ihnen eine sichere Nahrungsgrundlage. Plötzlich stirbt durch eine Seuche die gesamte Kaninchenpopulation in kurzer Zeit völlig aus, eine verhängnisvolle Veränderung der Umwelt also, der sich der Wildhund schnell anpassen muß, wenn er überleben will. Es gäbe beispielsweise auf der Insel auch reichlich Wildtauben, die der Hund bisher nicht beachtet hat, die aber auch als Beutetiere in Betracht kämen. Die Hundemeute müßte dazu jedoch fähig und in der Lage sein, sich auf ein neues, anders reagierendes Beutetier binnen kurzem umzustellen. Wie soll sie das bewerkstelligen? Denn eines steht fest: Durch noch so verzweifeltes Nachdenken, durch die menschliche Form der Problemlösung also, geht es beim Hunde leider (oder glücklicherweise!) nicht.

Der Hund lernt nur durch Erfahrung
,,Nur durch Erfahrung wird man klug" – so lautet ein Sprichwort. Der Mensch kann jedoch auch auf andere Weise als durch bloßes Sammeln von Erfahrung klug werden oder besser – lernen. Er hat die Fähigkeit zum logischen Denken. Er kann durch Nachdenken, durch Überlegen, lernen.
Für den Hund jedoch gilt das Sprichwort uneingeschränkt. Ihm hat die Natur, wie allen anderen Tieren auch, die Fähigkeit zu logischem, folgerichtigem Denken versagt. Denken erfordert Vorstellungskraft, erfordert die Fähigkeit zur Bildung von Begriffen, erfordert die Formulierung von Sätzen durch ,,inneres Sprechen", erfordert das abstrakte Erfassen von Zusammenhängen,

von Ursache und Wirkung. Zu all dem ist nur der menschliche Verstand in der Lage. Der Hund unterscheidet sich vom Menschen durch das Fehlen der Sprache. Könnte er nämlich sagen: ,,Ich bin ein Hund!" – so wäre er schon ein Mensch.
Da der Hund nicht denken kann, muß er, wenn er überleben will, auf irgendeine andere Art und Weise herausbekommen, wie er nach dem Aussterben seiner gewohnten Beutetiere an andere Nahrung, Wildtauben z. B., herankommen kann. Wenn Sie sich in seine Lage versetzen, werden Sie zugeben müssen, daß dies keine leichte Aufgabe ist. Ganz sicher können wir aus der Art seines Vorgehens, die wir hierbei beobachten, Schlüsse ziehen auf die spezifische Lerntechnik des Hundes. Diese können wir uns dann zunutze machen, wenn *wir* darangehen, unseren Hund zu erziehen.

Anpassen heißt,
ein neues Verhalten erlernen
Bei dem von der Natur ausgelösten Lernvorgang, der hier gefragt ist, handelt es sich darum, eine neue Verhaltensform zu entwickeln. Der Hund muß, ganz auf sich allein gestellt, herausfinden, auf welche Art und Weise er fliegende Beutetiere angehen und jagen muß, um zum Erfolg zu kommen. Kaninchen fing er, während sie flohen, durch einfaches Hetzen. Hierbei nutzte er seine überlegene Schnelligkeit und Ausdauer. Die helfen jetzt jedoch nichts. Tauben muß der Hund gegen den Wind anschleichen und fangen, be-

vor sie in der Lage sind wegzufliegen. Diese neue Verhaltensweise muß der Hund aber zunächst einmal herausfinden.

Lernen unter Anleitung eines Erziehers

Für den Lernprozeß, den der Hund im Verlauf einer solchen, ihm von der Umwelt aufgenötigten Anpassung, zu absolvieren hat, gibt es nun nicht den geringsten Unterschied zu dem Lernen unter Anleitung des Menschen, das wir „Erziehung" nennen. Das Tier macht, vor eine neue Aufgabe gestellt, immer das gleiche: Es versucht, sich anzupassen. Ihm ist es völlig gleich, ob ein Zufall im Spiel der Natur oder ob menschliche Regie seine Umwelt verändert haben und somit eine Anpassung, einen Lernprozeß von ihm fordern und in Gang setzen. Für den Hund gehört der ihm überlegene Mensch als Erzieher ebenso zu seiner Umwelt wie die Meutegenossen in der freien Wildbahn, die ihrerseits natürlich ebenfalls Anpassungsvorgänge auslösen und erzwingen.

Die Erziehung des Hundes ist das Vermitteln von Erfahrung

Der Hund verarbeitet und behält in seinem Gedächtnis das, was er wiederholt erlebt, beobachtet und empfunden hat. Diese seine individuellen Erfahrungen bestimmen neben den ererbten Verhaltensformen sein Handeln.

Aufgabe des Erziehers ist es folglich, ihm diejenigen Erfahrungen zu vermitteln, die dem Erziehungsziel entsprechen. Ja, man kann sagen, die ganze Aufgabe des Hundeerziehens besteht darin, Inhalt und Umfang der von dem Hund zu sammelnden Erfahrungen möglichst von frühster Jugend an so auszuwählen, daß sie in der Summe das Idealbild eines folgsamen Hundes ergeben.

Die drei Lernstufen einer Leistung

Erste Lernstufe:

Wie lernt der Hund ein neues Verhalten?

Das in einer bestimmten Lernsituation geforderte neue Verhalten erlernt der Hund, indem er der Reihe nach alle möglichen Verhaltensformen durchprobiert, bis er schließlich durch Zufall die richtige findet.

Im Beispiel der Wildhundmeute wird der seiner Nahrungsgrundlage beraubte Hund mit Sicherheit auch dem Beutetier Taube gegenüber zunächst bei der bisher so erfolgreichen Jagdmethode des Hetzens bleiben. Immer ist er geneigt, das zu tun, was ihm zuvor Erfolg einbrachte. Dabei wird er jedoch jetzt einen Mißerfolg nach dem anderen erleben; es ist halt sinnlos, Tauben durch Hetzen greifen zu wollen. Tauben entweichen dorthin, wo ihnen kein Hund folgen kann. Der Hund wird irgendwann resignieren. Damit müßte das Ende der Meute nahe sein. Ihre Mitglieder müßten Hungers sterben, wenn die Natur den Hund nicht mit besonderen Fähigkeiten ausgestattet hätte, die zusammengenommen seine außergewöhnliche Lernfähigkeit ausmachen.

Da ist als erstes der Fond an ererbtem Grundwissen (s. Seite 137), der selbst dann weiterhilft, wenn eine völlig neue Verhaltensform, hier also eine völlig andersartige Jagdmethode, gesucht und gefunden werden muß. Ererbtes Grundwissen besteht darin, daß die Verknüpfung zwischen einer Wahrnehmung als Auslöser und einem bestimmten Verhalten nicht durch individuelle Erfahrung erlernt werden muß, sondern der ganzen Art von vornherein zur Verfügung steht. In den Chromosomen sind nämlich nicht nur Erbanlagen gespeichert, die bestimmte körperliche Merkmale bedingen, sondern auch solche, die bestimmte Verhaltensweisen auf die Nachkommen übertragen. Hierzu gehört z. B. bei fast allen Arten das objektiv richtige Verhalten unmittelbar nach der Geburt, vor dem Einsetzen der ersten Lernprozesse also. Wie bei den körperlichen Merkmalen hat das Ausleseprinzip diejenigen Exemplare einer Art begünstigt, die durch nützliche erbliche Verhaltensmechanismen denjenigen überlegen waren, die über keine oder nur über weniger nützliche Verhaltensvorgaben verfügten.

Für solche angeborenen Verhaltensnormen gibt es beim Hund eine Menge Beispiele: So weckt jedes sich rasch entfernende Objekt sofort den Hetztrieb des Hundes und veranlaßt ihn, es zu verfolgen. Eine Riechspur, eine Folge von Geruchstupfern also, läßt den Hund, sobald er sie als solche erkannt hat, ihren Verlauf suchen und sie verfolgen. Der Angriff auf einen Meutegenossen von dritter Seite ruft sofortige Verteidigungshandlungen hervor. Ein Beutetier tötet der Jagdhund blitzschnell nicht etwa durch Zubeißen, sondern durch Beuteln; er faßt z. B. den Hasen im Rücken und schlägt sich die Beute um die Ohren, wobei er ihr das Rückgrat bricht.

Die Reaktion auf eine bestimmte Wahrnehmung ist in allen diesen Fällen nicht erlernt, sondern genetisch programmiert. Der Hund weiß von Haus aus, was er in der jeweiligen Lage zu tun hat. Und dieses angeborene Verhalten ist *immer* das richtige!

Dennoch wäre es meiner Meinung nach falsch, hier von Reflexen oder reflexartigen Verhaltensformen zu sprechen. Reflexe sind nicht aufhebbar oder korrigierbar. Auch durch noch so energische und anhaltende Gegenaktionen kann man sie nicht beseitigen oder abstellen. Angeborene Reaktionen hingegen stehen hinsichtlich ihrer Einprägung auf einer Stufe mit erlernten, allerdings sehr gründlich erlernten Verhaltensweisen.

Neben einem reichen Fond an ererbtem Grundwissen ist die besonders gute Lernfähigkeit des Hundes durch eine zweite Eigenschaft geprägt, die ihn von anderen Tieren unterscheidet: Er kann sich erstaunlich schnell von eingefahrenen Verhaltensformen lösen, wenn diese nicht mehr erfolgreich sind. Das bedeutet: Der Hund ist als Schüler außerordentlich beweglich. Wie kaum ein anderes Tier, die Affen und Delphine vielleicht ausgenommen, produziert der Hund neue Handlungseinfälle, wenn das bisherige Verhalten nicht zum Ziele führt. Der Hund ist daher besonders für eine Lerntechnik befähigt, auf die alle nichtdenkenden Wesen angewiesen sind: für das Lernen durch Versuch und Irrtum (trial and error), das erstmals von *Thorndike* formuliert wurde.

Der nach dem Aussterben der Kaninchen auf die Taubenjagd angewiesene Hund steht ebenso in einer Lernsituation wie der Haushund, der das Herankommen erlernen soll. In beiden Fällen gilt es, das richtige, also das von Erfolg gekrönte Verhalten durch Versuch und Irrtum, also durch Probieren herauszufinden.

Der Hund lernt das richtige Verhalten durch Probieren

Auch im Angesicht der immer wieder davonfliegenden Tauben resigniert der Hund nicht; der Hungertrieb tut das seine. Irgendwie erkennt der Hund, daß er mit seiner bisher so erfolgreichen Jagdmethode auf einmal nicht weiterkommt. Er versucht's halt mal anders.

Er tut dies jedoch völlig wahllos. Genau besehen, verhält er sich in dieser Situation wie bei den ererbten Verhaltensweisen, die immer so hervorragend funktionieren: Er tut irgend etwas, etwas völlig Unüberlegtes. Und was er tut, ist (bei den ererbten Verhaltensformen jedenfalls) immer das richtige. Auch jetzt in seiner Not kommt alles darauf an, daß er etwas tut, irgend etwas. Denn Nichtstun bedeutet das sichere Ende. Vielleicht wird er sich stundenlang auf die Lauer legen. Oder er wird die Tauben wütend anbellen. Oder er wird sich tiefgeduckt an die Tauben heranschleichen. Zwar kommt er so nicht zum Erfolg. Aber er gibt nicht auf; er probiert weiter. Schließlich hat er einmal Glück. Zufällig hat er sich gegen den Wind an das Nahrung suchende Wild herangeschlichen und regungslos vorstehend gewartet, bis eine der Tauben in seine unmittelbare Nähe kommt. Die kann er fassen. Das erfolgverheißende Verhalten ist ein erstes Mal gefunden. Bald gelingt es ein zweites, ein drittes Mal. Der nächste Erfolg kommt immer schneller. Das richtige Verhalten ist gefunden.

Auf genau die gleiche Art und Weise erlernt der Haushund sein gesamtes Repertoire an Verhaltensformen, die selbst erlernten ebenso wie die vom Erzieher gewollten. Während eine andere Tierart, die sehr spezielle Anforderungen an ihren Biotop stellt, in ähnlicher Lage sich in das scheinbar Unabänderliche ergeben würde, sich also nicht anzupassen vermag und daher nicht überlebt, entfaltet der Hund einen ungestümen Aktionismus im Durchprobieren neuer Verhaltensformen. Genau diese Eigenschaft nutzen wir Menschen. Wir bringen den Hund damit zu Leistungen, die schließlich mit seinen eigenen Artbedürfnissen nichts mehr zu tun haben, sondern nur uns Menschen dienlich sind.

Das Beispiel mit der Klinke

Viele Hundefreunde wissen, daß es Hunde gibt, die problemlos in alle Räume einer Wohnung kommen, indem sie die Türen mit der Pfote öffnen. Ganz sicher ist dies keine ererbte Fähigkeit, sondern eine Leistung, die das Tier irgendwann gelernt haben muß. Dieser Lernvorgang ist daher ein gutes Beispiel, um darzustellen, wie die Lerntechnik des Hundes funktioniert, und zwar ohne Beteiligung irgendeines Erziehers.

Auszugehen ist dabei wie immer von einer bestimmten Lernsituation. Eine solche besteht dann, wenn der Hund aufgefordert ist – sei es durch den Erzieher, sei es zur Befriedigung eigener Bedürfnisse –, eine neue Verhaltensform herauszufinden und zu erlernen.

Für den Hund wurde beispielsweise ein Liegeplatz in der Diele reserviert; hier sollte er sich aufhalten. Nun ist aber der Hund ein typisches Meutetier; er liebt die Geselligkeit und verabscheut das Alleinsein. Er weiß Herrchen und Frauchen, seine Meutegenossen, nebenan im Wohnzimmer. Der Meutetrieb erwacht und veranlaßt ihn, nach Möglichkeiten zu suchen, wie er zu ihnen in das Wohnzimmer gelangen könnte.

Das ist das typische Bild einer Lernsituation: Es ist ein Bedürfnis da, und es gibt einen Weg, dieses Bedürfnis zu befriedigen, nämlich durch das Öffnen der Türe. Das, was in dieser Situation zu tun ist, ist also zugleich das Verhalten, das der Hund erlernen soll.

Er lernt es durch Probieren. Zuerst wird er die Tür anbellen, daß sie zittert. Aber sie bewegt sich nicht. Er wird versuchen, sich unter der Tür durchzubuddeln. Das scheitert hoffnungslos am Fußbodenbelag. Schließlich wird er an der Tür hochsteigen und kratzen, womit er der Sache schon näher kommt; bis er zufällig einmal beim Abwärtsgleiten mit der Pfote an die Klinke kommt, und siehe da, die Türe springt auf.

Der Hund behält das als Erfolg erlebte richtige Verhalten

Es gibt keinen Zweifel darüber, was in dieser Sekunde geschieht: Der Erfolg, die endliche Befriedigung des Meutetriebs, wird vom Hund freudig erlebt. Ein freudiges Erlebnis aber wird behalten. Das Behalten, das Speichern eines erfolgreichen und daher freudig erlebten Handlungsversuches im Gedächtnis des Tieres, ist ein entscheidender Schritt auf dem Weg zum Ziel. Ohne dieses Speichern gibt es keinen Lernerfolg.

Es handelt sich hierbei um ein psychologisches Naturgesetz, das für alle höheren Lebewesen, auch für den Menschen gilt. Beim Zahlenlotto setzt der Spielende Woche um Woche Tausende von Zahlenkombinationen; alle vergißt er sehr schnell. Aber die eine erfolgreiche wird der Gewinner auf Lebenszeit behalten. So vergißt auch der Hund sofort die vielen Verhaltensformen, die er durchprobiert hat und die nicht zum Ziele führten. Die eine erfolgreiche aber behält er. Er wird, erneut in die gleiche Lernsituation versetzt, zwar nicht sofort wieder das Richtige tun; dazu fehlt es noch an den nötigen Verknüpfungen. Ein Lernprozeß dieser Art ist nicht mit einem einzigen Lernakt erledigt. Aber von Mal zu Mal verringert sich die Zahl der Fehlversuche. Immer schneller kommt der Hund auf den richtigen „Dreh", und nach einigen Tagen geht es auf Anhieb.

Jeder Lernprozeß also, jede Anpassung an veränderte Gegebenheiten, besteht im ersten Schritt darin, daß der Hund ein neues Verhalten suchen und, durch wiederholtes Finden, schließlich erlernen muß.

Der Hund muß das richtige Verhalten selbst herausfinden

Das Türklinkenbeispiel verrät einiges darüber, wie der Hund lernt. Zunächst zeigt es, daß er das zu erlernende Verhalten unter allen Umständen *selbst* herausfinden muß. Nur dann kann er es nämlich freudig erleben, und nur freudig erlebtes Verhalten wird behalten und somit erlernt.

Es wäre daher völlig falsch, ihm beim Herausfinden des richtigen Verhaltens etwa helfen zu wollen. Beispielsweise könnte der Erzieher ihn vorne hochheben und mit der Hand die Pfote zur Klinke hinführen. Eine solche Zwangsmanipulation wäre für den Hund nur lästig. Sie brächte nicht das Mindeste. Ja, der Erzieher liefe Gefahr, den Schüler zu vergrämen, so daß er das Gegenteil dessen erreichte, was er erreichen wollte. Auf jeden Fall wür-

de die Handlung nicht, wie das selbst herausgefundene Verhalten, freudig als Erfolg erlebt. Zwang wird niemals freudig erlebt.

Sie sollten Ihrem Hund durch eine kluge Gestaltung der Lernsituation das Lernen zwar einfach machen, um die Erziehung nicht unnötig lange auszudehnen. Es darf mit anderen Worten für den Hund relativ leicht sein, das von Ihnen gewünschte Verhalten herauszufinden. Aber keinesfalls darf die „Probiermethode", die dem Hund eigene Lerntechnik, hierdurch ausgeschaltet werden. Der Hund muß in der Lernsituation einen Spielraum für verschiedene Handlungseinfälle behalten, die er nacheinander durchprobieren kann.

Seine eigenen Bedürfnisse bringen das Tier zum Lernen

„Von nichts kommt nichts!" sagt der Volksmund. Auch das Lernen bedarf stets eines Antriebs. Das ist die zweite Erkenntnis aus dem Türklinkenbeispiel: Warum versucht das Tier überhaupt, die Tür zum Wohnzimmer zu öffnen? Es sind seine eigenen Bedürfnisse, die den Lernprozeß in Gang bringen. Sie erwachsen in diesem Fall aus dem Meutetrieb.

Diese Aussage bedeutet: Will der Erzieher seinem Zögling ein neues Verhalten beibringen, muß er sich die eigenen Bedürfnisse des Tieres zunutze machen. Bedürfnisse ergeben sich stets aus einem Trieb, dem Hunger, dem Meutetrieb, dem Jagdtrieb, dem Verteidigungstrieb. Solche Bedürfnisse muß der Erzieher wecken. Sie bringen das Tier dazu, sich so zu verhalten, wie der Erzieher es wünscht.

Der Hund handelt somit, indem er richtig reagiert, aus seiner Sicht in seinem *eigenen* Interesse. Es ist *sein* Interesse, einen Weg zu finden, wie er die Türe öffnen kann.

Diese Erkenntnis gilt allgemein und ist äußerst wichtig: Zwar will der Erzieher, daß der Hund so reagiert, wie *er* es wünscht. Der Erzieher muß aber die Interessenlage scheinbar umkehren: Damit der Hund lernen kann, muß er den Hund so führen, daß dieser in seinem Interesse, zur Befriedigung *seiner* Bedürfnisse, handelt. Wenn er herankommen soll, muß das Kommen *sein* Interesse sein, weil es seinen Hungertrieb befriedigt. Wenn er apportieren soll, muß das Apportieren in *seinem* Interesse liegen, weil es seinen Spieltrieb befriedigt, usw.

Der Erzieher erreicht die notwendige Umkehrung der Interessenlage durch den Aufbau einer geeigneten Lernsituation.

Für jede Übung eine neue Lernsituation

Dabei entspricht das gesamte Arrangement, das der Erzieher aufbaut, um eine neue Verhaltensform herbeizuführen, der Umweltveränderung, der sich der Hund gegenübergestellt sieht. Dieses Arrangement nenne ich die Lernsituation einer Übung. Da die Gestaltung der Lernsituation entscheidend ist für Gelingen oder Mißlingen einer Erziehungsaufgabe, ist dies einer der wichtigsten Begriffe für die Hundeerziehung.

Für jede neue Erziehungsaufgabe muß der Erzieher eine eigene, neue Lernsituation aufbauen. Dies erfordert unter Umständen viel Phantasie. Es zeigt sich daher gerade hier, wer ein guter Hundeerzieher ist, wer sich in die Lernweise des Tieres hineinversetzen kann.

Zweite Lernstufe:

Wie erlernt der Hund einen Befehl?

Im Türklinkenbeispiel war es der Meutetrieb, der das Lernverhalten des Hundes auslöste. Der Hund selbst suchte die Geselligkeit der Meute. Er fand das zur Befriedigung seines Meutetriebes richtige Verhalten durch Probieren (Versuch und Irrtum).

Folgsamkeit ist mehr. Folgsamkeit ist Handeln auf Befehl. Nicht die Bedürfnisse des Hundes sollen befriedigt werden, sondern die seines Herrn. Dieser ist es, der ein bestimmtes Verhalten von seinem Hunde fordert und ihm deshalb einen entsprechenden Befehl erteilt. Wie es kommt, daß der Hund einen ihm erteilten Befehl ausführt, ist das zweite zentrale Thema der Erziehung des Hundes.

Versteht der Hund Befehle?

Wenn Sie ein Kind bitten, zu Ihnen zu kommen, können Sie davon ausgehen, daß es Ihre Bitte versteht. Es weiß, was Sie meinen, wenn Sie es rufen, weil es Ihre Sprache spricht. Anders ist es beim Hund. Er versteht nicht die menschliche Sprache. Ihre Worte, Ihre Befehle haben für ihn nicht die geringste Bedeutung. Trotzdem kann der Erzieher erreichen, daß der Hund Worte oder Zeichen erlernt und in bestimmter Weise reagiert, sobald er sie wahrnimmt.

Folgsamkeit erfordert also, daß das vom Erzieher gewählte Befehlswort im Gedächtnis des Hundes mit dem zuvor erlernten Verhalten auf eine besondere Weise verbunden wird. Der Laut „Komm" muß mit dem Verhalten „Zum-Herrn-Laufen", der Laut „Gib Laut" mit dem Verhalten „Bellen" usw. verknüpft werden.

Folgsamkeit=

Befehl	+ Verhalten
„Komm!"	→ Herankommen
„Mach auf!"	→ Türe-Öffnen
„Sitz!"	→ Sich-Setzen
„Gib Laut!"	→ Bellen, Lautgeben
„Platz!"	→ Sich-Hinlegen

Aus der Sicht des Hundes könnte man auch völlig andere Worte als Kommando festlegen. Der Hund würde ohne jeden Unterschied lernen, auf das Lautzeichen „Ablegen" zu seinem Herrn zu laufen, auf das Lautzeichen „Komm heran" hingegen sich hinzulegen. Jedes Verhalten läßt sich mit jedem beliebigen Laut verknüpfen. Jede Wahrnehmung kann als Auslöser für jedes beliebige Verhalten gewählt und verwendet werden. Es ist reine Zweckmäßig-

keit für uns Menschen, daß die gewählten Befehlsworte einen entsprechenden Sinn in der Menschensprache haben.

Im Hause eines mir bekannten Hundefreundes war es üblich, zum „Frühstück" zu rufen, bei dem offenbar auch der Hund – was eigentlich nicht sein sollte – etwas abbekam. Dieser Hund reagierte weder auf „Heran" noch auf Pfiff. Aber er kam sofort und prompt, wenn er mit „Frühstück" herangerufen wurde.

Der Hund hat Handlungseinfälle

Daß der Hund auf ein vom Menschen ausgesprochenes Befehlswort richtig reagiert, setzt nämlich nicht voraus, daß der Hund das Wort seinem Bedeutungsinhalt nach *versteht*. Entscheidend ist nur, daß der Befehl das erwartete Verhalten *auslöst*. Das aber ist allein mit den Möglichkeiten des Gedächtnisses erklärbar, das, wie wir wissen, beim Hund zu erstaunlichen Leistungen fähig ist.

Ein Wort, Pfiff oder Zeichen wird zum Auslöser eines bestimmten Verhaltens, wenn es im Bewußtsein des Tieres (gemeint ist das Momentan-Gedächtnis oder Ultrakurzzeitgedächtnis) einen entsprechenden Handlungseinfall hervorruft. Auch wenn diese Fragen bis heute wissenschaftlich nicht restlos geklärt sind, steht dennoch fest, daß der Hund Handlungseinfälle hat und daß sein Verhalten durch Handlungseinfälle gesteuert wird.

Nehmen Sie einen im Ablegen gut erzogenen Jagdhund, der zugleich ein leidenschaftlicher Hasenhetzer ist. Sie gehen mit ihm ins Feld und zeigen ihm einen flüchtenden Hasen in größerer Entfernung, den er sehen, aber nicht wittern kann. Dann legen Sie den Hund frei ab. Der Hase ist inzwischen nicht mehr ansichtig. Trotzdem fiebert der Hund ihm nach, bleibt aber wie befohlen liegen. Nun warten Sie 5 bis 10 Minuten und geben dann ganz unvermittelt den Hund frei, und zwar nur durch den Befehl „Hoch". Der Hund läuft sofort los und sucht den Hasen. Das bedeutet: Der Handlungseinfall „Hasen-Hetzen", der durch den Anblick des Hasen Minuten vorher bewußt geworden war, ist die ganze Zeit hindurch im Bewußtsein des Hundes gewärtig geblieben.

Befehl und erwünschtes Verhalten müssen miteinander verknüpft werden

Es geht bei der Erziehung zur Folgsamkeit also gar nicht darum, daß der Hund die Befehle inhaltlich „versteht". Entscheidend ist, daß der Befehl beim Hund den gewollten Handlungseinfall hervorruft. Die Frage ist, wie das erzieherisch zu bewerkstelligen ist.

Der gewünschte Handlungseinfall läßt sich durch ein Befehlswort im Bewußtsein des Tieres hervorrufen, wenn es gelingt, den Befehl mit dem erwünschten Verhalten zu verbinden, die Fachleute sagen: zu *verknüpfen*.

Was ist Verknüpfen?

Verknüpfen ist eine besondere Leistung des Gedächtnisses. Das Gedächtnis, sowohl das der Tiere als auch das der Menschen, ist nicht nur mit der Fähigkeit ausgestattet, Gedächtnisinhalte, nämlich Verhaltensformen, Wahrnehmungen und Gefühle, zu behalten, zu speichern. Es kann sie auch beliebig miteinander verbinden, dergestalt, daß beide immer gemeinsam bewußt werden.

Da beobachtet ein junger Mann, wie eine Frau an einem Brunnen ihren Schirm liegen läßt. Er eilt hinzu und bringt ihn ihr. Fortan muß er immer, wenn er den Brunnen sieht, an diese Frau denken. Das Bild des Brunnens ist im Gedächtnis des Mannes untrennbar mit diesem Erlebnis verknüpft. Oder sie denken, wenn Sie eine Rose sehen, sofort daran, wie schön sie duftet. Bild und Duft der Rose sind in Ihrem Gedächtnis miteinander verbunden.

Wie entstehen Verknüpfungen?

Psychobiologisch kann man sich die Verknüpfung von zwei Gedächtnisinhalten so vorstellen, daß beide Inhalte, das Bild der Rose und ihr Duft, unmittelbar nebeneinander gespeichert, abgelagert sind. Eine solche Einordnung einer Erfahrung in der unmittelbaren Nähe einer anderen kommt zustande, wenn zwei Bedingungen erfüllt sind:

1. Die beiden Erfahrungen müssen *zeitgleich* erlebt werden.
2. Es muß ein starkes Gefühlserlebnis hinzukommen. Tausend Dinge kann man zeitgleich erleben, ohne daß eine Registrierung, geschweige eine Verknüpfung stattfindet. Ereignisse, die dem Betroffenen völ-

lig gleichgültig sind, behält er nicht. Erst wenn das Ereignis mit Freude oder auch mit Schmerz oder Trauer erlebt wird, hat es die Chance, im Gedächtnis Eingang und auf gewisse Dauer Aufenthalt zu finden. Auch die Dauer selbst ist von der Stärke des Gefühls, das im Spiele war, abhängig: je stärker das Gefühlserlebnis, desto länger die Speicherung im Gedächtnis.

Allerdings läßt sich das Gefühlserlebnis zumindest teilweise durch einen anderen Umstand kompensieren. Es werden auch weniger gefühlsstarke Ereignise gespeichert und miteinander verknüpft, wenn sie hinreichend *häufig* zeitgleich miteinander erlebt werden. Wer sich einmal am Ofen die Finger verbrennt, berührt ihn nie wieder. Ein einziges (gefühlsstarkes) Erlebnis genügt, Ofen und Schmerz zu verknüpfen. Gegen die zu tief hängende Kellertreppe muß man etliche Male mit dem Kopf stoßen, bis man gelernt hat, diesen rechtzeitig einzuziehen.

Verknüpft werden alle möglichen Gedächtnisinhalte

Auch die Tiere verknüpfen ihre Erfahrungen wie wir Menschen. Gehen wir zur Abwechslung einmal auf einen Hühnerhof. Hier ist gerade Fütterungszeit. Die Bäuerin kommt in den Hof und schüttet Mais und andere Körner in die Schüssel. Dieses raschelnde Geräusch der Körner ist für das Hühnervolk das Kommando. Von allen Seiten fliegt es herbei. Die Hühner haben die Erfahrung gemacht und „wissen", daß das Ra-

schelgeräusch der Maiskörner Fütterung bedeutet. Somit löst das Geräusch unmittelbar das Verhalten (Hinlaufen) aus.

Auch die auf diese Weise entstandene feste Verbindung zwischen dem Geräusch in der Futterschüssel und dem Ereignis der Fütterung ist eine Verknüpfung oder Assoziation von Gedächtnisinhalten. Im Gedächtnis des Tieres werden zwei oder mehr an sich verschiedene Erfahrungen fest miteinander verkoppelt.

Der Befehlslaut muß emotional aufgeladen werden

Dabei ist noch ein Zweites wichtig: Es gibt auf so einem Bauernhof den lieben langen Tag Tausende Geräusche von Maschinen, Menschen und Tieren. Alle diese Geräusche interessieren das Hühnervolk überhaupt nicht; es nimmt sie gar nicht wahr. Damit ein Geräusch überhaupt wahrgenommen, das heißt bewußt wird, muß es emotional aufgeladen sein; es muß Gefühle, Affekte wekken. Die Gedankenverbindung: „Geräusch in der Schüssel – endlich gibt es Futter", löst nicht nur in ähnlicher Situation beim Menschen, sondern genauso bei den Tieren ein plötzlich aufkommendes Lustgefühl aus. Auch das leiseste Rascheln in der Schüssel würde wahrgenommen werden. Nicht nur mit dem Füttern, auch mit den damit verbundenen Geräuschen ist im Gedächtnis der Tiere ein positives Gefühlspotential verbunden, das im Augenblick der Wahrnehmung „ihr Herz höher schlagen läßt".

Der Grundsatz der Gleichzeitigkeit
Die erforderliche Verknüpfung bildet sich durch *gleichzeitiges* freudiges Erleben der beiden zu verknüpfenden Gedächtnisinhalte. Gleichzeitigkeit bedeutet: *Während* der Hund das mit einem Befehl zu verknüpfende Verhalten (z. B. das Herankommen) aus welchem Grunde auch immer ausführt, muß er den zugeordneten Befehlslaut (,,Komm" oder Pfiff oder Handzeichen) so oft wie möglich wahrnehmen. *Während* er dabei ist – oder wenigstens im Begriffe ist –, sich zu setzen, hört er immer wieder das Wort ,,Sitz". *Während* er Pfötchen gibt, heißt es mehrmals hintereinander: ,,So recht, gib Pfötchen!" usw. usw. Und das alles geschieht im freundlichsten Tone und mit reichlich Bröckchen und Köpfchen-Streicheln zur Belobigung. Nur so, durch wiederholt freudig erlebte Gleichzeitigkeit von Verhalten und Befehl, von dem, was er gerade tut, und dem, was er gerade hört, bildet sich nach und nach die gewünschte Verknüpfung. Der wahrgenommene Laut wird zum Befehl.

Konditionieren heißt: Befehlen, *während* der Hund reagiert
Während des zu verknüpfenden Verhaltens heißt: *nicht vorher!* Es ist völlig sinnlos, einen jungen, rohen Hund, der Befehl und Verhalten noch nicht oder noch nicht ausreichend verknüpft hat, mit dem Befehl ,,Komm" rufen zu wollen, während er gerade etwas anderes tut. Dies wäre nicht nur sinnlos, sondern *falsch*. Denn der Hund würde das momentane Verhalten, dem er sich gerade widmet (z. B. die spannende Durchsuchung eines Mauseloches), mit dem Befehlslaut ,,Komm" zeitgleich erleben und möglicherweise verknüpfen. Auf diese Weise käme – wie bei der Hundeerziehung nicht selten – eine falsche Verknüpfung zustande. Der Hund erlernt das Wort ,,Komm" als Kommando für Mauseloch-Durchsuchen. Es ist merkwürdig, und keiner weiß, warum, aber es ist so, daß ungewollte Verknüpfungen viel schneller und gründlicher eintreten als gewollte. Es ist daher für den Erziehungserfolg von fundamentaler Bedeutung, daß das Kommando beim Einüben eines neuen Verhaltens im genau richtigen Augenblick gegeben wird, dann nämlich, wenn der Hund das gewünschte Verhalten ausführt, um ein eigenes Bedürfnis zu befriedigen. Dieser für die Erziehung zur Folgsamkeit so wichtige Sachverhalt ist bisher in der gesamten kynologischen Literatur übersehen worden, und zwar einfach deshalb, weil die psychobiologischen Grundlagen der Folgsamkeit nicht hinreichend sorgfältig analysiert wurden. Man ging der Frage einfach nicht auf den Grund, wie und warum der Hund einem Befehl folgt. Man verließ sich auf die persönliche oder überlieferte Erfahrung. In der Tat gibt es Berge von hervorragender Hundeliteratur; aber über die grundlegenden Fakten und Zusammenhänge der Erziehung des Hundes zur Folgsamkeit findet sich nirgends ein Hinweis. Das Ergebnis ist eine fehlerhafte Erzie-

hungsanleitung. Wenn diese darauf hinausläuft, daß der Hund Befehl und Verhalten überhaupt nicht verknüpfen *kann*, weil beide nicht zeitgleich erfolgen, ist der Dressurerfolg von vornherein illusorisch.

Wie folgt der Hund dem Befehl?

Der Hund verknüpft in seinem Gedächtnis die verschiedensten Erfahrungen und Erlebnis-Erinnerungen miteinander. Er verknüpft Wahrnehmungen (Laute, Zeichen, Gerüche) mit Verhaltensformen (Herankommen, Sich-Setzen, Bellen), also z.B. das Wort „Komm" mit dem Verhalten „Herankommen"; und er verknüpft beides, nämlich Wahrnehmungen und Verhaltensformen, mit Gefühlen, guten oder schlechten.

Diese Verknüpfung hat zur Folge, daß bei der Wahrnehmung und somit beim Bewußtwerden des Befehls auch das mit ihm verknüpfte Verhalten dem Hund sofort und automatisch gewärtig wird. Das vom Erzieher befohlene Verhalten fällt ihm somit als *Handlungsmöglichkeit* ein. Natürlich ist die Wahrscheinlichkeit, daß der Hund ein ihm eingefallenes Verhalten auch ausführt, recht groß, vor allem dann, wenn mit diesem Verhalten auch die angenehmsten Erinnerungen verknüpft sind. Die feste Verknüpfung von Befehl und Verhalten im Gedächtnis des Tieres ist somit, wenn auch noch keine Garantie, so doch eine entscheidende Voraussetzung für jede Art von Folgsamkeit.

Das psychobiologische Phänomen der Verknüpfung verschiedener Gedächtnisinhalte macht es möglich, daß wir ein Signal X aussenden, das vom Tier empfangen wird, bei ihm damit aber eine Information Y wachrufen, die inhaltlich mit dem Signal selbst nichts zu tun hat. Ein Pfiff kommt an, eine Verhaltensform, und zwar genau die, die wir wollen, wird bewußt.

Der Hund erkennt auch eingekleidete Befehle

Auch wenn der Befehlslaut irgendwo in einem zusammenhängenden Satz erscheint, erkennt der Hund ihn sehr wohl.

Das kann von Nachteil sein. Ich hatte einmal drei Hunde im Garten an verschiedenen Stellen abgelegt. Da kam der Postbote, und ich rief meiner Frau zu: „Du, mach mal die Türauf;- der Postbote ist gekommen!" – Im Nu standen alle drei Hunde bei mir. Ich war böse und schimpfte mit ihnen, weil sie offenbar durch die mit dem Kommen des Postboten verbundene Ablenkung befehlswidrig ihren Ablegeplatz verlassen hatten – bis mir einfiel, daß ich selbst sie gerufen hatte. Ich hatte gerufen: „Der Postbote ist ge-,komm'-en!" In Wirklichkeit waren alle drei Hunde also recht folgsam gewesen, aber ich hätte es fast nicht bemerkt.

Natürlich setzt das Erkennen von Befehlen, die in langen Sätzen gleichsam versteckt sind, hinreichend Übung voraus. Im Anfang der Einübung eines neuen Verhaltens ist daran nicht zu denken. In dieser Zeit muß jeder Befehl langsam, präzise und markant ausgesprochen werden und deutlich für sich stehen.

Daß der Hund aber nach einiger Übung auch eingekleidete Befehlslaute genauso gut versteht wie alleinstehende, ist einer der Gründe, die ihn uns so liebenswert machen. Sie ermöglichen nämlich das echte Gespräch mit dem Tier, wenn auch ein mehr einseitiges. Aber man kann ihn wie einen richtigen Lehrbuben behandeln: „Habe ich dir, alter Freund, nicht schon zweimal gesagt, daß du dich endlich hinlegen sollst?!" – Der Hund versteht nicht „Alter Freund", aber er erkennt den Befehlslaut „Hinlegen" – und wird es (vielleicht) tun.

Es ist noch nicht *sicher*, daß er folgt, daß er den durch den Befehl hervorgerufenen Handlungseinfall auch verwirklicht. Kein Wunder! Es fehlt schließlich noch eine wichtige Lernstufe, deren Inhalt es ist, die tatsächliche Ausführung des befohlenen Verhaltens sicherzustellen.

Dritte Lernstufe:

Wie lernt der Hund, einem Befehl zu folgen? – Wie lernt der Hund Folgsamkeit?

Der Hund hat inzwischen das Verhalten, das er auf Befehl seines Herrn hin ausführen soll (das Herankommen, das Türe-Öffnen) durch seine „Probiertechnik" selbst herausgefunden und erlernt und er hat durch häufiges und freudiges gleichzeitiges Erleben den zugehörigen Befehl („Komm", „Mach auf") mit dem jeweils erwünschten Verhalten

verknüpft und damit ebenfalls erlernt.

Damit haben wir das schwierigste Kapitel im Rahmen einer konkreten Erziehung zum Tun bereits absolviert: Aufgrund unseres Befehls ist dem Hund das von uns geforderte Verhalten als Handlungsmöglichkeit eingefallen. Das bedeutet: Wir haben unserm Hund nahebringen können, was wir von ihm wollen. Wir haben uns mit ihm über unser konkretes Anliegen *verständigt*. Wenn Sie bedenken, wie schwierig es ist, sich einem völlig fremdartigen Wesen, das unsere Sprache weder spricht noch versteht, verständlich zu machen, so werden Sie ermessen, daß das Erreichte zwar nicht alles, aber auch nicht wenig ist. Nicht alles, gewiß, denn der Lernprozeß ist noch nicht beendet.

Noch ist nämlich die Frage offen, ob der Hund den ihm erteilten und als Handlungs*möglichkeit* gewärtig gewordenen Befehl auch tatsächlich ausführt, ob er also wie erhofft folgsam ist.

Der Begriff der Folgsamkeit setzt voraus, daß der Hund den ihm erteilten Befehl kennt, ihn wahrgenommen und verstanden hat. Der Hund ist nicht unfolgsam, wenn er auf einen Befehl nicht reagiert, den er nicht erlernt hat, und schon gar nicht, wenn er das ihm befohlene Verhalten nicht einmal beherrscht. Das Üben der Folgsamkeit setzt also als dritte Lernstufe eines Lernprozesses den erfolgreichen Abschluß der beiden vorangegangenen Lernstufen zwingend voraus.

Jetzt erst kann es darum gehen, den Hund zur Folgsamkeit zu erziehen. Jetzt muß er lernen, den Befehl, sobald er ihn wahrnimmt, unbedingt auszuführen. Genauer gesagt: er muß lernen, das ihm aufgrund unseres Befehls eingefallene Verhalten auch zuverlässig auszuführen.

Warum folgt der Hund einem Befehl?

Um ganz deutlich zu machen, um was es hier geht, sei die Situaiton auf einen Exerzierplatz übertragen, wo bekanntlich den lieben langen Tag nichts anderes geschieht, als daß von den Herren Offizieren Befehle erteilt und von den Rekruten Befehle ausgeführt werden. Letztere haben, nehmen wir an, bereits gelernt, wie das Gewehr präsentiert werden soll, das heißt, sie haben das auszuführende Verhalten erlernt und beherrschen es. Zweitens haben sie auch schon den zugehörigen Befehl kennengelernt. Er lautet: ,,Präsentiert das Gewehr!" Jeder Soldat weiß genau, was er zu tun hat, wenn er diesen Befehl wahrnimmt.

Der Ausbildungsstand der Soldaten entspricht also den beiden Lernstufen der Hundeerziehung, die wir bisher behandelt haben: Erwünschtes Verhalten und zugehöriger Befehl sind erlernt und miteinander im Gedächtnis verknüpft. Offen ist jedoch auch hier die Frage, ob die Soldaten tatsächlich *folgsam* sind, ob und aus welchem Grunde sie den ihnen erteilten Befehl ausführen. Was *motiviert* sie, dem Kommando des Offiziers zu folgen?

Die Antwort ist in diesem Falle nicht schwierig. Soldaten gehorchen aus zwei Gründen:
1. weil sie sich als Soldaten verpflichtet haben und verpflichtet fühlen zu gehorchen
2. weil sie wissen, daß Ungehorsam bestraft würde; sie fürchten sich vor Strafe.

Hat der Hund Pflichtgefühle?

Gibt es für die Folgsamkeit des Hundes ähnliche Motive? Das Gros der Kynologen beantwortet diese Frage ohne Zögern mit Ja. Zwar warnen sie unisono davor, den Hund zu vermenschlichen, das heißt seinem Verhalten menschliche Motive zu unterstellen. Aber sie selbst unterstellen ungeachtet dessen dem Hund Pflichtgefühle oder ähnliche, nicht näher definierte Mußvorstellungen, an die der Hundeerzieher ohne besondere Umstände appellieren und aufgrund derer er von seinem Tier bedingungslos Gehorsam fordern kann.

Natürlich sind Unterstellungen dieser Art unhaltbar. Richtig ist, daß der Hund als typisches Meutetier dem Meuteführer Mensch gegenüber ein hohes Maß an Unterwürfigkeit zeigt. Es wäre jedoch ein fataler Irrtum, Unterwürfigkeit gleich Folgsamkeit zu setzen. Das nämlich würde bedeuten, daß der Erzieher, um ein Höchstmaß an Folgsamkeit zu erreichen, nur ein Höchstmaß an Unterwürfigkeit anzustreben hätte, ein Ziel, das durch drakonische Zwangsmaßnahmen problemlos zu erreichen wäre.

Mit dem Meutetrieb kann die *Anhänglichkeit* des Hundes seinem Herrn gegenüber erklärt werden, ebenso seine Bereitschaft, diesen zu verteidigen. Auch eine gewisse Lernbereitschaft ergibt sich aus dem Meutetrieb, weil der Hund aufgrund angeborener Verhaltensformen bestrebt ist, ein brauchbares Mitglied der Meute zu werden und zu bleiben.

Anhänglichkeit oder Ergebenheit ist aber noch lange nicht Folgsamkeit. Anhänglichkeit ist eine gefühlsmäßige Verbundenheit, die ein Hund in sehr ausgeprägtem Maße zeigen kann, der kein einziges Kommando kennt oder befolgt. Folgsamkeit oder Gehorsam ist die prompte und zuverlässige Ausführung eines Befehls. Auch der Kopfhundtyp, der wenig anhänglich ist, kann ausgesprochen gehorsam sein.

Auf keinen Fall kann jedoch die Folgsamkeit des Hundes wie die des Soldaten Ausdruck irgendwelcher Pflichtgefühle sein. Denn Pflichtgefühle sind Denkgefühle. Das Pflichtgefühl der Soldaten, die innere Stimme: ,,*Du mußt* folgen!" entspringt einem Denkprozeß, der ohne sprachliche Formulierung, wenn auch nur im Geiste, nicht vorstellbar ist. Darum herum ist ein buntes Gewirr weiterer Gedanken und Vorstellungen angesiedelt, die alle unbewußt mitspielen. Der Soldat weiß, daß eine Truppe nur aktionsfähig ist, wenn alle in gleicher Weise die ihnen erteilten Befehle ausführen, gleichgültig, ob auf dem Exerzierplatz oder in der Schlacht. Er weiß, daß es

drüber und drunter ginge, wenn nicht einer da wäre, der das Sagen hat, und die anderen ihm folgten. Aus solchen Überlegungen und unbewußt wirksamen Vorstellungen erwächst das Pflichtgefühl, das zum Motiv des soldatischen Gehorsams wird. Ohne das abstrakte und recht komplizierte Denkgebäude ist die oberste Tugend der Soldaten, die wir Pflichterfüllung nennen, nicht denkbar. Der Hund als nicht denkendes Wesen ist zu abstrakten Denkprozessen und Vorstellungsbildern dieser Art nicht fähig (s. Seite 146). Wir müssen daher jede Art von Pflichtgefühl oder Verantwortungsbewußtsein (was wieder aus dem ersteren folgt) als Grundlage des Gehorsams eines Tieres verneinen.

Gehorcht der Hund aus Angst vor Strafe?

In der Literatur wird weiterhin angenommen, daß der Hund aus Angst vor Strafe gehorcht. Selbst der liederlichste Soldat, dessen Pflichtgefühl nicht einen Schuß Pulver wert ist, gehorcht dennoch, weil er weiß, daß ihm Strafe droht, wenn er es wagen sollte, den Gehorsam zu verweigern. Dieses ganz normale menschliche Verhalten wird ungeprüft auf den Hund übertragen.

Eine einfache Überlegung ergibt, daß auch diese allerdings sehr weit verbreitete Auffassung über das Wesen des Gehorsams eines Tieres irrig ist. Träfe sie nämlich zu, müßte der Hund in der Lage sein, sein Verhalten nach Zielvorstellungen auszurichten. Er müßte zu Überlegungen fähig sein, die sich wie folgt umschreiben lassen: „Wenn ich Hund jetzt, nachdem ich den Pfiff meines Herrn wiederholt deutlich vernommen habe, nicht sofort – wie er es wünscht – zu ihm eile, setzt es was. Er wird mich schelten oder gar schlagen." Oder einfacher: „Wenn ich jetzt nicht folge, werde ich das zu bereuen haben!"

Wer seinen Leser zu einem dem Tier gerechten Verständnis tierischen Verhaltens hinführen will, kann nicht deutlich genug hervorheben, daß intellektuelle Leistungen dieser Art, auch wenn sie noch so drastisch vereinfacht würden, einem Hunde nicht möglich sind. Das Zentralnervensystem eines Tieres gibt sie nicht her. Der Hund *kann nicht* folgerichtig denken. Er kann nicht schlußfolgern, Ursache und Wirkung nicht voraussehen. All das sind Denkleistungen, zu denen nur der Mensch fähig ist. *Fischel* hat in seinem Buch „Die Seele des Hundes" experimentell überzeugend nachgewiesen, daß der Hund bei noch so logisch erscheinendem Verhalten nicht von irgendwelchen Zielvorstellungen geleitet ist. *Fischel* beläßt es bei dieser Feststellung. Ein Erklärungsversuch dafür, wie der Hund dennoch, das heißt *ohne* das Vorhandensein von Zielvorstellungen, zu logisch erscheinenden, zusammenhängenden Leistungsabläufen kommt, ist aber durchaus möglich. Man muß sich nur ganz auf die spezifischen Lernvorgänge beim Hund konzentrieren, d. h. analytisch vorgehen (s. S. 179).

Das berühmte schlechte Gewissen

Aus vielen Diskussionen mit meinen Lesern weiß ich dennoch, wie schwierig es ist, dem Leser und Hundefreund klarzumachen, daß es Schuld- und Reuegefühle beim Hund nicht gibt. „Man sieht ihm doch an", so heißt es immer wieder, „daß er ein schlechtes Gewissen hat". Als er gerufen wurde, wußte er genau, daß er kommen mußte. Aber er kam nicht. Also weiß er auch, daß er die Strafe verdient hat."

In der Tat hat der „unfolgsame" Hund ein beachtliches Repertoire an Demuts- und Ich-tu's-nicht-wieder-Gesten parat. Es ist nicht verwunderlich, daß Herrchen und Frauchen, die eine viertel Stunde lang vergeblich nach ihm gerufen und gepfiffen haben, nicht nur böse auf ihn, sondern auch fest von seinen Ungehorsams-Schuldgefühlen überzeugt sind. Sie erachten deshalb gutmeinend eine Straflektion aus erzieherischen Grundsätzen für dringend geboten.

In Wahrheit wiederholt sich in solchen Fällen immer das gleiche: Der Hund hat Befehl und Verhalten noch nicht gelernt oder noch nicht verknüpft. Er hat nicht die mindeste Vorstellung davon, daß er irgend etwas getan oder falsch gemacht haben könnte. Ja, er ahnt nicht einmal, daß er ungeduldig erwartet wird. Wie sollte er? Es war doch so schön bei Nachbars Biene. Und hat man ihn nicht gehen lassen? So kommt er guter Dinge heim zu seiner Meute. Hier aber, und zwar schon von weitem, merkt er sehr schnell, daß etwas nicht stimmt. Der Hund hat ein außergewöhnliches Gespür für Stimmung und Atmosphäre im Hause, das heißt innerhalb seiner Meute. Er erfaßt sofort, daß der Haussegen (wieder einmal) schief hängt. Nun, was soll er machen? Einfach wieder weglaufen kann und will er nicht. Er fühlt sich der Familie als seiner Meute zugehörig. Und das ist für ihn sehr wichtig. Es gehört zu seinem ererbten, arteigenen Grundwissen, daß er den Platz in seiner Meute verteidigen muß, um jeden Preis. Er will und muß folglich seinen Platz behaupten, selbst wenn es mit Unannehmlichkeiten verbunden ist.

Mit der zu Hause herrschenden Atmosphäre verknüpft er andererseits das nahende unvermeidbare Unheil. Er hat schließlich seine Erfahrungen. Also macht er sich so klein wie möglich, kneift die Rute ein als deutliches Zeichen seiner Betroffenheit und Angst, verdrückt sich an die Wand, so gut er kann, und macht sich schnell in die äußerste Ecke des Hauses, wenn möglich tief unters Sofa. Von hier aus blickt er mit halbgeschlossenen Lidern, weiterhin Schlimmes erwartend, auf die grimmige Herrschaft – das personifizierte schlechte Gewissen (?).

Auch Schuld und Reue sind Denkgefühle

Das scheinbar so reumütige, einsichtige Verhalten des Tieres hat also in Wahrheit nicht das geringste mit Schuld oder Reue zu tun oder mit einem schlechten Gewissen (was immer das bei einem Tier überhaupt

sein mag). Es signalisiert ausschließlich die Angst- und Unlustgefühle, die möglicherweise tiefe Betroffenheit, die ihn zwangsläufig befallen, wenn er die gespannte und bedrohliche Stimmung im Hause wahrnimmt. Jede andere Deutung dieser Verhaltensweise ist falsch. Der Hundefreund, der seinem Tier gerecht werden will, muß das einsehen. Er muß sich auf die geistige Stufe des Hundes stellen und von dort her dessen Verhalten interpretieren. Reue und Schuld sind Gefühle, die nur aus einem Denkprozeß heraus entstehen können: ,,Ich habe gefehlt, deshalb erwartet mich Strafe." Da der Hund nicht in abstrakten Vorstellungen denken kann, kennt er auch keine Denkgefühle. Er kann sie folglich auch nicht zum Antrieb seines Handelns machen.

Der (endlich) heimkommende Hund darf nie bestraft werden

Jede Art von Strafe oder Schimpfen ist in der oben beschriebenen Situation mithin völlig sinnlos. Der Hund hat nicht die geringste Möglichkeit, die ihn treffende Unbill intellektuell oder irgendwie gefühlsmäßig in Beziehung zu seinem vorherigen Verhalten, geschweige denn zu seinem vermeintlichen Ungehorsam zu setzen. Er kann sie letzlich zu überhaupt keinem Verhalten in irgendeine Beziehung bringen, nicht zu seinem Fortlaufen, das er längst vergessen hat, das ihm also überhaupt nicht mehr gewärtig sein kann, noch zu seinem Heimkommen. Mit jeder negativen Einwirkung, sei es Schimpfen, sei es Strafe, wird also das genaue Gegenteil von dem erreicht, was Herrchen und Frauchen wirklich wollten: daß ihr Hund nämlich schnell und freudig zu ihnen kommt. Es hilft also nichts, auch wenn es schwer fällt: Der ,,Bösewicht" muß dafür, daß er überhaupt kommt, noch gelobt und geliebelt werden. Dann allerdings sollte eine systematische Herandressur auf dem Erziehungskalender vorgemerkt werden.

Folgsamkeit – die bequeme Erklärung

Warum folgt der Hund? – Man könnte sich die Beantwortung dieser Frage also leicht machen: Der Hund folgt aus Pflichtgefühl seinem Herrn und Meister gegenüber, er folgt aus Angst vor Strafe! – Wie dargetan, ist dieser bequeme Weg nicht gangbar. Die Frage bleibt also offen: Warum folgt der Hund nun wirklich einem Befehl?

Es ist keine Pedanterie, daß ich die Frage nach den psychobiologischen Grundlagen des Gehorsams so beharrlich stelle und jede einfache, bequeme Antwort zurückweise. Nur wer tatsächlich *weiß*, wie und warum der Hund gehorcht, kann ihn seiner Art gemäß zur Folgsamkeit erziehen. Ein Erzieher, der von falschen Gehorsamsvorstellungen ausgeht, muß den falschen Weg einschlagen und in die Irre gehen – mit bitteren Folgen für Mensch und Tier. Er mag an seiner Erfolglosigkeit verzweifeln, nun gut. Aber das Tier muß darunter leiden.

Ich möchte nicht wissen, welches Meer von Tränen die Geschichte der Sozialisation von Mensch und Hund hinterlassen hätte, wenn der Hund wie der Mensch weinen könnte. Er kann es nicht, also muß er weiter leiden, bis die Menschheit endlich erkennt, daß der Gehorsam des Hundes mit Pflichtgefühlen und Angst vor Strafe ebensowenig zu tun hat wie die Geburtenhäufigkeitsrate mit der Intensität des Storchenfluges – gar nichts!

Der Hund folgt dem Befehl aus Freude an dem geforderten Verhalten

Ein einfaches, jedem Hundefreund bekanntes Beispiel soll zeigen, aus welchem Grunde der Hund tatsächlich einem Befehl folgt. Da tanzt ein Pudelchen wie wild um seinen Herrn herum und läßt keinen Blick von dem Stückchen Holz, das dieser in der Hand hin und her schwenkt. Natürlich erwartet es, daß das Holz bald in die Luft fliegt. Aber Herrchen zögert noch, um den Kleinen noch heißer zu machen. Also wird er erst einmal wütend angebellt. ,,Nun wirf endlich das Holz!" heißt das. Endlich ist es soweit. Schon beim ersten Ansatz eines Wurfs weiß der Pudel, wohin das Holz wohl fliegen wird, und schon fegt er los, ohne das befehlende ,,Apport" seines Herrn überhaupt abzuwarten. Aber Herrchen ändert die Wurfrichtung noch einmal, was ein rasantes Bremsen und eine noch wildere Hatz in die neue Richtung zur Folge hat. Im Nu ist er an der Stelle, an der ungefähr das Apportl niederging. Es macht ihm nicht die geringste Mühe, das Holz mit der Nase auch im hohen Gras schnell zu finden. Er schnappt es und bringt es in Windeseile, die vier Läufe im Galopp höher als der Bauch, zu seinem bereits wartenden Herrn, damit das Spiel so bald wie möglich von neuem beginnen kann.

Passion für das Apportieren

Die Frage, warum der Pudel zehn- oder zwanzigmal hintereinander das Holz holt und bringt, so wie sein Herr es wünscht, beantwortet sich hier von selbst: Er apportiert aus *Freude* am Apportieren, aus *Passion* für das Apportieren. Apportieren ist seine Lieblingsbeschäftigung. Er folgt, sobald man ihm Gelegenheit dazu gibt. Seine Motivation ist die Freude an dem erwünschten Verhalten selbst. Der Hund apportiert, weil er mit diesem Tun eine Fülle lustvoller, freudiger Gefühle verbindet.

Dabei ist es auch völlig egal, ob es sich um ein Tun handelt, das ein direktes Bedürfnis des Tieres befriedigt, oder um ein Tun, das ihm beigebracht, anerzogen, wurde und das letztlich dem Menschen dient und dessen Wünsche befriedigt. Entscheidend ist einzig und allein, daß der Hund mit dem erlernten Tun lustvolle Gefühle verknüpft.

Ein Weiteres wird deutlich: Der Befehl „Apport" hat hier nicht entfernt die Bedeutung wie der Befehl eines Offiziers. Der „Befehl" ist vielmehr in Verbindung mit den übrigen Gesten des Erziehers nur der *Auslöser* eines Verhaltens, für das der Hund emotional positiv eingestellt wurde.

Der Befehl macht die Handlungsmöglichkeit „Apportieren" dem Hunde gewärtig, der nichts Schöneres zu tun weiß, als dieses ihm so eingefallene Verhalten auszuführen.

Für den Hund gibt es keinen Unterschied zwischen spielerischem und ernsthaftem Verhalten

Man könnte einwenden, dieses pudelige Treiben sei Spiel und habe mit Gehorsam nichts zu tun. Wieder würde damit jedoch, nicht anders als beim schlechten Gewissen und beim Pflichtgefühl, eine rein menschliche Kategorie auf das Tier übertragen, die im Bereich der Tierpsychologie nichts zu suchen hat.

Die Unterscheidung von Spiel und Ernsthaftigkeit ist rein intellektueller Natur und gibt es nicht für das Tier, auch wenn wir noch so oft vom „spielenden Kätzchen" reden. Der Unterschied z. B. zwischen dem Fußballspiel der Straßenjungen und dem der Berufssportler liegt nicht im Ablauf, den Regeln oder den Emotionen des Fußballspiels selbst, sondern darin, daß der *Zweck* ein anderer ist. Das eine ist Zeitvertreib verbunden mit dem Bedürfnis, sich auszutoben, das andere ist Berufsausübung, Lebensunterhalt. Der Hund hingegen kann eine Tätigkeit nicht nach ideellen oder materiellen Zwecken differenzieren. Das „spielerische" Raufen mit den Meutegenossen ist für ihn genauso lebenswichtig und ernsthaft wie der spätere Kampf um die Rangordnung innerhalb der Meute. Und auch das Kätzchen übt mit dem Wollknäuel, das Frauchen beim

Stricken wunderbar hin und her zieht, die spätere Hauptbeschäftigung der Mäusejagd.

Auch der Jagdhund bringt aus Freude am Bringen

Es macht deshalb auch keinen Unterschied, ob ein Pudel zum Zeitvertreib apportiert oder ob das gleiche Verhalten von einem angehenden Jagdhund im Rahmen einer Spezialausbildung gefordert wird. In beiden Fällen sind die mit dem Verhalten verbundenen Emotionen, ist auch die Motivation des Hundes zu seinem Tun die gleiche. Auf dem Höhepunkt einer Apportdressur lege ich den Hund ab und beginne umständlich mit den Vorbereitungen für das Bringen. Dann trage ich das Apportierholz einige Hundert oder Tausend Meter aus der Sichtweite des Hundes fort und deponiere es irgendwo im Gelände. Der Hund liegt unterdes zitternd am Boden und verfolgt voller Aufmerksamkeit jede meiner Bewegungen und meine Rückkehr. Er kann es nicht erwarten, bis endlich der Befehl zum Apportieren kommt: ,,Such schön! Apport!" Ab geht die Suche. Auf meiner Fährte folgt er dem Weg über Stock und Stein, den ich zuvor gegangen bin, und findet das Versteck mit Sicherheit. In wenigen Minuten sitzt er wieder vor mir, das Bringholz brav im Fang. Natürlich gibt es nun ein besonders dickes Bröckchen.

Zur Folgsamkeit motivieren

Allerdings mag es, je nach Art der Übung, eine Menge Arbeit kosten, bis der Hund für das erwünschte Verhalten hinreichend motiviert oder gar passioniert ist. Das geht meistens nicht von heute auf morgen, denn wir müssen den Hund für etwas begeistern, das ihn möglicherweise von Haus aus gar nicht interessiert.

Das beginnt mit dem Herankommen. Klar, wenn die lecker dampfende Futterschüssel winkt, ist es natürlich ein Vergnügen, zum Herrn zu laufen, und das sogar in der von ihm immer gewünschten betont schnellen Gangart. Aber oft ist es hinten im Garten, wo es Mäuse, Maulwürfe und Meisen gibt, ungleich interessanter. Warum jetzt also wegen der blöden Pfeiferei zu ihm laufen? Etwa wegen der läppischen Streichelei oder des sowieso winzigen Bröckchens?

Wir erkennen daran, daß der Hund dann folgt, wenn das Herankommen tatsächlich für ihn noch interessanter ist als das Mäuse-Schnüffeln. Und das ist durchaus erreichbar. Es muß für das Herankommen ein so eindrucksvolles Gefühlspotential aufgebaut werden, daß für den Hund das Folgen auf Ruf oder Pfiff immer noch interessanter ist als jede Verleitungshandlung, auch dann, wenn diese auf einem starken Trieb beruht, z. B. dem Hetztrieb oder gar dem Paarungstrieb.

Das bedeutet: Das Herankommen (oder jedes andere gerade zu übende erwünschte Verhalten) muß, wie *Most* es formulierte, zu einem wahren Freudenfest gestaltet werden. Der herankommende Hund muß mit

Liebe und Belobigung in allen Formen geradezu überschüttet werden. Der Phantasie des Erziehers sind dabei keine Grenzen gesetzt.

Auch Motivieren ist Verknüpfen

Das Ergebnis ist wiederum ein Verknüpfungsprozeß. Durch die häufige Gleichzeitigkeit des erwünschten Verhaltens (Herankommen) und der freudigsten Gefühle der Befriedigung und Lust werden beide im Gedächtnis des Hundes untrennbar miteinander verknüpft, das heißt, sie werden stets gemeinsam wirksam. Vernimmt der Hund den Heranpfiff, fällt ihm das mit diesem verbundene Verhalten „Herankommen" sofort als Handlungsmöglichkeit ein. Mit dem auf diese Weise wachgerufenen Handlungseinfall aber verbindet der Hund nach zielbewußter und konsequenter Erziehung die angenehmsten Gefühle der Freude und Lust. Alle anderen Handlungseinfälle, die ebenfalls gewärtig sein könnten, z. B. der Einfall, mal kurz nach den Hühnern in Nachbars Garten zu schauen, sind zwar auch im Bereich des Möglichen, aber sie sind allesamt bei weitem nicht so erwartungsträchtig wie das aufgrund des Heranrufes gewärtig gewordene Verhalten „Schnell-zum-Herrn-Laufen". Also führt der Hund dieses Verhalten und damit den ihm erteilten Befehl aus. Mit anderen Worten: der Hund folgt, wenn der Befehl des Herrn einen Handlungseinfall wachruft, der im Gedächtnis des Tieres mit stärkeren Lustgefühlen verknüpft ist als alle übrigen, ihm gleichzeitig gegenwärtigen Handlungseinfälle. Der Wunsch seines Herrn ist ihm *nicht* Befehl; der „Befehl" des Herrn ist ihm *Wunsch*.

Der Hund folgt einem Befehl weder aus Pflichtgefühl noch aus Angst vor Strafe. Er folgt aus Freude an dem ihm befohlenen Verhalten. Das ist die ganze, allen Anlehnungen an menschliche Handlungsmotive entkleidete Beantwortung der Frage, warum der Hund einem Befehl folgt, warum er folgsam ist.

Auch wesensfremdes Verhalten ist dressierbar

Jedes Verhalten bedarf der Motivation, damit es überhaupt ausgeführt wird. Für viele Übungen ist der Hund durch seine Erbanlagen motiviert. Das gilt für alle Dienstleistungen, die der Natur des Hundes weitgehend entsprechen, beispielsweise für viele Aufgaben des Hundes bei der Jagd oder im Polizeidienst. Es gibt aber auch Leistungen des Hundes, die seiner Natur weitgehend widersprechen, die Leistungen des Hüte- oder Blindenhundes zum Beispiel. Es wird beim Hund auch keine ererbte Begeisterung für das Laufen auf den Hinterpfoten geben, ein Verhalten, das die Natur den Menschen und Vögeln vorbehalten hat. Auch solche Verhaltensformen sind jedoch ohne weiters dressierbar. Dressieren, abrichten heißt per definitionem, dem Hund Tätigkeiten beizubringen, die er nicht in seinem Interesse, seiner Natur gemäß, sondern auf unsern Wunsch hin, also in *unserm* Interesse ausführen soll. Wir nehmen, wie Sie alle wissen, seine Dienste für viele Zwecke in Anspruch, vom Blinden-, Hüte-, Polizeihund bis hin zum Jagd- oder Rettungshund, oder auch nur bis hin zum Spiel- oder Begleithund. Es ist keineswegs unmoralisch, wenn wir den Hund für unsere Zwecke erziehen oder dressieren. Dafür nehmen wir ihn in unsere Lebensgemeinschaft auf. Allerdings, wir müssen ihn für ihm artfremde Leistungen besonders motivieren.

Das gelingt uns – und kann uns nur gelingen –, indem wir bei der Dressur ein natürliches Bedürfnis des Hundes nutzen. Indem er sich auf die Hinterläufe stellt, folgt er nichts anderem als seinem eigenen Hungertrieb. Er hat die Erfahrung gemacht, daß sein Hunger befriedigt wird, wenn er sich beim Ansichtigwerden eines Bröckchens brav auf die Hinterbeine stellt. Er handelt dabei also im Grunde gar nicht in unserem, sondern in seinem eigenen Interesse. Wir können ihn deshalb auch für ein ihm an sich wesensfremdes Verhalten genauso motivieren wie für ein seiner Tiernatur entsprechendes.

Oh je, er folgt nicht!
(Die Sache mit dem Mauseloch)
Nun, nicht immer folgt der sonst immer folgsame Hund. Was geschieht in solchen Fällen? Wir müssen uns auch dies genau klarmachen, am besten wiederum am Beispiel der Herandressur.

Diese sei so weit fortgeschritten, daß der Hund im Normalfall, das heißt bei geringer Ablenkung, dem Her-anbefehl, sei es ein Ruf oder ein Pfiff, folgt. Doch dann gibt es eine Situation, die jedem Hundefreund vertraut sein dürfte: Der Hund buddelt hinten im Garten voll Begeisterung an einem Mauseloch. Der Erzieher pfeift ihn heran. Der Hund vernimmt den Pfiff, den er auch gut verknüpft hat. Er unterbricht für einen Augenblick die Buddelei, schaut hinüber zu seinem Herrn – und buddelt weiter.

Was ist passiert? Warum reagierte der Hund sichtbar auf den Pfiff und folgte dennoch nicht? Nun, offensichtlich ist der Hund durch den Pfiff in eine zwiespältige Situation geraten. Die Verhaltensforscher sagen: in eine ambivalente Situation. Zweifellos ist der Pfiff bei ihm angekommen und hat den Handlungseinfall „Zum-Herrn-Laufen" bei ihm gewärtig gemacht. Aber er kommt dennoch nicht. Es ist ein zweiter Handlungseinfall wirksam, der mit stärkeren Lustgefühlen verknüpft ist als das Herankommen. Sein Gefühlszustand ließe sich mit dem Satz umschreiben: „Kommen ist schön, Buddeln ist schöner!" Dabei muß man sich vorstellen, daß das Mauseloch-Buddeln für den hierfür einmal passionierten Hund eine erregende Sache ist. Die Maus sitzt vielleicht kurz vor ihm. Womöglich hat er schon einmal mit dem Buddeln Erfolg gehabt und eine gefangen. Es sind also mit dem Buddeln eine Menge höchst positiver Gefühle verknüpft, und es ist aus der Sicht des Hundes eine Zumutung, hiervon wegen des blöden Heranpfiffs ablassen zu sollen.

Für das vom Erzieher gewünschte Verhalten, für das Herankommen, ist das Mauseloch-Buddeln ein sogenanntes Ablenkungs- oder Verleitungsverhalten. Dieses kann auch durch irgendeine andere interessante Witterung, die einer Katze, einer läufigen Hündin oder eines Nebenbuhlers ausgelöst sein, die seine Aufmerksamkeit in Anspruch nimmt.

Das Verleitungsverhalten verleiden
Jetzt wird der Erzieher jedoch energisch. Er geht drohend einige Schritte auf den buddelnden Hund zu, pfeift ein zweites Mal, und zwar etwas schärfer, droht mit den Armen und ruft: „Was soll das? Pfui! Willst du wohl kommen!" – und dann wieder eine Nuance freundlicher: „Na, komm! Komm schön!" – Und siehe da, jetzt folgt der Hund.
Okay, sagen die einen, „er kommt erst nach energischer Drohung. Damit ist bewiesen: Er kommt, weil er Angst vor Strafe hat. Er weiß genau, was ihm blüht, wenn er nicht kommt". – Der Hund wäre somit also doch ein Wesen, das denken, schlußfolgern kann: „Wenn ich jetzt nicht komme, dann setzt es was!"
Er ist es nicht! Das Geschehene muß anders interpretiert werden: Zuerst ist die Situation für den Hund klar. Buddeln ist schöner als Kommen. Warum sich also stören lassen? Er buddelt weiter. Durch die Drohungen seines Erziehers jedoch ändert sich die Lage. Der bedrohliche Ton verwandelt nämlich die augenblickliche Hochstimmung durch das Buddeln ins Negative. Bei ihm macht

sich Betroffenheit breit. Diese trifft aber das Verhalten, das der Hund gerade ausführt. Es wird ihm verleidet, während das Kommen als alternative Verhaltensmöglichkeit seinen Reiz behält. Die Emotionen liegen jetzt also umgekehrt: „Kommen ist schön, Buddeln ist mies!" Also folgt jetzt der Hund.
Dem Erzieher ist es somit gelungen, den Hund von dem Verleitungsverhalten abzubringen und ihn, wenn auch erst nach einem Zwischenspiel, zur Folgsamkeit hinzuführen. Es bedürfte eigentlich keiner Erwähnung, daß auch und vor allem der im zweiten Schritt folgsame Hund hierfür nach Kräften zu belobigen ist. Leider geschieht fast immer das Gegenteil. Der endlich folgsame Hund wird für sein Zögern erst mal abgetadelt, anstatt ihn zu loben. Damit wird aber nach dem Grundsatz der Gleichzeitigkeit das Herankommen wieder verleidet. Das Buddeln ist für den Hund längst Vergangenheit, es ist aus seinem Kurzzeit-Gedächtnis heraus. Er kann den Tadel nur mit dem Herankommen verknüpfen. Das heißt: Die Erziehung geht wieder genau in die falsche Richtung, das erwünschte Verhalten, das verstärkt werden sollte, wird in Wahrheit verleidet.

Erzieherischer Langzeiteffekt
Lobt der Erzieher jedoch den schließlich folgsamen Hund, so erreicht er, abgesehen davon, daß er sich durchgesetzt hat, noch ein Zweites: Die Buddelei hat im Vergleich zum Herankommen nicht nur für

den Augenblick an Reiz verloren, sondern auch ganz allgemein eine Lustminderung erfahren, wenn auch nur um eine Winzigkeit. Dennoch verstärkt sich beim Hund, bei entsprechender Konsequenz ihm gegenüber, immer mehr die Erfahrung, daß nach der Wahrnehmung des Heranrufs jedes andere Verhalten als das Herankommen unerfreulich ist. Damit sinkt das Gefühlspotential für Verleitungsverhalten allgemein, und es wächst mit der Zeit die Neigung, sich weniger auf Ablenkungsimpulse einzulassen, sondern zu folgen. ,,Am Ende ist das, was Herrchen von mir will, immer noch das allerschönste", so ungefähr könnte man den Gemütszustand des folgsamen Hundes in die menschliche Sprache umdeuten.

Grundsatz der einfachsten Erklärung tierischen Verhaltens

Es sei an dieser Stelle an eine Grundregel der Tierpsychologie erinnert, die besagt, daß bei der Deutung des Verhaltens eines Tieres immer die einfachste und in intellektueller Hinsicht niedrigste Erklärung anzunehmen ist, die zur Erklärung ausreicht. Das bedeutet hier: Wenn das ambivalente Verhalten nach der Wahrnehmung des Heranpfiffs ausschließlich durch das Wachwerden von Verknüpfungen verschiedener Gedächtnisinhalte erklärt werden kann, dürfen Verstandesfunktionen, wie z. B. ein vermeintlich zielgerichtetes Handeln zur Vermeidung von Strafe, zur Erklärung *nicht* herangezogen werden.

Das Konzept der positiven Dreistufendressur des Hundes

Warum braucht der Besitzer eines jungen Hundes, der sein Tier zu einem folgsamen Hausgenossen erziehen möchte, ein Gesamtkonzept, einen Plan für die Gesamtheit seiner Erziehungsmaßnahmen?

Dem Schüler zuliebe! Jede einzelne Erziehungsmaßnahme muß sich, damit sie möglichst wirksam sein kann, in das Gesamtgefüge der Erziehungsmaßnahmen sinnvoll einordnen. Eine Maßnahme muß die andere unterstützen und ergänzen, damit der Hund Gelegenheit hat, Neues zu schon Bekanntem hinzuzulernen. Die Verknüpfungen bilden sich auf diese Weise viel schneller. Außerdem gewinnt der Erzieher selbst ein Gefühl eigener Sicherheit und Sachkompetenz. Dies gilt besonders für den Anfänger, aber auch für alle, die erstmals nach der in diesem Buch vertretenen ,,Positiven Erziehung" vorgehen wollen. Wenn diese Erziehungsmethode bei den ersten Übungen sicher und schnell zum Erfolg führt, kann der Erzieher die Gewißheit haben, daß er auf dem richtigen Wege ist und auch weiterhin Erfolg haben wird. Das hat er nicht, wenn bei der ersten Übung mit direktem Zwang, bei der zweiten Übung mit indirektem Zwang, bei der dritten hingegen ebenso konzeptionslos ohne Zwang geübt wird, je nachdem, wie es der eigenen Erfahrung entspricht oder dem, was man gelesen hat. Das aber ist genau die Art – und das ist leicht zu beweisen –, wie in neun von zehn Lehrbüchern über

Hunde das Kapitel Erziehung oder Abrichtung gehandhabt wird.

Der Autor dieses Buches hat dagegen in seinem Hauptwerk „Hundeerziehung ohne Zwang" auf der Basis der jüngsten Erkenntnisse der Tierpsychologie und Psychobiologie ein neues Konzept der Hundeerziehung entwickelt, das er die „Positive Dreistufentheorie der Hundeerziehung" genannt hat. Er hat nachgewiesen, daß dieses Konzept schneller, sicherer und nachhaltiger zum Erfolg führt als jede andere Dressurmethode.

Drei Lernstufen

Jegliches Erlernen einer neuen Leistung, sei es in freier Natur, sei es unter gezielter Anleitung des Menschen, vollzieht sich beim Hund in genau der gleichen Weise, nämlich in drei unabdingbar notwendigen Lernstufen:

dem Probieren, dem Herausfinden des richtigen Verhaltens,

dem Konditionieren, dem Verknüpfen von Verhalten und Befehl, und

dem Motivieren, dem Verstärken des richtigen Verhaltens.

Es gibt keinen Lernprozeß, bei dem diese drei Stufen nicht absolviert werden müssen. Es gibt allenfalls Wege und Möglichkeiten, sie zu vereinfachen oder sie zeitlich vorwegzunehmen.

Die Reihenfolge ist zwingend

Diese drei Lernstufen müssen ferner notwendigerweise in der angegebenen Reihenfolge trainiert werden:

Man kann einen Befehl nicht mit einem Verhalten verknüpfen, das der Hund nicht ausführt. Man kann nur Wahrnehmungen und Verhaltensformen miteinander verknüpfen, die unmittelbar und zeitgleich gegenwärtig, also existent sind. Man kann weiterhin den Hund nicht für die Ausführung eines Befehls beloben (motivieren), den er nicht kennt. Das bedeutet: Der Hund muß zuvor die Bedeutung des gewählten Befehlslautes oder -zeichens erlernt und erfaßt haben. Die einzelnen Lernstufen müssen daher in aufsteigender Reihenfolge nacheinander geübt werden. Erst wenn die vorangehende Lernstufe zuverlässig beherrscht wird, darf der Erzieher an die nächstfolgende Stufe herangehen.

Das kynologische Dreieck

Das Ergebnis der drei Lernstufen ist die Leistung. Eine Leistung ist, wenn sie auf Erziehung beruht, jedes Verhalten des Tieres im Dienste und auf Veranlassung des Menschen. Als in sich geschlossene Handlungsform besteht jede Leistung aus

1. der bewußten Wahrnehmung des auslösenden Befehls,
2. dem damit verknüpften Handlungseinfall und
3. der mit beiden verknüpften Motivation zur Ausführung des Handlungseinfalls.

Der Inhalt einer Leistung läßt sich symbolisch durch eine Figur darstellen, die ich das „kynologische Dreieck" genannt habe. Es zeigt in einfachster Form die drei Faktoren, die im Zentralnervensystem des Tieres am Zustandekommen einer Leistung beteiligt sind – das sind die drei Kreise an den Eckpunkten des Dreiecks – und wie sie miteinander verknüpft sein müssen; dabei entsprechen die drei Verknüpfungen der drei Leistungsfaktoren den drei Seitenlinien des Dreiecks.

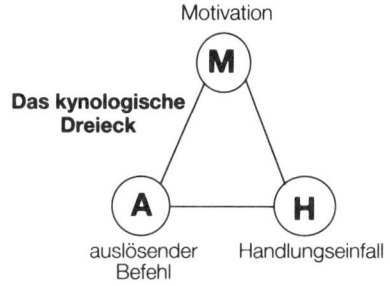

Motivation

Das kynologische Dreieck

auslösender Befehl — Handlungseinfall

Werner Fischel kam zum gleichen Ergebnis, wenn er schrieb: ,,Die Abrichtung von Hunden beruht auf ihrer Fähigkeit, Wahrnehmungen, Affektregungen und erlernte Verhaltensformen zu behalten und erfahrungsgemäß miteinander zu verknüpfen" (Die Seele des Hundes, 1961, Seite 82). Erziehung des Hundes zur Folgsamkeit ist die gegenseitige Verknüpfung eines bestimmten Verhaltens mit einem Befehl und einer der Leistung entsprechenden Motivation.

Die Theorie der Unterlassungsdressur

Unterlassungsdressur ist Tätigkeitsdressur mit anderem Vorzeichen. Bei der Tätigkeitsdressur soll der Hund lernen, etwas Bestimmtes zu tun, normalerweise, aber nicht unbedingt, auf unsern Befehl. Bei der Unterlassungsdressur soll der Hund lernen, ein bestimmtes Tun zu unterlassen, *ohne* daß wir dies – mit Ausnahme des ,,Bleib" – ausdrücklich befehlen. In beiden Fällen handelt es sich für den folgsamen Hund um Leistungen; der Hund soll sich so oder so verhalten, weil sein Erzieher es so will. Dabei kann eine Unterlassungsleistung möglicherweise für den Hund schwieriger sein als eine Tätigkeitsleistung. Letztere erbringt er nach ausreichender Motivation aus Freude am Tun. Bedenken Sie dagegen, welche Energie z. B. ein jagdlich passionierter Hund aufbringen muß, um einen Hasen, der plötzlich vor ihm aus der Sasse fährt, nicht zu hetzen, so können Sie leicht ermessen, daß der Hund eine hohe Hemmschwelle braucht und daß es nicht leicht ist, eine solche aufzubauen. Hinter der Erziehung des ,,hasenreinen Hundes" steht unter Umständen eine harte Unterlassungsdressur.

Man erkennt an diesem Beispiel, daß auch die Unterlassungsleistung auf Seiten des Tieres durchaus Aktivität erfordert. Er muß den sehr lustvollen Handlungseinfall ,,Hetzen" *unterdrücken.* Er muß also schon etwas *leisten,* auch wenn sichtbar nichts geschieht. Die Unterlassungsleistung ist also etwas völlig anderes als das einfache Nicht-Tun von etwas, das der Hund tun könnte. Für einen Hund, der in seinem Leben nie Gelegenheit hatte, wertvolle

Polster als Liege zu benutzen, ist das Unterlassen dieses möglichen Tuns keine Leistung. Deshalb ist auch, wie bereits dargelegt (s. Seite 114) das Vermeiden eventuell notwendig werdender Unterlassungsdressuren durch faktische Unausführbarkeit der jeweiligen Handlungen die beste Form der Unterlassungserziehung.

Unterlassungsdressur und Lernvermögen

Alles, was ich über die Lernfähigkeit des Hundes ausgeführt habe, gilt für die Tätigkeitsdressur wie für die Unterlassungsdressur. Allerdings hat der Hund Eigenschaften, die für die Unterlassungsleistungen besonders wichtig sind. Das gilt sicher für die leichte Manipulierbarkeit seiner Gefühle. Sie hat zur Folge, daß wir den Hund auch einmal hart anfassen oder stark erschrecken können, ohne befürchten zu müssen, ihn damit für längere Zeit oder gar für immer zu vergrämen. Sie können daher in einer Lehrstunde durchaus Tätigkeits- und Unterlassungsleistungen unmittelbar hintereinander üben. Mit zwei oder drei gut sitzenden, flotten Tätigkeitsleistungen, die zur Wiederholung sowieso einzuplanen sind, läßt sich der Hund schnell aus der Betroffenheit einer Unterlassungsdressur heraus- und neuen Höhen freudiger Betätigungslust entgegenführen.

Auch ist der Hund durch seine entwicklungsgeschichtliche Vergangenheit in der Meute gut auf Unterlassungsleistungen vorbereitet. Der in der Wildmeute lebende Hund konn-te lange nicht machen, was er wollte; vielleicht verlangten die ranghöheren Tiere mehr Unterlassungsleistungen von ihm als der Mensch, sein heutiger Meuteführer. Denken Sie nur daran, daß rangniedere Tiere warten müssen, bis die ranghöheren gefressen haben. Der heranwachsende Junghund hat nach Tagen des Darbens wahrscheinlich den doppelten Hunger. Der Handlungseinfall „Den Happen dort schnappe ich mir" ist mehr als gewärtig. Aber böse Erfahrungen mit den ranghöheren Genossen haben ein negatives Gefühlspotential anwachsen lassen (= Unterlassungsdressur in freier Wildbahn), das ihn veranlaßt, diesen verlockenden Handlungseinfall nicht auszuführen. Die Hemmung ist noch größer als die Lusterwartung.

Die Elemente von Tätigkeits- und Unterlassungsleistung

Stellen wir einmal die Elemente der Tätigkeits- und Unterlassungsleistungen einander gegenüber:

	Tätigkeits-leistung	Unterlas-sungslei-stung
Auslöser:	Befehl, Ruf, Pfiff, Zeichen	Verleitungs-impuls Objekt der Verleitung
Verhalten:	Tätigkeit, Ausführen eines er-wünschten Verhaltens	Unterlassen, Nicht-Tun eines uner-wünschten Verhaltens, einer „Unart"

Motivation: Freude am Hemmung,
Tun, positi- negative
ve Gefühle, Gefühle,
Lust, Lust- bange Er-
erwartung wartung,
Angst

Damit wir also von Unterlassungsleistung sprechen können, müssen folgende Elemente vorhanden sein:
Es muß aus der Umwelt des Tieres
ein ihm vertrauter Verleitungsimpuls
vorhanden sein, der meist mit dem
die Unterlassung betreffenden Objekt identisch ist. Beispiele dafür
sind der Anblick des Fremden, den
es anzukläffen gilt, der Geruch von
Mause- oder Maulwurfslöchern, die
Witterung einer heißen Hündin, Kü-
chenduft, der Anblick eines vorbei-
fahrenden Radfahrers usw.
Das Verhalten, das die Unterlassungsleistung betrifft, die sogenannte Unart, ist das gleiche wie das einer
Tätigkeitsleistung. Der einzige Unterschied ist der, daß wir Menschen
dieses konkrete Verhalten nicht wollen, in manchen Fällen auch nur *jetzt*
nicht wollen. (Einen verletzten Hasen soll ja auch der „hasenreine"
Hund auf den ausdrücklichen Befehl
des Jägers hin hetzen und bringen.)
Wir wollen nicht, daß jeder An-
kömmling von unserm Hund zunächst einmal wie ein Schwerverbre-
cher angekläfft wird. Wir betrachten
das als unnötig. Unser Nachbar hingegen, der Landwirt von gegenüber,
will, daß sein Hund jeden Besucher
lauthals meldet. Was für unsern
Hund eine Unart ist, ist für einen
anderen eine Tätigkeitsleistung.

Das „andere" Vorzeichen der Unterlassungsleistung drückt sich folglich nur in der jeweiligen Motivation
aus: Die Tätigkeitsleistung erbringt
der gut erzogene Hund aus Freude
an dem von ihm verlangten Tun. Bei
der Unterlassungsleistung hingegen
hat der Erzieher das aus seiner Sicht
unerwünschte Tun mit soviel negativen Gefühlen verknüpft, daß der
Hund es nicht ausführt, obwohl der
Verleitungsimpuls ihm den Handlungseinfall hierzu eingegeben hat.
Eine Hemmschwelle wurde aufgebaut, die der folgsame Hund nicht zu
überschreiten vermag.

**Die Lernstufen der
Unterlassungsdressur**
Ebenso wie die Tätigkeitsdressur
vollzieht sich auch die Unterlassungsdressur in mehreren, voneinander unterscheidbaren Lernstufen.

**Die Lernstufen von Tätigkeits- und
Unterlassungsdressur**

	Tätigkeits- dressur	Unterlas- sungs- dressur
1. Stufe:	Initiieren das heißt, Herbeiführen des er- wünschten Verhaltens	Initiieren das heißt, Verführen zu der abzuge- wöhnenden Unart
2. Stufe:	Konditio- nieren das heißt, Verknüpfen	entfällt in der Praxis, da vom Hund beim Ange-

2. Stufe: von Verhal- wöhnen der
ten und Unart
Befehl vorweg-
genommen
3. Stufe: Motivieren Demotivieren
das heißt, be- Erschrecken,
friedigen, lo- schimpfen,
ben, liebeln, Betroffenheit
Lustgefühle hervorrufen
wecken

Bei der Tätigkeitsdressur muß der
Erzieher in der Lage sein, das zu
übende Verhalten wiederholbar unter Nutzung der Bedürfnisse des
Hundes herbeizuführen, um es mit
einem Befehl verknüpfen zu können
(= Konditionierung). Das Konditionieren erübrigt sich normalerweise
bei der praktischen Unterlassungsdressur: Der Hund hat die Wahrnehmung der einladend gemütlichen
Sessel beim Sich-Angewöhnen der
Unart bereits mit dem lustvollen
Verhalten „Auf-die-Sessel-Steigen"
verknüpft. Der psychobiologisch jedoch ebenfalls *dreistufige* Charakter
des Lernprozesses der Unterlassungsdressur wird sofort offenkun-
dig, wenn ich auch diese Dressurart
prophylaktisch vornehmen will, um
den Hund gegen bestimmte *mögliche*
Verleitungen zu immunisieren. Nur
so aber entspricht die Unterlassungsdressur den Gegebenheiten bei der
Tätigkeitsdressur, bei der ich ja auch
nur prophylaktisch etwas einübe, für
den Fall nämlich, daß ich es, wie
zum Beispiel das Herankommen auf
Pfiff, irgendwann gebrauchen könnte. Auch hier fange ich deshalb bei
Null an, das heißt, ich beginne die

Dressur mit dem nicht-konditionier-
ten Hund. Es besteht also von der
Sache her kein Unterschied zwischen
dem Aufbau einer Tätigkeits- und
einer Unterlassungsdressur. Beide
sind im Prinzip dreistufig.
Trotzdem habe ich mich entschieden, von *zwei* Stufen der Unterlassungsdressur auszugehen. In 99 %
der Fälle geht es nämlich darum,
eine bereits eingetretene Verknüpfung aufzuheben oder in ihrer Motivation umzukehren. Dies geschieht
in einem zweistufigen Prozeß, der
zudem noch zusammengelegt werden kann. Für diese Entscheidung
sind also rein praktische Gründe
maßgebend.

**Die Unterlassungsleistung im
kynologischen Dreieck**
Auch für die Unterlassungsleistung
spiegeln sich die Vorgänge im Zentralnervensystem des Hundes ge-
treulich im kynologischen Dreieck
wider. Dabei zeigen sich deutlich die
Unterschiede zur Tätigkeitsleistung:

1. An die Stelle des Befehls tritt hier
als Auslöser für das unerlaubte
Verhalten der Verleitungsreiz,
z. B. ein flüchtender Hase, der
aber, ebenso wie jeder Befehl,
2. mit einem Handlungseinfall
(„Hasen-Hetzen") verknüpft ist.

Bis hierhin gibt es aus der Sicht des
Hundes keinen Unterschied zwischen Tätigkeits- und Unterlassungsleistung; das dem Hund eingefallene
Verhalten ist ja auch nur aus der

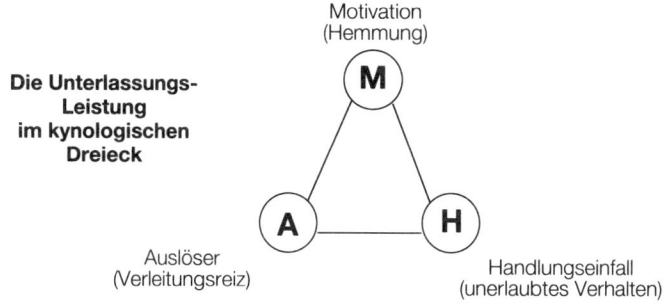

Die Unterlassungs-Leistung im kynologischen Dreieck

Motivation
(Hemmung)

M

A — H

Auslöser
(Verleitungsreiz)

Handlungseinfall
(unerlaubtes Verhalten)

Sicht des Erziehers unerwünscht und unerlaubt.

3. Die Art der Motivation hingegen ist bei der Unterlassungsleistung eine andere; sie ist anders ,,geladen", nämlich negativ. Durch die Unterlassungsdressur wurde eine Demotivation zum Hasen-Hetzen aufgebaut. Während bei einer Tätigkeitsleistung mit dem Handlungseinfall Lustgefühle verknüpft sind, die mit ihm sofort wach werden, ist mit dem Hasen-Hetzen, obwohl der Hund es leidenschaftlich gern ausführen möchte und auch immer wieder rückfällig wird, ein Gefühl panischen Schreckens verbunden, das die Ausführung des (in unserem Sinne) unerwünschten Handlungseinfalles hemmt, blockiert und verhindert.

Das Auslösen einer Unterlassungsleistung
Während die meisten Tätigkeitsleistungen durch den unmittelbaren Befehl des Erziehers ausgelöst wer-

den (,,Heran" ,,Gib Laut" u.v.a.), werden die meisten Unterlassungsleistungen durch das Objekt ausgelöst, auf das sich der unterdrückte Handlungseinfall bezieht. Der ,,hasenreine" Hund sieht den Hasen und möchte ihn hetzen; aber mit seinem Anblick fährt ihm zugleich der Schreck in die Glieder und lähmt jede Bewegung. Es ist also der Hase selbst, dessen Wahrnehmung durch den Hund als Befehl gilt (wie sonst die Wahrnehmung eines Wortes) und somit das Unterdrücken des Handlungseinfalles ,,Hetzen" auslöst. Es ist der Anblick der Polster, der den Handlungseinfall ,,Hinaufsteigen" und zugleich die erlernte Hemmung wachruft, ihn auszuführen. In beiden Fällen wirkt das lustvoll betrachtete Objekt als Verleitung, etwas Unerlaubtes zu tun, unerlaubt deshalb, weil im Zentralnervensystem des Tieres durch Erfahrung eine negative, hemmende Motivation aufgebaut wurde, die ausreichend stark, aber auch noch lückenhaft sein kann. Um die hierin liegende Ambivalenz im Bewußtsein des

Tieres auszudrücken, bezeichne ich die als Auslöser einer Unterlassungsleistung in Betracht kommenden Objekte, Düfte oder sonstige Wahrnehmungen als Verleitungsimpulse.

Nicht Schmerz-, sondern Schreckeinwirkung

Demotivieren heißt verleiden. Das unerwünschte Verhalten soll im Gedächtnis des Hundes mit Angst und Schrecken verknüpft werden. Mit dem verbotenen Handlungseinfall soll *zugleich* die Erinnerung an die erlebten Unannehmlichkeiten gewärtig werden und seine Ausführung hemmen, schließlich sogar verhindern.

Das Verleiden kann durch Schmerzzufügung oder durch Erschrecken erreicht werden. Ich halte die Schmerzzufügung für sinnlos, ja für schädlich und nehme den Vorwurf, vor allem für harte Hunde ein zu weicher Erzieher zu sein, bewußt in Kauf. Denn ich bin sicher, daß meine Methode auch in der Unterlassungsdressur effizienter ist.

Gegen körperlichen Schmerz als solchen ist der Hund so wenig empfindlich, er ist so hart im Nehmen, daß Peitsche und Stachelhalsband mit großer Härte eingesetzt werden müssen, um echte Betroffenheit zu erzeugen. Ich habe Abrichter erlebt, die übertrieben Schmerz einsetzten und doch erfolglos blieben. Andererseits habe ich auf der Jagd Hunde erlebt, die schlimm verletzt wurden und kaum Wirkung zeigten.

Demgegenüber ist auch der harte Hund im Vergleich zu anderen Tieren vom Gefühl her weich, oft mimosenhaft weich. Er reagiert daher viel stärker auf Schreckeinwirkung, wobei mir klar ist, daß es Unterschiede gibt. Entwicklungsgeschichtlich hat die Empfindlichkeit gegen Erschrecken ihren Sinn, die Empfindlichkeit gegen Schmerz hingegen kaum: Die hohe Schreckhaftigkeit veranlaßt sofortige Flucht oder Gegenwehr; eine entsprechende Empfindsamkeit gegen Schmerz, wir sagen Zimperlichkeit, wäre für das Kampftier Hund, das sich beim Beutemachen wie in der Meute durchbeißen muß, sicher von Nachteil. Sogenannte harte Hunde brauchen natürlich mehr und kräftigere negative Einwirkungen. Auch bei ihnen genügen jedoch, von wenigen Ausnahmefällen abgesehen, ausschließlich Schreckeinwirkungen.

Zum richtigen Zeitpunkt einwirken

Das unerwünschte Verhalten muß durch Demotivieren dem Hund verleidet werden. Dazu muß der Erzieher es herbeiführen können. Nur ein gerade in Ausführung befindliches Verhalten kann er beeinflussen. Das Herbeiführen ist aber hier ein Verführen. Der Hund wird – zugegeben in etwas hämischer Manier – zur ,,Sünde" provoziert, in der Absicht allerdings, sie ihm auszutreiben.

Die Schreckeinwirkung muß im Augenblick der ,,Tat" erfolgen, besser noch im Augenblick des Handlungseinfalles. Denn in diesem Augenblick soll sie später wirksam werden und mit dem Handlungseinfall die Hemmung hervorbringen. Nur in

Ausnahmefällen darf die Schreckeinwirkung der Tat folgen, dann nämlich, wenn diese noch durch den mit ihr verbundenen Lustgewinn im Kurzzeit-Gedächtnis gewärtig ist. Vor oder nach diesen Zeitpunkten darf grundsätzlich nicht oder nicht mehr eingewirkt werden. Denn der Hund würde jetzt ein anderes Verhalten, einen anderen Handlungseinfall, mit dem erlebten Schrecken verknüpfen, möglicherweise ein uns sehr erwünschtes Verhalten, z. B. das Herankommen. Meistens aber wird die zum falschen Zeitpunkt erfolgende Schreckeinwirkung völlig unsystematisch dieses oder jenes Verhalten treffen, so daß der Hund es überhaupt nicht sinnvoll verknüpfen kann. Er kann seine jeweils neuen Erfahrungen nicht einordnen, nicht an andere, ähnliche Erfahrungen anlehnen. Gerade darin aber besteht ein systematischer Lernprozeß. Ein solcher, immer wieder falsch dressierter Hund hat nur eine Chance: Er wird handscheu. Jegliches Verhalten seines Herrn wird ihm dubios. Seine Erziehung *muß* scheitern.

Schreckeinwirkung ist kein Zwang
Es ist auch nicht richtig, die Unterlassungsdressur durch Erschrecken, das heißt durch Verleiden des unerwünschten Verhaltens, als Zwangsdressur zu bezeichnen. Es gibt zwar Autoren, die jede Art negativer Einwirkung, sei es durch Erschrecken, sei es durch Schmerz, als Zwang und nachhaltige Schmerzeinwirkung als „Starkzwang" bezeichnen. Ich finde

eine solche vorsichtige Umschreibung nicht korrekt und unehrlich. Wenn ich glaube, einem Hund aus erzieherischen Gründen Schmerz zufügen zu müssen, sollte ich es sagen und nicht durch einen Begriff umschreiben, der mehr als zweideutig ist. Zwang und Schmerzzufügung haben in Wahrheit nichts miteinander zu tun. Zwang kann, muß aber nicht schmerzhaft sein. Zwang ist das gewaltsame Herbeiführen des erwünschten Verhaltens durch den Erzieher; er zieht den Hund an der langen Leine zu sich heran, anstatt ihn heranzulocken. Unterlassungsdressur durch Erschrecken hat daher umgekehrt nichts mit Zwangsabrichtung zu tun. Der Hund wird zu nichts gezwungen. Ihm wird vielmehr durch planmäßige Demotivierung ein Tun verleidet.
Es trifft deshalb einfach nicht zu, daß auch ich, wie behauptet wird, „Zwang" anwende, diesen jedoch nur anders nenne. – Weder bei der Tätigkeits- noch bei der Unterlassungsdressur setze ich in irgendeiner Form Zwang ein, was immer man darunter verstehen mag.

Unterlassungsdressur zielt nicht auf Einsicht des Zöglings
Man halte mir auch nicht vor, daß ich auf diese Weise doch bei der Unterlassungsdressur dem Hund Einsicht in das ihm Bevorstehende zuerkenne. Denn man müsse sein Verhalten doch mit den Worten umschreiben: „Wenn ich auf die Sessel steige, erwartet mich etwas Unangenehmes. Also bleibe ich unten."

Tatsache ist, daß das Verhalten des Hundes mit diesen Worten falsch wiedergegeben ist. Richtig müßte es heißen: „Dort sehe ich die gemütlichen Polster [= Wahrnehmung]. Ich könnte hinaufsteigen [= Handlungseinfall, Handlungsmöglichkeit]. Aber halt! Ich erinnere mich [= Erfahrung]: Hinaufsteigen ist unangenehm [= Hemmung]. Ich bleibe unten [= neuer Handlungseinfall]. Unten bleiben ist schön [= Erfahrung]."

Meine hier beschriebene Methode der Unterlassungsdressur appelliert in keinem der Punkte an das Pflichtgefühl oder die Einsicht des Hundes, seine Unart doch tunlichst zu unterlassen. Sie folgt vielmehr der natürlichen, auf Erfahrung begründeten Lerntechnik des Tieres und wird von diesem auch ohne das Einwirken des Menschen draußen in der Natur nutzbringend angewandt.

Müssen wir Unarten verleiden? Könnten wir nicht folgsames Unterlassen belobigen?

Das Austreiben von eingerissenen Unarten ist immer unerfreulich. Auch wenn wir feststellen konnten, daß die Schreckeinwirkung besser ist als die Schmerzzufügung, ist das Demotivieren immer mit Gewalt verbunden, ein unerquickliches, Unlust und Betroffenheit weckendes Geschäft.

Ich habe mich daher gefragt, ob es nicht auch andersherum ginge: Wenn wir ein erwünschtes Tun durch Loben verstärken („Für folgsames Tun gibt es ein Bröckchen"),

warum können wir dann nicht auch ein erwünschtes Nicht-Tun durch Loben verstärken („Für folgsames Nicht-Tun einer Unart gibt es auch ein Bröckchen"), zumal wir doch erkannt haben, daß auch das Nicht-Tun Anstrengung, ja eine Art Aktivität erfordert? Müssen wir das eine mit Lob, das andere mit Strafe bedenken, warum nicht beides mit Lob? – Man könnte! Aber nur bei einem denkenden Wesen, nicht bei einem Hund.

Der Grund liegt in den begrenzten intellektuellen Möglichkeiten des Hundes. Er kennt keine Verneinung. Wenn er Freude daran gefunden hat, Hasen zu hetzen, so lautet seine Erfahrung, in die Menschensprache übersetzt: „Hasen-Hetzen macht Spaß." Wird ihm das Hasen-Hetzen durch Unterlassungsdressur verleidet, so lautet seine Erfahrung nicht etwa: „Hasen-*nicht*-Hetzen macht Spaß." Zu einem solchen Gedankenbild ist der Hund nicht fähig. Das Nicht-Tun, die Verneinung einer Tätigkeit, ist ein abstrakter Denkvorgang. Der Hund kann aber sein Verhalten – wie alle Tiere – nur nach seiner Erfahrung, nicht durch Denkprozesse steuern. Zum Denken brauchte er Denkkategorien, Ursache und Wirkung, Raum und Zeit, Gegenwart und Zukunft, Positiv und Negativ, die er nicht hat. Er kann deshalb Erfahrungen nur mit Tätigkeiten, Handlungen verknüpfen, nicht jedoch mit Nicht-Tun. Seine Erfahrungen sind nur auf aktives Tun bezogen und lauten: „Hasen-Hetzen ist schön, aber es tut weh" oder nach fortgeschrittener Unterlassungsdressur: ,,Hasen-Hetzen ist scheußlich." In seinem Gedächtnis ist das Verhalten also stets positiv (aktiv); positiv *oder* negativ ist das mit diesem verknüpfte Gefühl und damit die Motivation zum Handeln. Da der Hund das Nicht-Tun als Handlungsmöglichkeit nicht ,,denken" kann, ist es auch nicht möglich, es durch Lob positiv zu verstärken, es mit positiven Gefühlen zu verknüpfen. Kein Wunder also, daß es bisher auch den besten Dresseuren nicht gelungen ist, dem Hundegeschlecht die Schrecken der Unterlassungsdressur zu ersparen. Der Zögling Hund bleibt, im Gegensatz zum Kind, uneinsichtig. Gegen seine Unarten helfen (leider) nur Angst und Schrecken. Er ist und bleibt halt ein Hund.

Die Theorie der Leistungsabläufe

Wie ist es dennoch möglich, daß ein Hund eine Folge von mehreren einzelnen Leistungen hintereinander so absolviert, daß sie einen logischen und zielgerecht erscheinenden Gesamtzusammenhang bilden? Sie sehen dies z. B., wenn Sie einen Hund beobachten, der eine Schafherde bewacht. Es scheint, als agiere dort ein menschliches Wesen mit logischem Verstand. Oder Sie sehen, wie der Polizeihund den Täter sucht, stellt, verbellt und festmacht, bis der Hundeführer zur Stelle ist. Oder Sie erleben, wie der Jagdhund den

krankgeschossenen Hasen zuerst ansichtig verfolgt, dann, wenn dieser im hohen Gras verschwindet, mit der Nase sucht, ihn schließlich hoch macht und wieder verfolgt, faßt, beutelt, ihn vorsichtig in den Fang nimmt und brav zu seinem Herrn trägt. Oder ich denke an den Verweiser, der weit draußen einen Verletzten oder Toten findet, dort das sogenannte Bringsel in den Fang nimmt, mit diesem im Fang zu seinem Herrn läuft und ihm anzeigt, daß er gefunden hat, um anschließend seinen Herrn zu dem Verletzten zu führen.

In eine solche Leistungsfolge können auch Unterlassungsleistungen eingestreut sein. Der Schäferhund unterläßt es, die Schafe wild zu hetzen und in Panik zu versetzen. Der Jagdhund ,,knautscht" den Hasen nicht, wenn er ihn tötet und bringt, auch nicht das noch empfindlichere Huhn. Der Totverbeller ,,schneidet" das gefundene Wild nicht an, um sich erst einmal zu stärken, obwohl kein ,,Vorgesetzter" in der Nähe ist. Logisch erscheinende Verhaltensformen dieser Art sind um so erstaunlicher, als wir davon ausgehen müssen, daß der Hund in allen diesen Fällen nicht zielgerichtet handelt (s. Seite 161). Solche zusammenhängende Leistungen bezeichne ich als ,,Leistungsabläufe". Durch viele Experimente habe ich nachweisen können, daß die Erklärung für ein solches komplexes Verhalten einfacher ist, als es scheint, wenn auch nicht minder erstaunlich.

Fest steht dabei, daß der Erzieher

nicht die Leistungs*folge* auslösen oder befehlen kann, sondern nur das erste Leistungselement, z. B. das „Voran". Der Ablauf selbst richtet sich dann nach dem, was der Hund beim Durchlaufen der Einzelleistungen erlebt. Dies wiederum hängt davon ab, was er im Verlauf des Leistungsablaufs vorfindet. Stößt z. B. der Jagdhund, der als Apporteur und zugleich als Schutzhund ausgebildet ist, bei seiner Suche auf einen „Täter", so stellt er diesen, auch wenn sein Herr ihm eingangs des Leistungsablaufs „Such voran! Apport!" befohlen hat. Die Wahrnehmung des Täters ist für ihn der neue „Befehl", der aufgrund der tausendfach geübten Verknüpfung bei ihm den Handlungseinfall „Täter

Genauso ist es, wenn der Jagdhund einen verletzten Hasen fangen und apportieren soll. Indem der Hund den ersten ihm erteilten Befehl, „Such voran", ausführt, stößt er *unterwegs* bei der Suche auf einen neuen „Befehl", den Wundgeruch auf der Spur des verletzten Hasen, der den neuen Handlungseinfall „Hasenspur-Folgen" in ihm wachruft und dem er folgt.

Auch der Leistungsablauf läßt sich als Aufeinanderfolge von Einzelleistungen im kynologischen Dreieck darstellen:

Es zeigt, wie sich bei Ausführung des Verhaltens 1 (Suchen) ein neuer Auslöser (die Hasenspur) findet, der zum Verhalten 2 (Spur-Folgen) führt, usw. Die komplexen Leistungen des Hun-

Der Leistungsablauf im kynologischen Dreieck

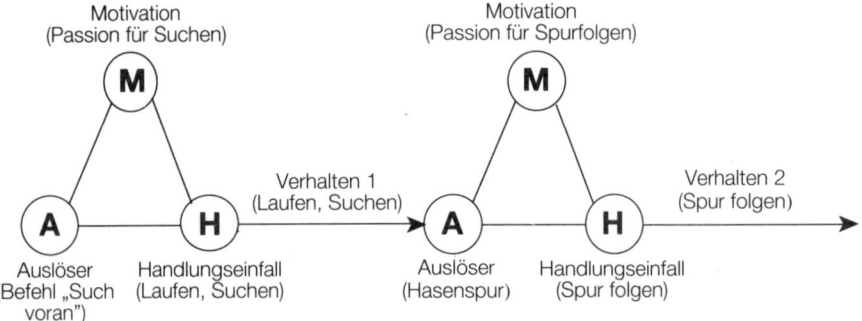

des sind also eine Folge zufällig, aber sinnvoll aneinandergereihter Einzelleistungen. Zielvorstellungen beim Hund sind zu ihrer Erklärung nicht erforderlich.

stellen"hervorruft. Schickt er ihn aber mit „Faß! Voran!" zu einem Täter und findet der Hund statt seiner einen Hasen, so bringt er diesen.

Die fünf Lehrsätze der Hundeerziehung

Das gesamte Gebiet der Hundeerziehung läßt sich in fünf Lehrsätzen ausdrücken, von denen drei die Tätigkeitsdressur, die Erziehung zum Tun, und zwei die Unterlassungsdressur, die Erziehung zum Unterlassen, betreffen. Diese Lehrsätze entsprechen der natürlichen Lerntechnik des Hundes, so wie er sie im Laufe seiner Entwicklungsgeschichte herausgebildet hat.

Drei Lehrsätze zum Tun

Lehrsatz 1: Initiieren

Wer einem Hund ein Tun beibringen will, muß eine Lernsituation schaffen, in der er dieses Tun *ohne* Befehl beliebig oft wiederholbar herbeiführen kann. Der Hund muß das erwünschte Verhalten zur Befriedigung eines *eigenen* Bedürfnisses, z. B. des Hungertriebes, im eigenen Interesse ausführen. Dabei muß der Hund das erwünschte Verhalten durch Anwendung der ihm eigenen Probiertechnik *selbst* herausfinden. Der Ausbilder darf ihm hierbei weder helfen noch darf er ihn zwingen.

Lehrsatz 2: Konditionieren

Während der Hund sich anschickt, das erwünschte Verhalten auszuführen, und *während* er es ausführt, wird so oft wie möglich der für dieses Verhalten festgelegte Befehl gegeben. Hierdurch werden nach mehrmaligem Üben das erwünschte Verhalten und der zugehörige Befehl im Gedächtnis des Tieres so miteinander verknüpft, daß bei jeder Wahrnehmung des Befehls das erwünschte Verhalten als Handlungseinfall und damit als Handlungsmöglichkeit bewußt wird.

Lehrsatz 3: Motivieren

Damit der Hund den durch Befehl bewußt gewordenen Handlungseinfall auch zuverlässig ausführt, muß er hierfür ausreichend stark motiviert werden. Das erwünschte Verhalten wird dabei durch systematische Belobigung (Verstärkung) mit einem hohen positiven Gefühlspotential verknüpft. Die Lernsituation ist jetzt ständig zu wechseln. Die Anforderungen sind langsam zu steigern. Nicht das erwünschte Verhalten, sondern die prompte Ausführung des Befehls muß belobigt werden. Häufiges Wiederholen ist unverzichtbar.

Zwei Lehrsätze zum Unterlassen

Lehrsatz 1: Initiieren (Verführen)

Wer einen Hund lehren will, ein unerwünschtes Verhalten („Unart") zu unterlassen, muß eine Lernsituation schaffen, in der er den Hund wiederholbar zu dieser Unart verführen kann.

Lehrsatz 2: Demotivieren

Während der Hund sich anschickt, das unerwünschte Verhalten auszuführen, oder *während* er es ausführt, wird dieses Verhalten durch Schreckeinwirkung verleidet. Hierdurch wird mit dem unerwünschten Verhalten ein negatives Gefühlspotential (Hemmungspotential) aufgebaut und im Gedächtnis des Tieres derart verknüpft, daß es die Ausführung eines die Unart betreffenden Handlungseinfalles zukünftig verhindert.

Resümee

Der Streit, ob und wie weit das Lernen des Hundes ansatzweise mit Denken zu tun hat, kann noch lange dauern. Wer einen Hund besitzt und erziehen will, kann darauf nicht warten. Er braucht eine wissenschaftlich begründete, theoretische Grundlage, von der er ausgehen kann. Diese Grundlage ist für das vorliegende Buch wie folgt zusammenzufassen:

1. Es gibt im Zentralnervensystem des Hundes keine Verneinung („Wenn ich nicht folge...“), und es gibt
2. keine Erwartung zukünftiger Ereignisse („...bekomme ich Prügel!“).
Gäbe es für den Hund die Möglichkeit der Verneinung, dann könnten wir ihn durch ausschließlich positive Einwirkung (Loben) dazu bringen, ein uns unerwünschtes Tun zu unterlassen (s. Seite 178). Das jedoch geht nicht. – Ebensowenig kann der Hund vorausdenken, Ursache und Wirkung seines Verhaltens erkennen und danach sein Verhalten ausrichten. Nicht das Bevorstehende, nur das Gegenwärtige und Vergangene bestimmen sein Handeln (s. Seite 141). Es ist daher auch nicht möglich, durch Androhung von Strafe ein bestimmtes Verhalten des Hundes zu erzwingen.

3. Der Hund muß vielmehr jedes für ihn neue, nicht angeborene Verhalten, das die Umwelt von ihm fordert, *erlernen*, daß heißt: durch Versuch und Irrtum selbst herausfinden. Das ist seine natürliche Lerntechnik, die folglich auch sein Erzieher berücksichtigen muß. Jede Art von Manipulation, jeglicher Zwang, ist unnütz und falsch.
4. Von den vielen durchprobierten Verhaltensformen behält der Hund die als erfolgreich erlebte und verknüpft sie mit einem Auslöser, im Rahmen seiner Erziehung also mit einem Befehl.
5. Bei der späteren Wahrnehmung dieses Befehls wird ihm das so erlernte Verhalten als Handlungseinfall wieder bewußt, und er führt es bei entsprechender Motivation folgsam aus.
6. Initiieren, Konditionieren und Motivieren sind somit die Inhalte einer erfolgreichen, positiven, dreistufigen Tätigkeitsdressur.
7. Entsprechend ist es bei den Verhaltensformen, die uns unerwünscht sind, den Unarten also, die der Hund *nicht* ausführen soll. Auch sie unterläßt er nicht aus Angst vor Strafe. Er unterläßt sie vielmehr, weil durch die zweistufige Unterlassungsdressur, bestehend aus Initiieren (Verführen) und Demotivieren, eine Hemm-

schwelle aufgebaut wurde, die er nicht zu überwinden vermag.

Das sind die Grundlagen jeder Hundeerziehung. Sie gelten für jeden Hund, gleich welcher Größe und Rasse, gleich welchen Geschlechts, gleich welchen Alters, für den Haushund wie für den Gebrauchshund, und sie gelten für jede Übung, für das einfache Pfötchen-Geben oder Lautgeben wie für die Höchstleistungen des Gebrauchshundes.

Allerdings habe ich mich in diesem Buch auf die Darstellung einfacher Dressur-Leistungen des Hundes beschränkt. Ihnen folgen die komplexen Leistungen, die aus vielen Einzelelementen, positiven wie negativen, bestehen. Bei ihnen zeigt der Jagd- oder Schutzhund fast logisch erscheinende Verhaltensabläufe.

Wenn Sie, liebe Leserin, lieber Leser, sich hiermit weiter beschäftigen möchten, darf ich Sie auf mein Buch ,,Hundeerziehung ohne Zwang" verweisen. Hier habe ich die komplizierten Leistungen des Hundes analysiert und ihre Dressur in Einzelschritten dargestellt.

Für heute aber danke ich Ihnen, daß Sie unseren gemeinsamen Weg durch die Welt des Hundes, besonders seine Lehrzeit, mit so viel Interesse mitgegangen sind. Ich wünsche Ihnen viel Erfolg bei der Erziehung Ihres Hundes, aber vor allem:

VIEL SPASS MIT IHREM HUND!
Ihr

Literaturverzeichnis

BIERWIRTH, W.: Der deutsche Jagdterrier, Verlag J. Neumann-Neudamm, Melsungen 1981, 4. Aufl.

FISCHEREL, W.: Die Seele des Hundes, Verlag Paul Parey, Berlin 1961, 2. Aufl.

GRANDERATH, F.: Hundeabrichtung, Verlag J. Neumann-Neudamm, Melsungen 1984, 13. Aufl.

HEGENDORF: Der Gebrauchshund, Verlag Paul Parey, Hamburg 1962, 9. Aufl.

HOPP, P.-J.: Das magische Gespann, Verlag Paul Parey, Hamburg 1973, 1. Aufl.

KLINKENBERG, T.: Hundeabrichtung ohne Zwang, Verlag J. Neumann-Neudamm, Melsungen 1985, 3. Aufl.

LORENZ, K.: So kam der Mensch auf den Hund, Deutscher Taschenbuchverlag, München 1982, 23. Aufl.

MORRIS, D.: Dogwatching, Wilhelm Heyne-Verlag, München 1987, 4. Aufl.

MOST, K.: Die Abrichtung des Hundes, Gersbach & Sohn Verlag, München 1965, 15. Aufl.

NEUHAUS, W.: Über die Riechschärfe des Hundes für Fettsäuren, Zeitschrift für vergleichende Psychologie, 35, 527–552, 1953.

OBERLÄNDER: Dressur und Führung des Gebrauchshundes, Verlag J. Neumann-Neudamm, Melsungen 1904, 5. Aufl.

SIVEKE, W.: Die Frühsterziehung der Vorstehhunde, Otto Meissners Verlag, Schloß Bleckede, 1984.

SKINNER, B. F., und CORREL, W.: Denken und Lernen, Georg Westermann Verlag, Braunschweig 1967, 3. Aufl.

TEMBROCK, G.: Tierpsychologie, A Ziemsen Verlag, Wittenberg 1972.

TRUMLER, E.: Mit dem Hund auf du, R. Piper & Co. Verlag, München 1976, 3. Aufl.

WHITNEY, L. F.: The Naturel Method of Dog Training, M. Evans and Company, New York 1963, 5. Aufl.

Bildnachweis

Andreas Fischer-Nagel:
Bildseite 2, 3 (oben links und rechts, Mitte links und rechts), 4, 5, 6, 7 (oben links und rechts), 10 (oben links und rechts, Mitte links und rechts), 11 (oben links und rechts), 12 (unten).

Alle anderen Fotos stammen vom Autor.

Sachregister

Folgende Titel für Hundefreunde sind im Naturbuch Verlag erschienen:

Das verläßliche Handbuch für Hundehalter. Erkrankungen, Symptome, Ursachen, Behandlung.
324 Seiten, 70 Abbildungen
DM 42,–/öS 328,–/sFr. 42,–
ISBN 3-89440-067-6

Der große Leitfaden über das Verhalten des Hundes. Hundepsychologie, verständlich und praxisbezogen.
540 Seiten, 88 Abbildungen
DM 48,–/öS 389,–/sFr. 48,–
ISBN 3-89440-048-X

Ein liebevoll bebilderter Hunde-Ratgeber mit einer Fülle von praktischen Tips zu Haltung, Ernährung und Erziehung.
176 Seiten, 40 Abbildungen
DM 29,80/öS 248,–/sFr. 29,80
ISBN 3-89440-025-0

In diesem Buch offenbart Werner Freund einzigartige Einblicke in die Verhaltensweise der faszinierenden Raubtiere.
180 Seiten, 112 Abbildungen
DM 42,–/öS 328,–/sFr. 42,–
ISBN 3-89440-052-8

NATUR BUCH VERLAG

Erhältlich bei Ihrem Buchhändler   oder unter Telefon 08 21/70 04-3 21